Außenpolitik und Außenwirtschaft der Volksrepublik China

Dirk Schmidt · Sebastian Heilmann

Außenpolitik und Außenwirtschaft der Volksrepublik China

Dirk Schmidt
Trier, Deutschland

Sebastian Heilmann
Trier, Deutschland

ISBN 978-3-531-17447-1
DOI 10.1007/978-3-531-93378-8

ISBN 978-3-531-93378-8 (eBook)

Die Deutsche Nationalbibliothek verzeichnet diese Publikation in der Deutschen Nationalbibliografie; detaillierte bibliografische Daten sind im Internet über http://dnb.d-nb.de abrufbar.

Springer VS
© VS Verlag für Sozialwissenschaften | Springer Fachmedien Wiesbaden GmbH 2012
Das Werk einschließlich aller seiner Teile ist urheberrechtlich geschützt. Jede Verwertung, die nicht ausdrücklich vom Urheberrechtsgesetz zugelassen ist, bedarf der vorherigen Zustimmung des Verlags. Das gilt insbesondere für Vervielfältigungen, Bearbeitungen, Übersetzungen, Mikroverfilmungen und die Einspeicherung und Verarbeitung in elektronischen Systemen.

Die Wiedergabe von Gebrauchsnamen, Handelsnamen, Warenbezeichnungen usw. in diesem Werk berechtigt auch ohne besondere Kennzeichnung nicht zu der Annahme, dass solche Namen im Sinne der Warenzeichen- und Markenschutz-Gesetzgebung als frei zu betrachten wären und daher von jedermann benutzt werden dürften.

Einbandentwurf: KünkelLopka GmbH, Heidelberg

Gedruckt auf säurefreiem und chlorfrei gebleichtem Papier

Springer VS ist eine Marke von Springer DE.
Springer DE ist Teil der Fachverlagsgruppe Springer Science+Business Media
www.springer-vs.de

Inhalt

Verzeichnis der Übersichten 7
Verzeichnis der Abkürzungen 9

Vorwort 11

1 Einleitung 15

2 **Die chinesische Sicht der internationalen Beziehungen** 19

3 **Außenpolitische Entscheidungsfindung** 27

4 **Neuorientierungen in Chinas Außenpolitik** 34
   4.1 Chinas neuer Multilateralismus 35
   4.2 Die Wiederentdeckung der Entwicklungs-
       und Schwellenländer 44
   4.3 ‚Soft Power' als neues Instrument 52

5 **Grundzüge der Sicherheitspolitik** 56
   5.1 Bedrohungsperzeptionen und Militärstrategie 56
   5.2 Modernisierung der Volksbefreiungsarmee 58
   5.3 China als militärische Bedrohung? 60

6 **China in der Weltwirtschaft** 63
   6.1 Chinas Handel im Überblick 63
   6.2 Chinas Wechselkurspolitik und die Akkumulation
       von Devisenreserven 67
   6.3 China als Empfänger und Quelle
       ausländischer Direktinvestitionen 76
   6.4 Konsequenzen von Chinas weltwirtschaftlicher Integration
       und Expansion 85

7 **China in der internationalen Umwelt- und Klimapolitik** 89
   7.1 Chinas Umweltprobleme und deren
       transnationale Auswirkungen 89
   7.2 Umweltpolitische Institutionen und Ambitionen 90
   7.3 Chinas Integration in die internationale Klimapolitik 92
   7.4 Chinesische Haltungen zur Klimadiplomatie 94
   7.5 Anforderungen an die chinesische Klimapolitik 98

8 **China und die internationale Menschenrechtspolitik** 99

9	**Die Taiwan-Frage**	**105**
	9.1 Die gegensätzlichen Positionen zum Status quo und zur Zukunft	105
	9.2 Ökonomische Konvergenz und administrative Kooperation	108
	9.3 Politische Divergenz und diplomatischer Wettbewerb	113
	9.4 Das Konfliktpotenzial in der Taiwan-Straße	115
	9.5 Die Rolle der USA in der Taiwan-Frage	117
10	**Chinas Beziehungen zu Japan und den koreanischen Staaten**	**119**
	10.1 Die chinesisch-japanischen Beziehungen	119
	10.2 Chinas Beziehungen zu den koreanischen Staaten	125
11	**Chinesisch-amerikanische Beziehungen**	**133**
	11.1 Gemeinsame Interessen und Kooperationsfelder	133
	11.2 Divergierende Interessen und Konfliktfelder	136
12	**Chinas Beziehungen zu Europa und Deutschland**	**146**
	12.1 Ökonomische Interdependenz und Spannungspotenzial	146
	12.2 Besonderheiten der europäisch-chinesischen Beziehungen	150
	12.3 Deutsch-chinesische Beziehungen	155
13	**Imperium und Guerilla: Dimensionen und Herausforderungen der Außenbeziehungen Chinas**	**164**
	13.1 ‚Imperiale' Außenbeziehungen	164
	13.2 Kräfte der Interdependenz	166
	13.3 Unkonventionelle Außenbeziehungen ‚im Schatten des Imperiums'	167
	13.4 ‚Guerilla'-Außenbeziehungen	169
	13.5 Zerrbilder in der Beurteilung des chinesischen Aufstiegs	171
	13.6 Ausblick	173
14	**Literatur- und Quellenverzeichnis**	**178**
	14.1 Überblicksdarstellungen zu historischen Grundlagen	178
	14.2 Internetquellen zu aktuellen Entwicklungen	178
	14.3 Analysen von Forschungs- und Politberatungsinstituten	180
	14.4 Informationen nach Sachgebieten	181
	14.5 Wissenschaftliche Fachzeitschriften (Auswahl)	183
	14.6 Verzeichnis der im Text zitierten Quellen und Literatur	184

Verzeichnis der Übersichten

Übersicht	1.1	Wichtige Entwicklungsetappen in den Außenbeziehungen der VR China	17
Übersicht	2.1	Grundannahmen und zentrale Ziele der chinesischen Außenpolitik	19
Übersicht	3.1	Akteure in Chinas außenpolitischem Entscheidungsprozess	29
Übersicht	3.2	Typische taktische Vorgehensweisen der chinesischen Außenpolitik	31
Übersicht	4.1	Handel zwischen China und den ASEAN-Staaten	40
Übersicht	4.2	Territorialkonflikte im Südchinesischen Meer	41
Übersicht	4.3	Handel zwischen China und Lateinamerika	46
Übersicht	4.4	Handel zwischen China und Afrika	46
Übersicht	4.5	Chinas Importquellen für Erdöl (2009)	48
Übersicht	4.6	Zielländer afrikanischer Erdölexporte (2009)	49
Übersicht	5.1	Chinas Militärausgaben – Offizielle Angaben und inoffizielle Schätzungen	59
Übersicht	5.2	Stärken und Schwächen des chinesischen Militärs	61
Übersicht	6.1	Die größten Container-Häfen der Welt, 1989 vs. 2009	63
Übersicht	6.2	Chinas Außenhandel	64
Übersicht	6.3	‚Top 10' Exportzielländer Chinas 2010 (Mrd. USD)	65
Übersicht	6.4	‚Top 10' Lieferländer Chinas 2010 (Mrd. USD)	66
Übersicht	6.5	Wechselkursentwicklung des CNY, 2000–2010	69
Übersicht	6.6	Entwicklung weltweiter Devisenreserven, 2000–2010 (Mrd. USD)	70
Übersicht	6.7	Typische chinesische Standpunkte zur Bewertung des CNY	73
Übersicht	6.8	Die Kritik an der chinesischen Währungspolitik	74
Übersicht	6.9	Argumente für eine graduelle Wechselkursreform	75
Übersicht	6.10	Ausländische Direktinvestitionen nach bzw. aus China (Mrd. USD)	77
Übersicht	6.11	IFDI-Herkunftsländer 2005	79
Übersicht	6.12	IFDI-Herkunftsländer 2010	79
Übersicht	6.13	Zielländer chinesischer OFDI 2009 (Mrd. USD)	84
Übersicht	6.14	Chinas wachsendes Gewicht als Handelspartner	86
Übersicht	7.1	Kohlendioxid-Emissionen pro Kopf, 1992–2009	89
Übersicht	7.2	Elektrizität aus erneuerbaren Energiequellen im Vergleich	91

Übersicht	8.1	China und das internationale Menschenrechtsregime	100
Übersicht	8.2	Offizielle chinesische Positionen in der internationalen Menschenrechtsdebatte	101
Übersicht	9.1	Gegenüberstellung von chinesischen und taiwanischen Grundsatzpositionen	106
Übersicht	9.2	Positionen der taiwanischen Bevölkerung zur Taiwan-Frage	108
Übersicht	9.3	Handel zwischen VR China und Taiwan	109
Übersicht	9.4	Besucherverkehr zwischen Festland und Taiwan	111
Übersicht	9.5	Militärische Kräfteverhältnisse in der Taiwan-Straße	116
Übersicht	10.1	Territorialstreitigkeiten im Ostchinesischen Meer	121
Übersicht	10.2	Chinesisch-japanischer Handel im Überblick	124
Übersicht	10.3	Chinas Handel mit Südkorea	129
Übersicht	10.4	Chinas Handel mit Nordkorea	131
Übersicht	11.1	Handel zwischen USA und VR China	139
Übersicht	11.2	US-Defizit und Chinas Anteil daran (Mrd. USD)	140
Übersicht	11.3	‚Top 6' Halter von US-Staatsanleihen (Mrd. USD)	141
Übersicht	11.4	Kooperations- und Konfliktfelder in den chinesisch-amerikanischen Beziehungen	144
Übersicht	12.1	EU-Außenhandel mit China (1992–2010)	147
Übersicht	12.2	Handelspartner Chinas und der EU (2010)	147
Übersicht	12.3	Herkunft der wichtigsten Investoren in China (2010)	147
Übersicht	12.4	FDI-Ströme der EU-27 in die BRIC-Staaten	148
Übersicht	12.5	Die wichtigsten Handelspartner Chinas (2010)	157
Übersicht	12.6	Deutscher Außenhandel mit China (1992–2010)	158
Übersicht	12.7	Importe und Exporte Deutschlands (2010)	159
Übersicht	12.8	Deutsche Exporte nach China in ausgewählten Produktgruppen	159
Übersicht	12.9	Hauptabsatzmärkte deutscher Exporte in ausgewählten Produktgruppen (2010)	160
Übersicht	12.10	Umsatzentwicklung deutscher Großunternehmen in wichtigen Märkten	161
Übersicht	12.11	Deutsch-chinesische Beziehungen seit 1949 im Überblick	163
Übersicht	13.1	Chinas Rolle in der Welt – Westliche Diskussionsmuster	171
Übersicht	13.2	Chinas Außenbeziehungen als multidimensionale Herausforderung	172

Verzeichnis der Abkürzungen

ACFTA	ASEAN-China Free Trade Area
AOSIS	Association of Small Island States
APA	Asien-Pazifik Ausschuss der Deutschen Wirtschaft
APEC	Asia-Pacific Economic Cooperation
ARATS	Association for Relations Across the Taiwan Straits
ARF	ASEAN Regional Forum
ASEAN	Association of Southeast Asian Nations
ASEM	Asia-Europe Meeting
AWACS	Airborne Warning And Control System
BAIC	Beijing Automotive Industry Corporation
BDI	Bundesverband der Deutschen Industrie
BGA	Bundesverband des Groß- und Außenhandels
BIP	Bruttoinlandsprodukt
BMU	Bundesumweltministerium
BMZ	Bundesministerium für Wirtschaftl. Zusammenarbeit und Entwicklung
BRD	Bundesrepublik Deutschland
CCTV	China Central Television
CDM	Clean Development Mechanism
CECC	Cross-Strait Economic Cooperation Committee
CER	Certified Emission Reduction Credits
CNN	Cable News Network
CNOOC	China National Offshore Oil Corporation
CNPC	China National Petroleum Corporation
CNY	Chinese Yuan
DIHK	Deutscher Industrie- und Handelskammertag
DPP	Democratic Progressive Party
DVRK	Demokratische Volksrepublik Korea
ECFA	Economic Cooperation Framework Agreement
EU	Europäische Union
EUR	Euro
FDI	Foreign Direct Investment
FOCAC	Forum on China-Africa Cooperation
GIZ	Gesellschaft für Internationale Zusammenarbeit
ICAO	International Civil Aviation Organization
IFDI	Inward Foreign Direct Investment
IMF	International Monetary Fund
IPR	Intellectual Property Rights
KMT	Kuomintang

KPCh	Kommunistische Partei Chinas
LDC	Least Developed Country
NDRC	National Development and Reform Commission
NPT	Nuclear Non-Proliferation Treaty
OAV	Ostasiatischer Verein
OFDI	Outward Foreign Direct Investment
PBoC	People's Bank of China
RMB	Renminbi
ROC	Republic of China
SAFE	State Administration of Foreign Exchange
SAIC	Shanghai Automotive Industry Corporation
SASAC	State-owned Assets Supervision and Administration Commission
SCO	Shanghai Cooperation Organization
S&ED	Strategic and Economic Dialogue
SEF	Straits Exchange Foundation
SEPA	State Environmental Protection Administration
SIPRI	Stockholm International Peace Research Institute
SVR	Sonderverwaltungsregion
TRA	Taiwan Relations Act
UdSSR	Union der Sozialistischen Sowjetrepubliken
UN	United Nations
UNCTAD	United Nations Conference on Trade and Development
UNFCCC	United Nations Framework Convention on Climate Change
USA	United States of America
USD	US-Dollar
VBA	Volksbefreiungsarmee
VRCh	Volksrepublik China
WTO	World Trade Organization
ZFG	Zentrale Führungsgruppe
ZK	Zentralkomitee
ZMK	Zentrale Militärkommission

Vorwort

Die Erfolge Chinas in der Durchsetzung eines umfassenden nationalen Modernisierungsprogramms sowie in der Abstützung dieses Programms durch eine überaus aktive Außen- und Außenwirtschaftspolitik fordern die bislang dominierende Position der USA, Europas und Japans in Weltpolitik und Weltwirtschaft heraus. Die chinesische Regierung ist zu einem der wichtigsten Akteure in so unterschiedlichen Feldern wie der globalen Währungs-, Handels-, Sicherheits- oder Klimapolitik aufgestiegen. Die Ausdehnung des chinesischen wirtschaftlichen und diplomatischen Einflusses insbesondere in Asien, Afrika und Lateinamerika trägt zu einer umfassenden Neustrukturierung der internationalen Beziehungen bei. Der Strukturwandel manifestiert sich markant in der rasanten Ausweitung des Wirtschaftsaustauschs unter Schwellen- und Entwicklungsländern wie auch im Aufstieg der G-20 als Instanz globaler Koordination und globalen Krisenmanagements. Chinas wirtschaftliche Expansion und diplomatische Initiativen haben diese Veränderungen maßgeblich vorangetrieben.

Trotz oder gerade wegen der zentralen Bedeutung Chinas in diesen Vorgängen ist die chinesische Außenpolitik Gegenstand vielfach pauschaler und überwiegend negativer Charakterisierungen in der europäischen Öffentlichkeit. Chinas Aufstieg wird mit Begriffen aus der europäischen Geschichtserfahrung wie etwa „Manchesterkapitalismus" (in der Binnenwirtschaft), „Merkantilismus" (in der Außenwirtschaft) oder „Neokolonialismus" (in der Afrikapolitik) belegt. Solche Schlagwörter drücken moralische Entrüstung oder politische Verurteilung aus. Sie dienen der vordergründigen Selbstvergewisserung westlicher Gesellschaften angesichts einer immer konkreter und unbequemer werdenden chinesischen Konkurrenz. Pauschale Negativkennzeichnungen Chinas beruhen aber selten auf einem gut informierten Urteil. Sie verschleiern viele besonders herausfordernde Aspekte der chinesischen Expansion, indem neuartige Entwicklungen und Kontextbedingungen des 21. Jahrhunderts alten europäischen Wahrnehmungsmustern reflexartig unterworfen werden. Angemessene Antworten auf die von China ausgehenden neuen Herausforderungen aber werden sich durch rückwärtsgewandte Sichtweisen nicht finden lassen.

Wir unternehmen in diesem Buch den Versuch, sorgfältig geprüfte Informationen und Einschätzungen zur internationalen Rolle Chinas differenziert-abwägend darzulegen. Hierdurch sollen die Leserinnen und Leser dazu ermutigt werden, sich ein nuanciertes eigenständiges Urteil über kontroverse Aspekte der chinesischen Außenbeziehungen zu bilden.

Wir möchten zu einem fundierten Verständnis der Voraussetzungen und Wirkungen der Rolle Chinas in Weltpolitik und Weltwirtschaft beitragen. Zu diesem Zwecke legen wir außenpolitischen Wandel in dessen Verknüpfung mit globalen wie auch mit innerchinesischen Veränderungsprozessen dar. Unser besonderes Augenmerk gilt Kräfteverschiebungen, Wahrnehmungsänderungen und Lernprozessen in der Außen- und Außenwirtschaftspolitik, die über kurzfristige Ereignisse hinaus fortwirken und die Position Chinas in der Welt prägen. Im Einzelnen behandeln wir Besonderheiten der chinesischen Sicht der internationalen Beziehungen, Grundmuster der außenpolitischen Willensbildung, ausgewählte zentrale Problemfelder (Sicherheits-, Außenwirtschafts-, Umwelt- und Menschenrechtspolitik) wie auch eine Reihe bilateraler Beziehungen, denen ein besonderes Gewicht in der auswärtigen Politik Chinas zukommt.

Die Verfasser verzichten bewusst auf die Einbettung ihrer Analysen in Großtheorien der Internationalen Beziehungen. Wir sind in eine Phase der internationalen Politik eingetreten, in der – mehrheitlich aus den Erfahrungen des 19. und 20. Jahrhunderts gewonnene – Annahmen, Kategorien und Hypothesen auf ein immer volatileres, flüssigeres Umfeld mit neuartigen Prozess-, Kommunikations-, Austausch- und Organisationsmustern sowie Akteursformationen treffen. Lange etablierte Grundannahmen und Konstanten – von der Funktionsfähigkeit des internationalen Währungssystems über den Zusammenhalt der Europäischen Union bis hin zum Supermacht-Status der USA – werden in diesem volatilen Umfeld zu Variablen und Ungewissheiten.

Diskussionen des chinesischen Aufstiegs auf der Basis maximal verallgemeinernder oder gar linear angelegter Makrotheorien tragen deshalb nur wenig zum Verständnis der Welt des frühen 21. Jahrhunderts bei. In Bezug auf Chinas Aufstieg existiert nicht ein Mangel an großen – und oft groben – Thesen und Theorien. Sondern es fehlen fundierte empirische Untersuchungen, die Besonderheiten des Kontextes der chinesischen Außenbeziehungen – insbesondere die Wechselbeziehungen zwischen innenpolitischen und binnenwirtschaftlichen Bedingungen einerseits und außenpolitischem, außenwirtschaftlichem sowie sicherheitspolitischem Agieren andererseits – anhand von Feld- und Fallstudien konkret belegen und erklären.

Die besondere Ambition dieses Buches besteht in einer integrierenden und gleichberechtigten Darstellung und Analyse außenpolitischer und außenwirtschaftlicher Fragen. Über ein umfassendes Kapitel „China in der Weltwirtschaft" hinaus behandelt dieses Buch in jedem Einzelkapitel zu bilateralen Beziehungen eingehend die Bedeutung von Handels- und Investitionsströmen sowie der damit verbundenen Interaktionen. Chinas Rolle in der Welt ist ohne die systematische Verknüpfung politischer und wirtschaftlicher Faktoren nicht zu erfassen. Eine akademisch-disziplinär begründete analytische Trennung von Außenpolitik (traditionell als Feld der Politikwissenschaft) und Außenwirtschaft (traditionell als Feld der Wirtschaftswissenschaft) halten wir für realitätsfern und irreführend.

Im Kontrast zur dezidiert dialektisch-abwägenden Darstellungsweise in den ersten zwölf Kapiteln ist das Schlusskapitel ‚Imperium und Guerilla' als Meinungsessay und Diskussionsstimulus konzipiert. Wir beziehen in diesem Schlussteil pointiert Stellung, um auf einige allzu wenig beachtete und neuartige Herausforderungen hinzuweisen, die sich für unsere Gesellschaften, staatlichen Institutionen und Unternehmen mit der globalen Expansion Chinas ergeben.

Das Buch basiert auf in den vergangenen zwanzig Jahren entstandenen eigenen Forschungsarbeiten, auf einer umfassenden Auswertung chinesischer Quellen und auf dem neuesten Stand der internationalen Chinaforschung. Wir haben von den Studien und Anregungen einer Vielzahl von Kolleginnen und Kollegen profitiert, die hier nicht einzeln aufgeführt werden können, auf deren Werke wir aber in diesem Buch hinweisen. Im Text wird in runden Klammern (Kurzzitierweise mit Nachnamen der Autoren und Erscheinungsjahr) auf wichtige vertiefende Literatur verwiesen, auf die sich unsere Analyse bezieht und die sich im Literaturverzeichnis am Ende dieses Buches findet.

Das Literatur- und Quellenverzeichnis dieses Buches bietet über wissenschaftliche Werke hinaus eine qualitätsorientierte Auswahl von chinesischen und westlichen internetbasierten Informations- und Analyseportalen. Dadurch soll es den Leserinnen und Lesern ermöglicht werden, die im Buch dargelegten Entwicklungen aktuell weiterzuverfolgen und eigenständige Recherchen für Studium oder Beruf durchzuführen.

Das Buch ist so aufgebaut, dass sich die einzelnen Kapitel auch unabhängig voneinander lesen lassen. Jedes Kapitel enthält Querverweise auf vertiefende Informationen und Analysen, die sich in anderen Kapiteln finden. Das gezielte Arbeiten mit dem Text soll auf diese Weise erleichtert werden.

Till Dittkrist und Dominik Schmalen haben durch sorgfältige inhaltliche Recherchen sowie Erstellung von Übersichten wichtige Beiträge zur Vorbereitung und Gestaltung mehrerer Kapitel geleistet. Nicole Schulte-Kulkmann hat die Erstellung mehrerer Pilotfassungen des Manuskripts unterstützt. Wir danken allen Leserinnen und Lesern dieser Pilotfassungen für konstruktiv-kritische Verbesserungsvorschläge, die wir so weit wie irgend möglich in das hier vorliegende Buchmanuskript eingearbeitet haben.

Besonders dankbar sind wir unseren Trierer Kollegen Hanns W. Maull und Martin Wagener für einen langjährigen und überaus anregenden Austausch zu Fragen der chinesischen Außen- und Sicherheitspolitik.

Sebastian Heilmann dankt dem Ehepaar Juchems, das ihm ideale Räumlichkeiten für die konzentrierte Überarbeitung des Buchmanuskripts zur Nutzung überließ.

Beide Autoren bedanken sich bei dem Lektor des VS-Verlags, Herrn Frank Schindler, ohne dessen nachdrücklich-wohlwollendes Interesse an diesem Buch sich die Fertigstellung des Manuskripts verzögert hätte.

Wir widmen dieses Buch Nassim Nicholas Taleb, der klares Denken im Umgang mit Ungewissheiten und Erkenntnisgrenzen lehrt.

Trier, im August 2011

Dirk Schmidt und Sebastian Heilmann

Forschungsgruppe Politik und Wirtschaft Chinas
www.chinapolitik.de

1 Einleitung

China ist aufgrund seiner ökonomischen Dynamik und Expansion im Begriff, nicht nur nationale ‚Prosperität und Macht' – erklärte Ziele aller chinesischen Modernisierungsbefürworter seit dem 19. Jahrhundert – zu erlangen. Vielmehr strebt die chinesische Regierung eine zentrale mitgestaltende Position im internationalen System an. Eine anhaltende wirtschaftliche und politische Schwächung der USA wird dazu führen, dass China weitaus früher als erwartet zu einer maßgeblichen Großmacht oder gar zur Supermacht des 21. Jahrhunderts aufsteigen kann.

Chinas Ökonomie hat seit den 1990er Jahren eine faszinierende Anziehungskraft ausgeübt und eine beispiellose Expansion durchlaufen. In kein anderes Entwicklungs- oder Schwellenland ist mehr ausländisches Kapital geflossen. China ist zur größten Exportmacht und zweitgrößten Volkswirtschaft der Welt aufgestiegen. Die chinesische Regierung nutzte den wirtschaftlichen Aufstieg, um beharrlich auf eine Aufwertung des internationalen Status hinzuarbeiten. Chinas Außenpolitiker vermieden trotz einer Vielzahl von Konfliktgegenständen eine Verhärtung der Fronten gegenüber den westlichen Staaten, kultivierten ihren Einfluss auf die ostasiatischen Nachbarstaaten, verstärkten die diplomatischen Avancen gegenüber Russland sowie den zentralasiatischen Nachfolgestaaten der Sowjetunion und sind mit einer regen Besuchsdiplomatie auch in Lateinamerika und Afrika sehr stark engagiert.

Als Ständiges Mitglied des UN-Sicherheitsrates ist die VR China in vorderster Front am internationalen Konfliktmanagement beteiligt. China leistete durch ein gewaltiges nationales Konjunkturprogramm und die multilaterale Abstimmung von Stabilisierungsmaßnahmen im Rahmen der G-20 (Gruppe der 20 wichtigsten Industrie- und Schwellenländer) einen maßgeblichen Beitrag zur Eindämmung der globalen Finanz- und Wirtschaftskrise 2008–2010. Kein größerer internationaler Problembereich – gleich ob in außenwirtschafts-, sicherheits-, bevölkerungs- oder umweltpolitischen Fragen – kann ohne Zustimmung oder Mitarbeit der chinesischen Führung Erfolg versprechend bearbeitet werden. Als drittgrößte Nuklearmacht der Welt und als einer der führenden Waffenexporteure ist die Bereitschaft Chinas zur Zusammenarbeit in der globalen und regionalen Rüstungskontrolle unverzichtbar.

Für das westliche Ausland stellen sich im Zusammenhang mit dem Aufstieg Chinas in Weltwirtschaft und Weltpolitik grundlegende Fragen:

- Welche Grundmuster und Ziele lassen sich in Chinas auswärtigen Beziehungen erkennen?

- Inwieweit lässt sich das aufstrebende Land in internationale Regelwerke und Verantwortlichkeiten einbinden?
- Verinnerlichen außenpolitische Akteure in China wirklich die Spielregeln internationaler Kooperation oder passen sie sich nur vordergründig an, um zu warten, bis China diese Regeln zu seinen Gunsten verändern kann?
- Wird China zu einer strategischen Bedrohung oder zu einem berechenbaren und kooperationsbereiten Partner?

Diese Fragen stehen im Mittelpunkt kontoverser Diskussionen in der Außenpolitik- und Chinaforschung. Viele westliche Autoren vertreten die Auffassung, China verfüge über eine konsistente, langfristige Strategie für die internationalen Beziehungen (oft als ‚Grand Strategy' diskutiert) mit klarer Prioritätensetzung: Frieden, Stabilität und Entwicklung, Akzeptanz internationaler Normen, außenpolitische Kooperation. Die gegenwärtig zu beobachtende moderate Außenpolitik sei deshalb auf Dauer gestellt (Lampton 2008, Gill 2007, Saunders 2006, Wacker 2006b).

Demgegenüber mahnen einzelne prominente Autoren (etwa Sutter 2010a) zur Vorsicht. Sie verweisen auf die Widersprüchlichkeit zentraler chinesischer Zielsetzungen (z. B. Streben nach internationalem Status- und Image-Gewinn vs. Verteidigung der nationalen Souveränität und der Herrschaft der Kommunistischen Partei) und leiten daraus die Schlussfolgerung ab, dass Chinas außenpolitische Kooperationsbereitschaft bedingt sei sowohl durch innerchinesische politische und soziale Entwicklungen wie auch durch Krisen- und Konfliktkonstellationen (etwa im Welthandelssystem oder auf der koreanischen Halbinsel), die Chinas Regierung nur zum Teil beeinflussen könne. In jüngerer Zeit verweisen Studien einflussreicher chinesischer Außenpolitikforscher (etwa Wang Jisi 2011, Zhu Liqun 2010) auf die zunehmenden Schwierigkeiten der chinesischen Führung, aus der innerhalb Chinas markant gewachsenen Vielfalt widerstreitender außenpolitischer und außenwirtschaftlicher Perzeptionen und Interessen heraus eine konsistente außenpolitische Strategie zu entwerfen und umzusetzen.

In engem Zusammenhang mit dieser Strategiediskussion steht die Frage der Gewichtung zwischen innen- und außenpolitischen Bestimmungsfaktoren für Chinas internationale Beziehungen. In der Chinaforschung dominiert die Sichtweise, dass Chinas Außenpolitik eine primär unterstützende Funktion im Dienste innenpolitischer Prioritäten und Herausforderungen – wie insbesondere wirtschaftlicher Entwicklung sowie sozialer und politischer Stabilität – zukomme (Heberer/Senz 2006, Medeiros 2007, Möller 2006/2007, Möller 2006). Demgegenüber erkennen andere Autoren in Chinas Außenpolitik Ambitionen einer aktiven regionalen und globalen Machtprojektion, die in Konflikte mit den USA und anderen Mächten münden können (Mosher 2000, Mearsheimer 2006, Sandschneider 2007). Die Bearbeitung dieser Fragenkomplexe und die Abwägung der genannten Argumente leiten auch die in diesem Buch unternommene Analyse.

Einleitung

Übersicht 1.1 Wichtige Entwicklungsetappen in den Außenbeziehungen der VR China

1950	Bündnisvertrag und enge Kooperation mit der Sowjetunion
1950–53	Koreakrieg; militärische Konfrontation mit den USA
1954, 1958	Erfolglose militärische Vorstöße gegen Taiwan
1959/1962	Territorialkonflikt/Grenzkrieg mit Indien im Himalaya
nach 1956	wachsende chinesisch-sowjetische Spannungen; 1960 Abbruch der Kooperation
1964	Erster Atombombentest; China wird Nuklearmacht
1969	Grenzkonflikt an der chines.-sowjet. Grenze (Ussuri); Kriegsängste in China
1970–72	Aufnahme diplomat. Beziehungen zu zahlreichen westl. Staaten, auch zur BRD (1972)
1971/72	Chines.-amerik. Annäherung; grundlegende Neuorientierung der chines. Außenpolitik
1971	Aufnahme Chinas in die UN (an Stelle Taiwans); Ständiges Mitglied des UN-Sicherheitsrates mit Vetorecht
1975	Aufnahme offizieller Beziehungen zur EG
seit 1979	Einleitung der Politik der außenwirtschaftlichen Öffnung
1979	Aufnahme diplomatischer Beziehungen zu den USA
1979	Verlustreiche „Strafexpedition" gegen Vietnam wegen dessen Kambodscha-Politik
1980	Mitgliedschaft in Weltbank und IMF
1985	Abschluss eines Handelsabkommens mit der EG
1985/86	Entspannung im Verhältnis zur Sowjetunion
1986	Antrag auf Wiederaufnahme in das GATT
1989	Internationale Sanktionen gegen China wegen gewaltsamer Unterdrückung von städtischer Protestbewegung, kurzzeitig diplomatische Isolation; Menschenrechtsfrage wird zentraler Konfliktpunkt mit dem Westen.
1990/91	Chinesische Kooperationsbereitschaft im Golfkrieg und in Kambodschafrage; Wiederaufnahme hochrangiger internationaler Kontakte
1991	China wird Mitglied der APEC
1994	Entkoppelung zw. Handels- und Menschenrechtsfragen in der US-amerikanischen Außenpolitik
1995	China erhält Beobachterstatus in der WTO
3/1996	Chinesische Militärmanöver und Raketentests in der Taiwan-Straße; USA entsenden zwei Flugzeugträgerverbände in die Region
5/1999	Im Jugoslawien-Krieg wird die chinesische Botschaft in Belgrad zerstört; heftige anti-amerikanische Reaktionen in China
11/1999	Abschluss der chinesischen WTO-Beitrittsverhandlungen mit den USA
5/2000	Abschluss der chinesischen WTO-Beitrittsverhandlungen mit der EU
4/2001	Kollision eines chinesischen Abfangjägers mit einem US-Aufklärungsflugzeug; chinesisch-amerikanische Spannungen
7/2001	Chinesisch-russischer Freundschafts- und Kooperationsvertrag

9/2001	China unterstützt die USA in der Terrorismus-Bekämpfung und billigt militärische Maßnahmen gegen die afghanischen Taliban
12/2001	China wird in die WTO aufgenommen
5/2003	Shanghaier Organisation für Zusammenarbeit (2001 gegründet) errichtet ständiges Sekretariat in Beijing
2003–2009	Führende Rolle der VR China bei den Sechs-Parteien-Gesprächen zur nuklearen Abrüstung Nordkoreas
10/2003	Erste bemannte Raumfahrt-Mission Chinas
9–12/2005	Etablierung des „friedlichen Entwicklungspfades" als außenpolitische Doktrin
01/2007	Erfolgreicher Anti-Satellitentest (Raketenabschuss eines eigenen Wettersatelliten)
6/2008	Wiederaufnahme der 1999 abgebrochenen Gespräche zwischen chinesischen und taiwanischen halboffiziellen Verbindungsorganisationen
Seit 11/2008	Einbeziehung Chinas in Gipfeltreffen der G-20
1/2009	Chinesische Beteiligung an Piraten-Bekämpfung im Golf von Aden
1/2010	ASEAN-China Free Trade Agreement tritt in Kraft
6/2010	Rahmenabkommen über wirtschaftliche Zusammenarbeit zw. VRCh und Taiwan

© Schmidt/Heilmann 2011

2 Die chinesische Sicht der internationalen Beziehungen

Prägende Grundannahmen und Ziele der chinesischen Außenpolitik, wie sie bis heute in außenpolitischen Kreisen der VR China verbreitet sind und von der internationalen Forschung herausgearbeitet wurden, sind in Übersicht 2.1 aufgeführt. Als eine unausgesprochene Grundannahme der chinesischen Außenpolitik gilt demzufolge, dass das historische ‚Reich der Mitte' eine zentrale Position in der internationalen Ordnung einzunehmen verdient und dass China dank wirtschaftlicher und militärischer Modernisierung in der Lage sein könnte, diesen angestammten Platz im 21. Jahrhundert zurückzuerobern. Diese ‚sinozentrische' Sichtweise der internationalen Beziehungen kann angesichts des historischen Erbes und des jüngsten wirtschaftlichen Erfolgs nicht überraschen; gleichzeitig ergeben sich hieraus aber weitreichende Folgen für Chinas Position als Nationalstaat

Übersicht 2.1 Grundannahmen und zentrale Ziele der chinesischen Außenpolitik

---

Grundannahmen in der chinesischen Außenpolitik
- Das historische „Reich der Mitte" verdient es, eine zentrale Position in den internationalen Beziehungen einzunehmen.
- Die internationalen Beziehungen werden im Wesentlichen durch Machtpolitik und Konkurrenz zwischen Nationalstaaten bestimmt.
- China hat als Nationalstaat den Zenit seiner Macht noch lange nicht erreicht. Deshalb dürfen in Fragen der nationalen Souveränität und territorialen Integrität nur taktische Zugeständnisse gemacht werden.
- Internationale „feindliche Kräfte" versuchen, das aufstrebende China niederzuhalten.
- Multilaterale Bindungen sind ein zweischneidiges Schwert: Beschränkungen der nationalen Souveränität sind nur dann zulässig, wenn ihnen ein entsprechender Nutzen gegenübersteht (z. B. internationale Mitsprache über die Gestaltung von Regeln, Zugang zu Märkten, Stärkung des Status in internationalen Organisationen)

Zentrale Ziele der chinesischen Außenpolitik
- Wahrung der nationalen Souveränität und Sicherheit.
- Bekämpfung aller Tendenzen, die die territoriale Integrität Chinas in Frage stellen könnten (Unabhängigkeit Taiwans, Tibets, Xinjiangs).
- Sicherung günstiger internationaler Bedingungen für die ökonomische Modernisierung (v. a. Zugang zu Rohstoffen).
- Mehrung der „umfassenden nationalen Stärke" *(zonghe guoli)*.
- Bemühung um ein positives internationales Image als kooperationsbereite und verantwortungsbewusste Großmacht *(fuzeren de daguo)*.
- Verhinderung einer internationalen Isolierung/dauerhaften Frontbildung gegen China

© Schmidt/Heilmann 2011

in einer Welt der Interdependenz (Robinson/Shambaugh 1995, Economy/Oksenberg 1999, Lampton 2001, Gill 2007, Lampton 2008, Sutter 2010a, Irvine 2010).

Diese Zusammenstellung von Grundannahmen und Zielen der chinesischen Außenpolitik impliziert nicht, dass es eine homogene Sicht auf die internationale Ordnung, Chinas Identität als weltpolitischer Akteur oder die diplomatische bzw. sicherheitspolitische Strategie gebe. Vielmehr belegen viele neuere Untersuchungen (Zhu Liqun 2010, Irvine 2010, Shambaugh 2011), dass unter chinesischen Außenpolitikern und deren Beraterkreisen kontroverse Debatten über Grundfragen der internationalen Positionierung und Handlungsprioritäten geführt werden.

In den einschlägigen außenpolitischen Konzeptionen der Hu-Wen-Administration (2002–2012) – „friedlicher Aufstieg" (*heping jueqi*, 2003–2004) bzw. seit 2005 „friedlicher Entwicklungsweg" *(heping fazhan daolu)* zur Schaffung einer „harmonischen Welt" *(hexie shijie)* – sind viele Kontinuitäten, aber auch markante Akzentverschiebungen zu erkennen, die in den folgenden Abschnitten dargelegt werden (Hu Jintao 2011/2009/2005a, Dai Bingguo 2010, Chinas friedlicher Entwicklungsweg 2005, Zheng/Tok 2007, Lai/Lye 2007, Murphy 2008).

Zum Wandel der internationalen Ordnung

Viel Raum in chinesischen Verlautbarungen zur Außenpolitik nehmen die Darstellung und Abwägung grundlegender Wandlungstendenzen und Widersprüche der internationalen Beziehungen sowie der sich daraus ergebenden Herausforderungen ein. Regierungsdokumente stellen fest, dass die internationale Ordnung sich inmitten eines tiefgreifenden, historischen Wandels *(shenke bianeg, lishixing bianhua)* und großer struktureller Anpassungen *(da tiaozheng)* befinde. Als positive – oft als irreversibel – eingestufte Trends werden aufgeführt: neue Möglichkeiten zur Herstellung andauernden Friedens *(chijiu heping)* und gemeinsamen Wohlstands *(gongtong fanrong)* in der Welt; die Herausbildung von Multipolarität *(duojihua)* und die „Demokratisierung" *(minzhuhua)* der internationalen Beziehungen; der Aufstieg der Entwicklungs- und Schwellenländer und deren verstärkte Kooperationsbeziehungen untereinander. Als negative Beharrungskräfte und Risiken werden regelmäßig benannt: das Andauern von Machtpolitik *(qiangquan zhengzhi)* und Hegemonismus *(baquan zhuyi)*; die Entwicklungsunterschiede zwischen Nord und Süd bzw. Westen und Osten *(beiqiang nanruo, xiqiang dongruo)*; die Versuche westlicher Staaten, anderen Ländern das westliche Gesellschafts- und Wertesystem aufzuzwingen und politische Umstürze in Ländern zu fördern, die nicht dem westlichen Entwicklungsmodell folgen; begrenzte militärische Konflikte sowie nicht-traditionelle Sicherheitsbedrohungen etwa in den Bereichen Wirtschaft, Internet und Umwelt.

Ausdruck des zunehmend versierten internationalen Auftretens chinesischer Außenpolitiker ist die Nutzung eines „internationalistischen" Vokabulars im diplomatischen Sprachgebrauch. Westliche geprägte Begriffe wie etwa „globale Interessenkonvergenz" *(liyi jiaorong)*, internationale „Interessengemeinschaft" *(liyi gongtongti)*, „Win-win"-Konstellationen *(huli gongying)*, „gemeinsame Verantwortung" *(gongdan zeren)* oder „globales Dorf" *(diqiucun)* sind auch in der chinesischen Debatte zu Standardformeln geworden.

Allerdings wird trotz solcher rhetorischer Konvergenzen die chinesische Perzeption der internationalen Beziehungen ungebrochen von der Auffassung durchdrungen, dass globale Politik im Kern durch die Konkurrenz von Nationalstaaten gekennzeichnet sei. Die Mehrung „umfassender nationaler Stärke" *(zonghe guoli)* spielt deshalb eine zentrale Rolle in Denken und Rhetorik chinesischer Außenpolitiker (Lampton 2008). Europäische Diskussionen über das Ende des Zeitalters der Nationalstaaten erscheinen vor diesem Hintergrund vielen Beijinger Entscheidungsträgern und Politikberatern als Zeichen der politischen Schwäche, nicht als unabweisbare Einsicht.

Einer substanziellen, dauerhaften Übertragung nationaler Souveränitätsrechte auf internationale Organisationen wird in Beijing weiterhin mit Skepsis begegnet. Allerdings hat sich Chinas Souveränitätsanspruch seit den 1990er Jahren relativiert: Einschränkungen der eigenen Souveränität sind nicht länger grundsätzlich tabu, sofern greifbare Gegenleistungen im Interesse Chinas dafür entschädigen. Und falls die Zustimmung des UN-Sicherheitsrates – also das Einverständnis oder die Duldung seitens Chinas, das als Ständiges Mitglied im Sicherheitsrat eine Veto-Position innehat – gegeben ist, akzeptiert die chinesische Regierung auch Interventionen in die inneren Angelegenheiten anderer Länder aus humanitären Gründen (z. B. in Bosnien 1992, Somalia 1992–94, Ruanda 1994, Ost-Timor 1999).

Hauptbezugspunkt chinesischer Wahrnehmung und Beurteilung der internationalen Beziehungen bzw. der internationalen Ordnung sind und bleiben die Vereinigten Staaten. Beginnend mit den Militäreinsätzen in Irak und Afghanistan, verstärkt aber seit der gobalen Wirtschafts- und Finanzkrise, wird den USA attestiert, den Zenit militärischer und wirtschaftlicher Macht überschritten zu haben (Wu Xinbo 2010). Die meisten chinesischen Kommentare jedoch gehen davon aus, dass das internationale System zunächst weiterhin durch die Interaktionen einer Supermacht sowie mehrerer Großmächte *(yichao duoqiang)* geprägt sein wird.

Die Europäische Union spielt – angesichts eines vielfach diagnostizierten Mangels an Einigkeit und Handlungsfähigkeit in zentralen internationalen Aufgaben und in sicherheitspolitischen Krisen – für chinesische außenpolitische Führungskräfte weder als Gegenbild noch als Leitbild eine maßgebliche Rolle. Als kollektiver Akteur wird die EU nur im Bereich der internationalen Handelspolitik – als Schwergewicht in der Welthandelsorganisation, globales Gegengewicht zu den USA und schwieriger Verhandlungspartner Chinas – ernst genommen.

Angesichts der wirtschaftlichen Defekte und politischen Handlungsschwächen, die sich in den USA und in der EU im Gefolge der globalen Finanz- und Wirtschaftskrise offenbarten, verfestigten sich unter politischen Führungskräften in China grundlegende Zweifel daran, dass westliche politische und wirtschaftliche Institutionen für Chinas Zukunftsgestaltung als Vorbild dienen und übernommen werden könnten (Thornton 2008). Die Vereinigten Staaten wurden als zunehmend geschwächte oder im Niedergang begriffene Supermacht begriffen. Allerdings bildeten die USA auch zu Beginn der 2010er Jahre immer noch den zentralen Referenzpunkt für die chinesische Sicht der globalen Politik und Chinas Rolle darin.

Seit Beginn des neuen Jahrtausends wendete sich die Aufmerksamkeit chinesischer Außenpolitiker und Politikberater einer Vielzahl zuvor weniger beachteter globaler Herausforderungen zu: etwa der Bekämpfung des internationalen Terrorismus, der Sicherung der Rohstoffversorgung, der Verlangsamung des Klimawandels oder der Gestaltung des Weltfinanzsystems. Wie die zukünftige internationale Ordnung konkret ausgestaltet sein soll, bleibt in den chinesischen offiziellen Konzeptionen weiterhin vage. Die als „wichtiger theoretischer und praktischer Beitrag" gepriesenen Konzeptionen der „harmonischen Welt" und des „friedlichen Entwicklungsweges" gehen nicht über die Verkündung unbestimmter diplomatischer Formeln wie Frieden, Entwicklung und Kooperation als anzustrebende Merkmale einer künftigen Weltordnung hinaus.

Bemerkenswert ist das gleichzeitige Festhalten an jahrzehntealten maoistischen Konzepten wie inbesondere der Hegemonismuskritik und Widerspruchslehre in den internationalen Beziehungen. Allerdings wurde die Definition des Hauptwiderspruchs in den internationalen Beziehungen der veränderten Entwicklungsstrategie Chinas angepasst. Aus maoistischer Sicht war als Hauptwiderspruch *(zhuyao maodun)* der Gegensatz zwischen „imperialistischen" und „unterdrückten" gesellschaftlichen Klassen – und somit der Kampf gegen nationale Regierungen, die aus chinesischer Sicht „imperialistische" Kräfte repräsentierten – definiert. Die gegenwärtige Definition des Hauptwiderspruchs in den internationalen Beziehungen aber steht im Einklang mit innerchinesischen Zielsetzungen: Das globale wirtschaftliche und soziale Entwicklungsgefälle wird als Hauptwiderspruch definiert, traditionelle Kategorien des Klassenkampfes werden herabgestuft. Der Ausgleich des globalen Entwicklungsgefälles stellt aus der Sicht der aktuellen Widerspruchsanalyse die zentrale Herausforderung für die internationalen Beziehungen dar. Der Hegemonismusvorwurf wird von der chinesischen Außenpolitik immer dann vorgebracht, wenn einzelne Nationen oder Nationenallianzen „Hegemonialverhalten" an den Tag legen, das die chinesische Regierung nicht akzeptieren kann (etwa das Drängen von USA und deren Verbündeten auf den Einsatz von Zwangsmitteln gegenüber anderen Staaten ohne UN-Mandat). Konsequent verweist die chinesische Regierung auf die 1955 festgelegten „Fünf Prinzipien der friedlichen Koexistenz" und inbesondere das Prinzip gleichberechtigter Verhandlungen *(pingdeng xieshang)* als Richtlinie für zwischenstaatliche Beziehungen.

Zur Identität Chinas als internationaler Akteur

Als welche Art von Macht begreifen chinesische Außenpolitiker ihr eigenes Land? Welche Zielsetzungen und Verhaltensweisen in der Außenpolitik leiten sie von diesem Selbstbild ab? Was Statuszuschreibungen angeht, so halten die meisten Stellungnahmen und Publikationen – unter Verweis auf das große innerchinesische Entwicklungsgefälle, das pro Kopf immer noch geringe Entwicklungsniveau und die technologische Rückständigkeit gegenüber dem Westen – daran fest, dass China weiterhin „das größte Entwicklungsland der Welt" sei. Angesichts des globalen wirtschaftlichen Aufstiegs allerdings mehren sich Stimmen, die China bereits einzelne Attribute einer Großmacht zuschreiben. Grundsätzliche Übereinstimmung in chinesischen Außenpolitikkreisen besteht jedoch darin, China als aufstrebende Regionalmacht innerhalb Asiens zu begreifen, die noch geraume Zeit benötigen werde, um zu den USA aufzuschließen.

Trotz eines in den Veröffentlichungen mancher chinesischer Politikberatungsinstitute zum Ausdruck kommenden neuen Selbstbewusstseins finden sich nach wie vor prominente Äußerungen, die auf die von China in den letzten 150 Jahren erlittenen Opfer verweisen. Die noch in den 1990er Jahren häufig artikulierte Warnung vor „feindlichen Kräften im Westen", die darauf abzielten, China zu „zersetzen", tritt vornehmlich in akuten Spannungssituationen (wie etwa während der Tibet-Unruhen im Frühjahr 2008 oder anlässlich der Verleihung des Friedensnobelpreises an den chinesischen Dissidenten Liu Xiaobo im Dezember 2010) in den Vordergrund. Im Normalmodus der chinesischen Politik überwiegt eine nüchterne Sicht der Weltpolitik, die antichinesische Verschwörungen für kaum noch praktikabel hält.

Das für China und alle Nationalstaaten eingeforderte Recht auf die „eigenständige Wahl des gesellschaftlichen Systems" *(zizhu xuanze shehui zhidu)* und die Verteidigung der „Vielfalt der Kulturen" *(wenming duoyangxing)* sind Leitmotive der außenpolitischen Rhetorik und stehen in engem Zusammenhang mit den „Kerninteressen" *(hexin liyi)* der chinesischen Außenpolitik, die 2009 und 2010 wiederholt dargelegt und erläutert wurden (Hu Jintao 2009, Dai Bingguo 2010, Wang Jisi 2011). Drei Komplexe von „unverletzlichen" *(bu qinfan)* und „unzerstörbaren" *(bu pohuai)* Kerninteressen der chinesischen Außenpolitik wurden explizit definiert:

- die Stabilität des politischen Systems, also die Aufrechterhaltung der Führungsrolle der Kommunistischen Partei und die Fortführung des eigenständigen sozialistischen Entwicklungsweges;
- die Verteidigung nationaler Souveränität und Sicherheit sowie der territorialen Integrität und nationalen Einheit;
- die Sicherung der Voraussetzungen für eine nachhaltige wirtschaftliche und soziale Entwicklung Chinas.

Die Beziehungen zu Taiwan gehören unmittelbar zu den Kerninteressen, da sie aus der Sicht der chinesischen Regierung zentrale Bedeutung für die territoriale Integrität und nationale Einheit Chinas besitzen. Im Jahre 2010 aufgekommene Gerüchte, China habe auch das Südchinesische Meer zu den territorialen Kerninteressen hinzugefügt, haben sich nicht bestätigt (Swaine 2011).

Das übergreifende außenpolitische Konzept des „friedlichen Entwicklungsweges" stellt den Versuch der chinesischen Führung unter Hu Jintao dar, konkurrierende Identitäten (Regionalmacht, Entwicklungsland, Großmacht) und rivalisierende Ziele (Verteidigung nationaler Interessen, Sorge um internationales Image) unter Rückgriff auf einen innenpolitisch abgesicherten ideologischen Sprachgebrauch miteinander in Einklang zu bringen.

Zur chinesischen Strategie

Wie lassen sich Prinzipien, Kerninteressen und Ziele der chinesischen Außenpolitik in der Praxis umsetzen und welches Maß an internationaler Verantwortung soll oder kann China in seinen Außenbeziehungen übernehmen?

Diejenigen chinesischen Stellungnahmen, die die VR China immer noch primär als Entwicklungsland darstellen, plädieren überwiegend dafür, weiterhin der alten außenpolitischen Richtlinie Deng Xiaopings zu folgen: die innere Entwicklung Chinas entschlossen vorantreiben, aber außenpolitisch zurückhaltend auftreten *(taoguang yanghui)* und keine Führungsrolle in den internationalen Beziehungen anstreben *(bu dangtou)*. China verfüge nicht über ausreichende Kapazitäten und Ressourcen, um – wie von amerikanischer und europäischer Seite gewünscht – die Rolle eines „verantwortungsvollen Teilhabers" *(responsible stakeholder)* in der Gestaltung und Aufrechterhaltung der internationalen Ordnung auszufüllen.

Diejenigen chinesischen Stimmen, die China in einem raschen Aufstieg zur Großmacht begriffen sehen, befürworten – in Abkehr von Deng Xiaopings Richtlinie – einen aktiveren Beitrag Chinas zur Gestaltung der internationalen Ordnung und zur Bereitstellung globaler kollektiver Güter (etwa in den Bereichen Umwelt- und Klimaschutz oder Nichtverbreitung von Massenvernichtungswaffen). Eine noch offensivere Position setzt sich in der außenpolitischen Meinungsbildung dafür ein, dass China die unglaubwürdige globale Vorrangstellung der USA zunehmend offen herausfordern und alternative Weltordnungsvorstellungen vertreten solle, die sich aus der Tradition nicht-konfrontativer internationaler Beziehungen in Ostasien ableiten ließen (etwa aus dem klassischen chinesischen *tianxia*-Konzept einer von freiwilliger Unterordnung der Nachbarstaaten und wohlwollender Führung Chinas gekennzeichneten Weltordnung) (Carlson 2011).

Diese teils innerhalb außenpolitischer Beraterkreise und Fachwissenschaften, teils in staatlichen Medien und Internet-Öffentlichkeit geführten Debatten fanden bisher nicht Niederschlag in der außenpolitischen Rhetorik führender chinesischer Politiker. In Chinas offizieller diplomatischer Sprache dominieren immer noch die klassischen Termini der „unabhängigen Außenpolitik des Friedens" *(dulizizhu de heping waijiao)* oder die Versicherung, niemals als aggressiver Hegemon auftreten zu wollen.

Was die Vorzüge der Einbindung in Weltwirtschaft und Weltpolitik angeht, so lässt die außenpolitische Meinungsbildung in China keinen Zweifel daran, dass an der Politik der Öffnung nach außen unbedingt festgehalten werden muss. Die chinesische Debatte belegt ein weithin geteiltes Interesse an schrittweiser Anpassung und Umgestaltung der internationalen Ordnung, nicht aber an einer Zerstörung dieser Ordnung oder an einer nationalen Isolation.

Auch wenn sich die chinesische Außenpolitik in der Praxis nach wie vor an Mechanismen der Großmachtdiplomatie orientiert, so hat doch bereits seit Ende der 1990er Jahre eine stärkere Hinwendung zum regionalen Umfeld und zur Kultivierung engerer Beziehungen zu Afrika und Lateinamerika eingesetzt (Men Jing 2007). In diesem Zusammenhang steht auch eine *Neubewertung des Multilateralismus* (siehe Abschnitt 4.1). Dieser gilt nicht mehr in erster Linie als ein Instrument zur Begrenzung chinesischer Handlungsfreiheit, sondern wird selektiv nach dessen positiven Möglichkeiten beurteilt. Multilaterale Sicherheitskooperation (global gestützt auf die UN, regional auf vertrauensbildende Maßnahmen) wird als Alternative genutzt zu den von den USA betriebenen bilateralen Militärallianzen in Ostasien.

China vertritt – am markantesten in der internationalen Klimapolitik (vgl. Abschnitt 7.4) – eine „gemeinschaftliche, aber differenzierte Übernahme internationaler Verantwortung" *(gongtong dan youqubie de zeren)* in der multilateralen Zusammenarbeit, abgestuft je nach unterschiedlichen nationalen Möglichkeiten und Vorbedingungen. China bieten sich durch dieses – Verhandlungsmöglichkeiten offen haltende – Bekenntnis zur multilateralen Kooperation neue Möglichkeiten, die Regeln internationaler Interaktion und Kooperation mitzugestalten.

Antiwestliche Haltungen

Nationalistische Meinungsbeiträge einzelner chinesischer Journalisten, Wissenschaftler oder Armeeoffiziere, über die in westlichen Medien besonders eifrig berichtet wird, können in keinem Falle ungeprüft als Anzeichen einer grundsätzlichen Neuorientierung der chinesischen Außenpolitik interpretiert werden. Antiwestliche Äußerungen in chinesischen Publikationen, die eine zu „weiche" Außenpolitik gegenüber den USA oder in der Taiwan-Frage kritisieren, sind Ausdruck einer pluralistischeren außenpolitischen Öffentlichkeit und Meinungsbildung (vgl. Kapitel 3). Verstärkt wurden antiwestliche Positionen in Folge der globalen Finanz- und Wirtschaftskrise seit 2007, die dafür gesorgt hat, dass westlich-liberale Ordnungsvorstellungen in deren Glaubwürdigkeit fundamental erschüttert wurden und in China populistische Stimmen – in unterschiedlichen Varianten von „alten" und „neuen" Linken bis hin zu kulturalistischen Nationalisten – größere Unterstützung finden konnten (Shambaugh 2011). Antiwestliche Publikationen spiegeln zudem die ausgeprägte kommerzielle Logik im chinesischen Mediensystem wider, in dem sich plakative Botschaften auf dem Nährboden eines emotionalisierten Nationalismus besser verkaufen lassen als differenzierte, nüchterne Lageanalysen.

3 Außenpolitische Entscheidungsfindung

Außenpolitische Willensbildung und Entscheidungsfindung in der VR China unterliegen Kommunikationsbedingungen und Akteurskonstellationen, die sich seit den 1990er Jahren stark verändert haben und weiterhin verändern. Der Einfluss internationaler Normen, Regeln, Debatten und Agenden, die von außen auf die VR China einwirken, hat markant zugenommen. Dieser Einfluss prägt und begrenzt die Handlungsoptionen der chinesischen Außenpolitik.

Die auswärtige Gestaltungsmacht der Zentralregierung wird auch durch Akteure im Innern Chinas beschränkt. Außenwirtschaftliche Initiativen gehen regelmäßig von lokalen chinesischen Akteuren (Städte, Provinzen, diesen zugeordneten Staatsunternehmen) oder transnationalen Firmen- und Produktionsnetzwerken aus, die immer häufiger die Zentralregierung in eine reagierend-nachlaufende Position bringen (vgl. hierzu mit Fallstudien Zweig/Chen 2007). Andererseits eröffnet die Dezentralisierung auswärtiger Beziehungen neue Möglichkeiten. Bestimmte Provinzen werden von der chinesischen Zentralregierung dazu ermuntert und ermächtigt, gutnachbarschaftliche Beziehungen und wirtschaftlichen Austausch zum angrenzenden Ausland zu pflegen (Guangdong gegenüber Südostasien; Fujian gegenüber Taiwan; Yunnan gegenüber Myanmar und Laos; Guangxi gegenüber Vietnam; die mandschurischen Städte Dalian oder Shenyang gegenüber Japan und Korea etc.) (Jakobson/Knox 2010, Cabestan 2009).

Gleichzeitig wächst durch neue Kommunikations- und Informationstechnologien der Einfluss gesellschaftlicher Gruppen auf außenpolitische Entscheidungsvorgänge. So sind zum Beispiel die Wirkungen massenhafter nationalistischer Äußerungen in Online-Foren und deren Konsequenzen für die Politik gegenüber Japan gut dokumentiert (Hong Junhao 2005). Andererseits hatte die öffentliche Meinung bisher nur sehr geringen Einfluss auf die Gestaltung der chinesischen Taiwan-Politik (Cabestan 2009).

In jüngster Zeit kommt durch die Auslandsexpansion chinesischer Unternehmen (siehe Abschnitt 6.3) und die damit einhergehende zehntausendfache Anwesenheit chinesischer Staatsbürger im Ausland ein weiterer Aspekt gesellschaftlichen Drucks hinzu. Immer wieder werden im Ausland tätige chinesische Arbeitskräfte in innenpolitische Konflikte der Gastländer hineingezogen (z. B. Nigeria, Sudan), Opfer von Entführungen oder Gewalttaten. Über das Internet steht die Regierung daher unter einem großen Erwartungsdruck, die Sicherheit chinesischer Staatsbürger auch im Ausland zu gewährleisten bzw. einzugreifen, wenn diese bedroht wird.

Diese Entwicklungen treffen letztlich auf Wandlungstendenzen, die für die innenpolitische und außenpolitische Willensbildung gleichermaßen gelten: Der Generationenwechsel hin zu technokratischen Führungskräften sowie eine zunehmende Professionalisierung und institutionelle Pluralisierung haben die außenpolitische Willensbildung und Entscheidungsfindung verändert sowie Lern- und Anpassungsprozesse unter den beteiligten Akteuren eingeleitet (Lampton 2001, Hao/Su 2005, Cabestan 2009, Sutter 2010a, Lai Hongyi 2010, Jakobson/ Knox 2010).

Die außenpolitische Willensbildung ist heute im Allgemeinen deutlich weniger ideologisch aufgeladen sowie weniger hierarchisch-autokratisch strukturiert und personalisiert als unter der Führung Mao Zedongs und Deng Xiaopings. Vielmehr ist die innen- wie die außenpolitische Entscheidungsfindung heute durch die Dominanz bürokratischer Organisationen sowie durch breite Konsultationen und Konsenssuche mit einem oft sehr hohen Abstimmungs- und Zeitaufwand gekennzeichnet. Im Normalmodus der chinesischen Politik zeichnen sich Entscheidungsverfahren durch die Hinzuziehung einschlägiger Beratungsorgane (Liao Xuanli 2006), durch Verhandlungen zwischen bürokratischen Organen und durch die Dominanz von Fachleuten aus. Informations- und Überzeugungsarbeit sowie die Bildung von Allianzen innerhalb der Bürokratie sind bei komplexen Regelungsmaterien ausschlaggebend, nicht politische Machtworte.

Im Krisenmodus allerdings – also im Falle von Bedrohungswahrnehmung, hohem Entscheidungsdruck bei unzureichender Informationslage sowie Spannungen in strategischen Feldern der Außenpolitik (Verhältnis zu Großmächten, Taiwan) – sind Entscheidungsverfahren weiterhin in hohem Maße zentralisiert und von einzelnen Führungspersönlichkeiten oder einem engen Entscheidungszirkel dominiert. Trotz der im Vergleich zu früher größeren Transparenz heutiger Entscheidungsvorgänge, umgibt diese doch immer noch ein beträchtliches Maß an von der chinesischen Führung bewusst eingesetzter Geheimhaltung und Verschwiegenheit. Insbesondere in außenpolitisch heiklen Problemfeldern wie der Politik gegenüber der koreanischen Halbinsel sind selbst ansonsten gut informierte chinesische Wissenschaftler völlig im Unklaren, welche Akteure mit welchen Interessen letztendlich den außenpolitischen Kurs determinieren (siehe Abschnitt 10.2).

In Übersicht 3.1 sind die wichtigsten Akteure in außenpolitischen Entscheidungsprozessen und deren Zusammenwirken aufgeführt (Lu Ning 1997, Lu Ning 2001, Cabestan 2009, Lai Hongyi 2010, Jakobson/Knox 2010).

Die formelle Entscheidungsstruktur ist weiterhin hierarchisch aufgebaut. Parteiorgane sind in der Regel von größerer Bedeutung als die Regierungsinstitutionen, sofern beide nicht ohnehin deckungsgleich sind. An der Spitze der Entscheidungsstruktur steht der *Ständige Ausschuss des KPCh-Politbüros,* der über strategische Fragen der Außenpolitik und in internationalen Krisensituationen entscheidet. Eine herausragende Rolle innerhalb des Ständigen Ausschusses spielt der Generalsekretär des ZK (Hu Jintao, 2002–2012), der gegenwärtig zugleich die

Übersicht 3.1 Akteure in Chinas außenpolitischem Entscheidungsprozess

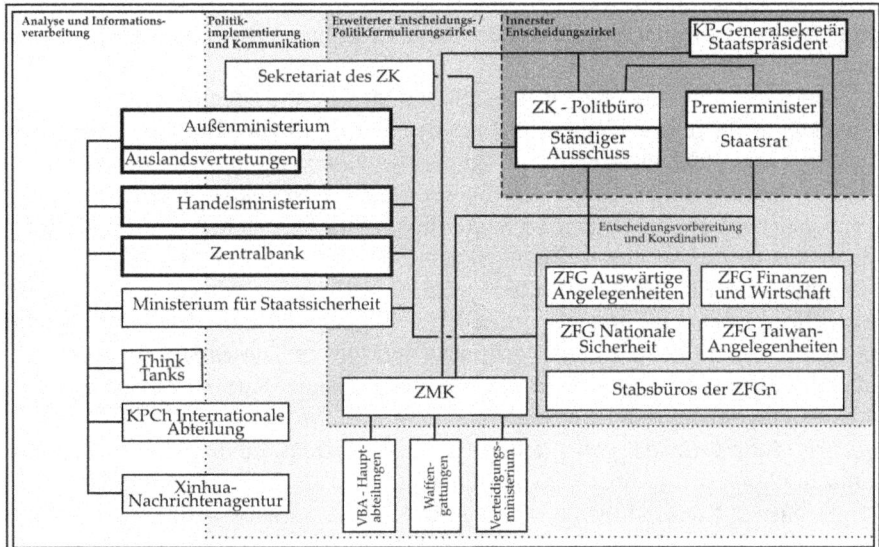

© Schmidt/Heilmann 2011

Ämter des Staatspräsidenten und des Vorsitzenden der Zentralen Militärkommission auf sich vereinigt.

Die außenpolitische Koordination findet in mehrere Ressorts verbindenden *Zentralen Führungsgruppen* (ZFGn, *zhongyang lingdao xiaozu*) unterhalb des Politbüros statt. Besonderes Gewicht in der Gestaltung der Außenpolitik haben die – gewöhnlich vom KP-Generalsekretär selbst geleiteten – *Zentralen Führungsgruppen für Auswärtige Angelegenheiten, Taiwan, Nationale Sicherheit* sowie *Finanz- und Wirtschaftspolitik*. Diesen Führungsgruppen gehören Entscheidungsträger aus Staats-, Partei- oder Militärorganen an, deren Zusammenarbeit im jeweiligen Politikfeld erforderlich ist.

Die Führungsgruppen mit deren Arbeits- und Beraterstäben bereiten Entscheidungen seitens des Politbüros bzw. des Ständigen Ausschusses vor. Sie greifen dafür auf Vorarbeiten der Fachabteilungen in Außenministerium, Handelsministerium, Staatssicherheitsministerium oder Zentraler Militärkommission zurück. Der *Zentralen Führungsgruppe für Finanzen und Wirtschaft* kommt die Koordination umfassenderer Politikanpassungen und Querschnittsaufgaben zu, die Tätigkeiten von Handels-, Außen- und Finanzministerium sowie Zentralbank berühren. Die *Zentrale Führungsgruppe für Nationale Sicherheit* soll im Falle interner und externer Krisen die staatliche Reaktion koordinieren.

Im Westen meist wenig beachtet, für die chinesische Außenpolitik aber immer noch in Einzelfragen von Bedeutung sind die *Abteilung des Zentralkomitees für*

Internationale Angelegenheiten (insbesondere in Bezug auf Nordkorea) und die *Einheitsfront-Abteilung des Zentralkomitees* (in Bezug auf Taiwan), deren Vorsitzende auch den jeweiligen Zentralen Führungsgruppen für Äußeres und Taiwan mit angehören.

Auf Regierungsseite – im Range auf den Ministerpräsidenten und die Stellvertretenden Ministerpräsidenten folgend, den Ministern aber übergeordnet – ist in der Regel ein Staatsratskommissar *(guowu weiyuan)* zuständig für die permanente Koordination der Außenpolitik. Dieser *Staatsratskommissar für Außenpolitik* kann gewöhnlich auf jahrzehntelange diplomatische Erfahrung zurückgreifen, da er aus dem Amt des Außenministers oder des Leiters der Internationalen Abteilung des ZK heraus rekrutiert wird. Er steht zugleich dem *Stabsbüro der Zentralen Führungsgruppe für Auswärtige Angelegenheiten (Zhongyang waishi gongzuo lingdao xiaozu bangongshi)* als Direktor vor. Dieses Stabsbüro fungiert als Filterinstanz für Vorschläge und Initiativen, die der Parteispitze in außenpolitischen Fragen zugeleitet werden.

Das *Außenministerium* spielt bei der Informationsgewinnung, Analyse und Entscheidungsvorbereitung insbesondere mittels seiner Auslandsvertretungen (Botschaften, Konsulate) eine wichtige Rolle. Es ist verantwortlich für die Umsetzung außenpolitischer Richtlinien durch bilaterale und multilaterale Diplomatie und für die Verbesserung des internationalen Ansehens der VR China. Hierbei kommt es immer wieder zu Spannungen mit außenwirtschaftlichen Aktivitäten. Eine nationale Arbeitskonferenz zu den Auswärtigen Beziehungen kritisierte 2006 explizit das unkoordiniert-eigensüchtige Verhalten chinesischer Unternehmen im Ausland, das Chinas Ansehen und Glaubwürdigkeit in der Welt beschädigen könne (Glaser 2007). Wegen solcher vorsichtig-konzilianter Positionen, die auf negative diplomatische Rückwirkungen allzu forscher außenwirtschaftlicher und sicherheitspolitischer Vorstöße hinweisen, wird dem Außenministerium in China selbst – insbesondere in Internet-Foren, aber auch von anderen Staats- und Militärstellen – gelegentlich der Ausverkauf chinesischer Interessen vorgeworfen.

In der praktischen Umsetzung der chinesischen Diplomatie sind bis heute typische taktische Vorgehensweisen zu erkennen (Übersicht 3.2), die zumindest teilweise von der traditionellen chinesischen Strategemlehre (Senger 2000) geprägt sind. Chinesische Diplomaten gelten als Meister in der Anwendung sorgsam durchdachter Verhandlungstaktiken, die von westlichen Verhandlungspartnern häufig nicht oder nur verspätet durchschaut werden (Solomon 1999).

In Chinas Außenbeziehungen tritt das *Handelsministerium,* das für alle handelspolitischen Fragen unter Einschluss von WTO-Angelegenheiten zuständig ist, häufig in Konkurrenz zum Außenministerium. Da wirtschaftlichen Fragen in Chinas auswärtigen Angelegenheiten eine überragende Bedeutung zukommt, werden noch weitere Akteure mit entsprechenden Zuständigkeiten im außenpolitischen Entscheidungsprozess immer wichtiger. Dies gilt einerseits für die *Nationale Entwicklungs- und Reformkommission* (englisches Akronym: NDRC), die

Übersicht 3.2   Typische taktische Vorgehensweisen
der chinesischen Außenpolitik

- Mangelnde Vorbereitung und Kenntnisse sowie inhaltliche und persönliche Differenzen auf Seiten der Verhandlungspartner genau analysieren und für die Durchsetzung chinesischer Positionen nutzen.
- In Verhandlungen mit westlichen Staaten moralische Überlegenheit durch Bezugnahme auf die Geschichte westlicher Kolonialpolitik in China (historische „Demütigungen") gewinnen.
- Wenn China in internationalen Foren in Bedrängnis gerät, die Unterstützung von Entwicklungsländern mobilisieren.
- Hochrangige ausländische „Freunde", die China „verstehen", durch häufige Einladungen und sonstige Sonderbehandlungen kultivieren und mit deren Hilfe chinakritische Personen ins Abseits stellen.
- Eine Vielzahl ausländischer Berater nach China einladen, um durch die Konkurrenz verschiedener Geldgeber ein Maximum an Zuwendungen zu erhalten.
- In internationale Verhandlungen und Abkommen eintreten, obwohl die institutionellen Kapazitäten zu deren Umsetzung in China noch fehlen. Dann internationale Unterstützung erbitten, um die erforderlichen Kapazitäten aufzubauen.

Zusammengestellt aus: Gu 1998; Economy/Oksenberg 1999; Solomon 1999; Senger 2000.
© Schmidt/Heilmann 2011

auch für viele Felder der auswärtigen Politik – vom „Going Global" chinesischer Unternehmen über die Energie- und Rohstoffversorgung bis hin zum Klimaschutz – in Abstimmung mit den jeweiligen Fachministerien langfristige Zielsetzungen und Programme festlegt.

In Folge der Anhäufung gewaltiger Devisenreserven, internationaler Kritik an Chinas Währungspolitik sowie zunehmendem Koordinierungsbedarf mit den Zentralbanken anderer Länder ist im letzten Jahrzehnt auch die chinesische *Zentralbank* (People's Bank of China, PBoC) als Akteur in Chinas auswärtigen Beziehungen immer stärker in den Vordergrund getreten (für Einzelheiten siehe Abschnitt 6.2).

Im Zusammenhang mit chinesischen Direktinvestitionen im Ausland (siehe Abschnitt 6.3) gerät die *Staatliche Aufsichtskommission für das Staatsvermögen* (englisches Akronym: SASAC) häufiger in Konflikte mit regionalen Regierungen und großen Staatsunternehmen, die eine zentralisierte Aufsicht und Regelsetzung seitens der nationalen Regierung in ihrer Außenhandelspraxis zu unterlaufen suchen. Aktivitäten chinesischer *Staatsunternehmen* im Ausland sollten allerdings in deren *politischer* Intention und Orientierung nicht überbewertet werden. Einerseits betreiben große chinesische Unternehmen insbesondere des Rohstoffsektors ein intensives Lobbying für die eigenen Expansionsinteressen im In- und Ausland; die interne Einflussnahme wird dadurch begünstigt, dass die Leiter fast aller Staatskonzerne eine herausgehobene Position auch in der Kommunistischen Partei einnehmen, teilweise sogar Mitglieder des Zentralkomitees sind und den Kaderrang von Vizeministern bekleiden (Li Cheng 2011). Andererseits aber sind die Interessen dieser „Kader-Manager" zwangsläufig auf eine branchen- und unternehmensbezogene Sonderbehandlung gerichtet, nicht auf eine aktive Ausgestaltung der Außen- oder Sicherheitspolitik außerhalb des eigenen Betätigungsfeldes.

Von großer Bedeutung für die globale Präsenz und Expansion chinesischer Unternehmen sind zwei Kreditanstalten, die Sonderfinanzierungen speziell für die Außenwirtschaft (Exportkredite und Investitionsfinanzierung) offerieren: die politisch exzellent verbundene und rasant gewachsene *China Development Bank* sowie die als politischer Akteur und Kreditgeber weniger prominente *Export-Import Bank*. Diese Banken unterstützen chinesische Unternehmen in deren Expansion auf Auslandsmärkten durch ein intransparentes System von Exportsubventionen bis hin zu offenen Beteiligungen an ausländischen Infrastrukturprogrammen und Rohstoffunternehmen durch eine äußerst großzügige Kreditvergabe. Aufgrund einer expansiven – und mittel- bis langfristig hoch riskanten – Finanzierung vieler Großprojekte und Großinvestitionen im Ausland vergaben chinesische Banken nach einer Studie der *Financial Times* 2009–2010 mehr Kredite an Entwicklungsländer als die Weltbank im gleichen Zeitraum.

Die Rolle des *Ministeriums für Staatssicherheit* in der Außenpolitik und Außenwirtschaftspolitik ist naturgemäß intransparent. Den verfügbaren Informationen zufolge betreibt dieses Ministerium nicht nur die üblichen nachrichtendienstlichen Tätigkeiten in den politischen und militärischen Außenbeziehungen, sondern auch eine groß angelegte Außenwirtschaftsspionage und spielt deshalb eine wichtige Rolle in der Akquirierung moderner ziviler und militärischer Technologien.

Außenpolitische Aktivitäten und Interventionen militärischer Akteure aus der *Zentralen Militärkommission* (die auch in Friedenszeiten den Oberbefehl über die Armee innehat), dem *Verteidigungsministerium* (das vornehmlich für Militärdiplomatie und Militärattachés in Auslandsvertretungen zuständig ist, also operativ weit weniger bedeutsam ist als Verteidigungsministerien in anderen Ländern) sowie *Hauptabteilungen* und *Teilstreitkräften* der Volksbefreiungsarmee (VBA) werden in westlichen Medien häufig spekulierend und dramatisierend dargestellt. Allerdings gehören – als Ausdruck der Professionalisierung der VBA – seit 1997 keine Spitzenoffiziere mehr dem Ständigen Ausschuss des Politbüros an.

Die besten Kenner des chinesischen militärpolitischen Establishments stimmen darin überein, dass hohe Armeeoffiziere meist vornehmlich sektorale Interessen verfolgen (etwa Budgetmaximierung und Finanzierung neuer Waffensysteme für bestimmte Teilstreitkräfte), bislang aber zu keinem Zeitpunkt eine unabhängige Kraft in der außenpolitischen Entscheidungsfindung darstellten (Lu Ning 2001, Finkelstein/Gunness 2007, Scobell/Wortzel 2005, Cabestan 2009). Die Autorität der zivilen Parteiführung ist bislang in außen- und auch taiwanpolitischen Entscheidungsprozessen trotz vielfacher Einwände von militärischer Seite nicht in Frage gestellt worden.

Jedoch erwiesen sich in sicherheitspolitischen Spannungssituationen (z. B. Kollision eines amerikanischen Spionageflugzeuges mit einem chinesischen

Kampfflugzeug bei Hainan 2001; Bombardierung der chinesischen Botschaft in Belgrad während des Jugoslawien-Krieges 1999) die bürokratischen und kommunikativen Abschottungen zwischen zivilen und militärischen Hierarchien bereits mehrfach als Hindernis für ein reaktionsschnelles, der Situation angemessenes Krisenmanagement.

Die vorwiegend auf die Ebene der Zentralen Führungsgruppen verlagerte und deshalb wenig leistungsfähige *horizontale Entscheidungskoordination* zwischen staatlichen und militärischen Stellen ist immer wieder für außenpolitische Inkonsistenzen ursächlich: So sagte beispielsweise das Außenministerium chinesische Truppenkontingente für UN-Einsätze zu, ohne die Verfügbarkeit der Kontingente zuvor mit der VBA-Führung abgeklärt zu haben; in einem anderen Fall wurde einem US-Flugzeugträger im Namen des Außenministeriums gestattet, den Hafen von Hongkong anzulaufen, während die VBA-Führung diese symbolische Geste – mit Erfolg – zu verhindern suchte (Cabestan 2009).

Interorganisatorische Interessengegensätze und Informationsblockaden einerseits sowie die *Verflechtung innen- und außenpolitischer Entscheidungsverfahren* andererseits haben weit reichende Konsequenzen für Chinas Verhalten in internationalen Verhandlungen. Es fällt der chinesischen Regierung – wie den meisten anderen Regierungen auch – zunehmend schwer, internationale Vereinbarungen, die Interessen machtvoller innerchinesischer Akteure beschneiden, innenpolitisch konsequent durchzusetzen. So treten in multilateralen Verhandlungen in der Regel sehr große chinesische Delegationen auf, die die bürokratische Interessenvielfalt in dem betroffenen Politikfeld widerspiegeln, aber nur über ein begrenztes Mandat verfügen (Pearson 2010). Die damit einhergehenden internen Blockaden und Lähmungen des Verhandlungsprozesses sind dann oft nur durch vehementen Einsatzes einzelner Vertreter der Führungsspitze aufzulösen. Ausländischen Partnern werden von unterschiedlichen politisch-bürokratischen Akteuren aus China widersprüchliche Signale übermittelt. Es ist oft schwierig einzuschätzen, wer wann das entscheidende „letzte Wort" in Verhandlungen gesprochen hat oder wer für eine unzureichende Umsetzung eingegangener internationaler Verpflichtungen verantwortlich ist. Eine genaue Kenntnis innerchinesischer politisch-bürokratischer Machtkonstellationen und Interessengegensätze ist deshalb für das Verständnis der chinesischen Außenpolitik unabdingbar.

4 Neuorientierungen in Chinas Außenpolitik

Offizielle chinesische Darstellungen verweisen unter dem Schlagwort der „unabhängigen Außenpolitik des Friedens" auf eine grundlegende Kontinuität seit Beginn der Reform- und Öffnungspolitik 1978. Kontinuitäten zeigen sich über diesen Zeitraum hinweg in der fortschreitenden Einbeziehung in transnationale Handels- und Kapitalströme, in einer deutlichen Abschwächung militärischer Sicherheitsbedrohungen bzw. Bedrohungsperzeptionen sowie in einer extrem außenpolitischen Sensibilität in allen Fragen, die Chinas nationale Souveränität und territoriale Integrität berühren.

Zugleich lässt sich eine Reihe von Neuerungen bzw. Akzentverschiebungen in der Außenpolitik sowohl unter Jiang Zemin (1989–2002) als auch unter Hu Jintao (2002–2012) erkennen, die über einige der vorher prägenden Grundannahmen, Ziele und Instrumente der chinesischen Außenpolitik hinausgehen.

Mehrere einschneidende Ereignisse waren hierfür ursächlich. Obwohl die unmittelbaren Folgen der asiatischen Finanz- und Währungskrise der Jahre 1997 bis 1999 („Asienkrise") für China begrenzt blieben, handelte es sich doch um den schwersten außenwirtschaftlichen Schock, dem die chinesische Politik in der Reformperiode bis dahin ausgesetzt war (Moore/Yang 2001). Die chinesische Regierung trug zur Krisenbewältigung bei, indem sie – wenn auch durchaus im Einklang mit den eigenen Interessen – auf eine Abwertung der chinesischen Währung verzichtete und damit eine weitere Vertiefung der Finanzkrise abwendete. Dies trug China in der Region den Ruf einer verantwortlichen Großmacht ein; ein Renommee, das die VR China auch in der Folgezeit zu bewahren anstrebte.

Die „Asienkrise" hatte aber noch eine weitere wichtige Konsequenz: Die chinesische Führung bekam die engen Grenzen nationaler wirtschaftspolitischer Souveränität vor Augen geführt, die selbst ein Land wie China beeinträchtigen, das noch strikte Kapitalverkehrskontrollen aufrechterhält. Als Reaktion trat Beijing in bemerkenswerter Weise die Flucht nach vorne an: Mit dem Beitritt zur WTO wurden herkömmliche Souveränitätsvorstellungen im außenwirtschaftlichen Bereich zugunsten der Einbindung in die Spielregeln der transnationalen Märkte und der Disziplinierung durch eine zwischenstaatliche Organisation aufgegeben. Die positiven Wirkungen der wirtschaftlichen Globalisierung für Exportwachstum und Strukturwandel in China schätzte die Regierung trotz nationaler Souveränitätsverluste höher ein als die Risiken für die nationale „wirtschaftliche Sicherheit".

Auf sicherheitspolitischem Gebiet hatten der erste und zweite Golfkrieg sowie der amerikanische Kampf gegen den Terrorismus für China prägenden Charakter. Einerseits wurden der VR China mit den raschen amerikanischen Siegen gegen den Irak 1991 und 2003 drastisch die eigenen militärischen Unzulänglichkeiten vor Augen geführt, worauf die VR China mit eigenen forcierten Anstrengungen zur Modernisierung der VBA reagierte (siehe Abschnitt 5.2). Andererseits lernte die chinesische Führung aber auch aus den Schwierigkeiten der USA, Afghanistan und Irak dauerhaft zu befrieden, und versuchte gezielt, aus dem globalen Reputationsverlust der USA unter George W. Bush Vorteile zu ziehen. Die Ausweitung der eigenen Initiativen zur Profilbildung in globalen und regionalen multilateralen Organisationen (siehe Abschnitt 4.1) und der seitdem erstmals zu beobachtende Einsatz von ‚Soft Power' (siehe Abschnitt 4.3) sind ohne den amerikanischen Unilateralismus und die Konzentration der USA auf klassische ‚Hard Power' unter der letzten Bush-Administration nicht zu verstehen.

Seit Ende der 1990er Jahre wurden darüber hinaus die Beziehungen zu solchen Regionen ausgebaut, die von westlichen Staaten jahrelang vernachlässigt worden waren. Die Wiederentdeckung Afrikas, Lateinamerikas (siehe Abschnitt 4.2) und Zentralasiens durch die chinesische Außenpolitik sind in diesem Zusammenhang zu sehen (Eisenman/Heginbotham/Mitchell 2007). Zentrale Motive für die Intensivierung der bi- und multilateralen Beziehungen zu diesen Regionen sind neben der Absicherung des eigenen Umfeldes gegen nicht-traditionelle Sicherheitsgefährdungen (z. B. terroristische Aktivitäten ausgehend von Zentralasien) der diplomatische Wettbewerb mit Taiwan und vor allem außenwirtschaftliche Prioritäten (Sicherung der Rohstoff- und Energieversorgung, Erschließung von Absatzmärkten für eigene Produkte). Im Folgenden sollen einige der beschriebenen Neuerungen erläutert werden.

4.1 Chinas neuer Multilateralismus

China galt bis weit in die 1990er Jahre hinein als ein Staat, der primär auf Bilateralismus setzte und dem Engagement in multilateralen Gruppierungen wegen der daraus resultierenden Beschränkungen der eigenen Handlungsfreiheit grundsätzlich misstraute (Kim 1995, Segal 1995, Christensen 1996). Seitdem hat sich aber die Bereitschaft der chinesischen Regierung zu multilateraler Kooperation erheblich verstärkt (Sohn 2011, Zhao Suisheng 2011, Zhang Yunling 2010). China war bereits zur Mitte des letzten Jahrzehnts nach Angaben der Chinesischen Akademie der Sozialwissenschaften rund 300 zwischenstaatlichen und mehr als 2600 nichtstaatlichen internationalen Organisationen beigetreten (Wang/Rosenau 2009). Der neue Multilateralismus zeigt sich dabei in vielfältiger Form. Er findet sich in einer globalen und regionalen Dimension sowie in wirtschafts- und sicherheitspolitischen Problemfeldern.

In seiner *globalen Dimension* zeigt er sich in Chinas Rolle in der UN, der Welthandelsorganisation WTO oder in Folge der Finanzkrise seit 2008 in der G-20. China hat sich in den *Vereinten Nationen* von einem Rebellen gegen das System zum Unterstützer des Systems gewandelt. Internationale Zusammenarbeit wird als Mittel verstanden, um den chinesischen Anspruch auf gleichberechtigte Mitsprache in der Weltpolitik zu untermauern. Die Vereinten Nationen sieht Chinas Führung dabei als zentralen Pfeiler für die Entwicklung einer multipolaren Weltordnung und Beschränkung der US-amerikanischen Dominanz in der internationalen Politik (Kim 1999). Die VR China hat es aber bisher in der Regel vermieden, sich innerhalb der UN offen gegen die USA zu stellen. So überließ China beispielsweise 1997/98 wie auch 2003 Russland und Frankreich im Sicherheitsrat die Kritik an den geplanten militärischen Operationen der USA gegen den Irak. Weiterhin skeptisch ist Beijing auch hinsichtlich der Sanktionen der UN gegenüber bestimmten Staaten wie Iran, Myanmar oder Simbabwe, die als Rohstofflieferanten für China von Bedeutung sind. Auch in diesen Fällen ist die VR China aber in erster Linie bestrebt, nicht isoliert den USA oder dem Westen insgesamt entgegenzutreten. So suchte die VR China im Sicherheitsrat immer wieder den Schulterschluss mit Russland, um Sanktionen gegen die genannten Staaten aufzuhalten oder abzuschwächen.

Die chinesische Führung erkennt an, dass nationale Sicherheit heute nicht mehr nur unilateral durch militärische und ökonomische Stärke begründet werden kann. Deshalb hat sie auch auf dem Feld der Sicherheitspolitik eine verstärkte Bereitschaft zu multilateraler Zusammenarbeit, beispielsweise durch den Beitritt zu den Verträgen über die Nichtverbreitung von Atomwaffen sowie über einen umfassenden Atomtest-Stopp, gezeigt (Medeiros/Fravel 2003, Gill 2007).

Seit den 1990er Jahren beteiligte sich die VR China auch substanziell an *UN-Friedensmissionen*. So stellte die chinesische Regierung nach eigenen Angaben von 1990 bis Ende 2010 insgesamt 17 400 Personen für 19 Friedensmissionen zur Verfügung. Auf dem Stand von Januar 2011 waren 2 038 chinesische Soldaten, Polizisten und sonstige Sicherheitskräfte in zehn UN-Missionen engagiert, was deutlich die von anderen Ständigen Mitgliedern des Sicherheitsrates gestellten Kontingente übertraf (nationale Kontingente Anfang 2011 gemäß Angaben des UN Department of Peacekeeping Operations: Frankreich 1 537, Russland 256, UK 282, USA 98).

Diese Beteiligung spiegelt eine Änderung der chinesischen Bewertung von Friedenseinsätzen wider. Galten diese lange Zeit als unvereinbar mit dem chinesischen Postulat des unbedingten Schutzes von territorialer Integrität und staatlicher Souveränität, so ist die VR China mittlerweile bereit, Interventionen zu unterstützen – vorausgesetzt, es liegt eine entsprechende Entschließung des UN-Sicherheitsrates vor und das beteiligte Land stimmt der Entsendung vorher zu. Hierin lässt sich eine pragmatische Neuorientierung der Interessen Beijings erkennen, die Vorteile der Zustimmung zu Interventionen (Darstellung als verantwortliche Großmacht, Stabilisierung des regionalen Umfeldes etc.) einkalkuliert (Taylor 2008, Gill 2007, Davis 2011).

Besonders weit reichen die Zugeständnisse Chinas bei der Anpassung seiner Außenhandelsbestimmungen an die Vorgaben des *Welthandelsregimes* (siehe auch Abschnitt 6.1). Die Regierung hat zu diesem Zweck beachtliche Teile des Außenhandelssystems und des Wirtschaftsrechts reformiert sowie Zölle umfassend gesenkt. China gilt deshalb im Vergleich zu anderen großen Schwellenländern (Indien, Brasilien) als eine in hohem Maße offene Volkswirtschaft (Lardy 2006, Branstetter/Lardy 2008). Darüber hinaus wird die Mitarbeit der VR China innerhalb der WTO als aktiv und konstruktiv bewertet (Lawrence 2008, Chan 2006). Dennoch hat sich die Einhaltung der WTO-Verpflichtungen zu einem der zwischen China und den USA bzw. China und der EU besonders umstrittenen Streitpunkte entwickelt. Kritisiert wird von amerikanischer und europäischer Seite inbesondere die schleppende Öffnung des chinesischen Dienstleistungssektors, die Verletzung geistiger Eigentumsrechte (Intellectual Property Rights, IPR) bzw. gewerblicher Schutzrechte durch massenhafte Marken- und Produktpiraterie sowie die Vielzahl nicht-tarifärer Handelshemmnisse (technische und sanitäre Standards, intransparente administrative Verfahren), die Geschäfte in China für ausländische Unternehmen erschweren (US Trade Representative 2010).

Die wesentlichen Gründe für die teils unzureichende Umsetzungspraxis der WTO-Vereinbarungen liegen in Interessenkonflikten zwischen Zentralregierung und lokalen Regierungsstellen. Für diejenigen Akteure auf lokaler Ebene, die von dezentralen außenwirtschaftlichen Sonderregelungen oder Umgehungspraktiken profitieren und denen sich Möglichkeiten zur eigennützigen Abschöpfung etwa im Zusammenhang mit Produkt- und Markenpiraterie bieten, sind die Regeln der WTO eine Bedrohung. Sollten sich durch die außenwirtschaftliche Öffnung die beschäftigungspolitischen und sozialen Verwerfungen in China verschärfen, werden es viele chinesische Funktionäre nicht nur für wirtschaftlich notwendig, sondern auch für politisch legitim halten, zumindest verdeckten Widerstand gegen eine konsequente Senkung der Außenhandelsschranken zu leisten. Im Zweifelsfall werden chinesische Regierungsstellen eher die WTO-Regeln verletzen als soziale oder politische Unruhen im Inland hinzunehmen. Im Kern geht es hier um die Frage, inwieweit es die politische Elite Chinas dulden kann, dass der internationale Wettbewerbsdruck die politisch-ökonomischen Strukturen in der VR China aufbricht und umformt. Die politische und wirtschaftliche Machtstellung der Funktionärsschicht und der mit ihr verbundenen ökonomischen Akteure steht auf dem Spiel. Es ist deshalb in der Zukunft eher mit einer Zunahme, nicht einer Reduzierung von Handelskonflikten mit den westlichen Staaten zu rechnen.

Als Prüfstein für die Bereitschaft, an der Regulierung wichtiger weltwirtschaftlicher Themen *(global economic governance)* verantwortlich mitzuwirken, gilt vor allem Chinas Rolle in der *G-20*, der Gruppe der 20 wichtigsten Industrie- und Schwellenländer. Dieses Gremium existierte bereits seit 1999 als Koordinierungsforum der betreffenden Finanzminister und Notenbankgouverneure, rückte aber erst mit den Gipfeltreffen der Staats- und Regierungschefs im Zuge der globalen Finanz- und Wirtschaftskrise seit 2008 in die weltweite Aufmerksamkeit.

Zum jetzigen Zeitpunkt ergibt sich hinsichtlich Chinas Mitwirkung in der G-20 ein ambivalentes Bild (Foot/Walter 2011, Walter 2011, Wang/Rosenau 2009). Einerseits begrüßt China den Bedeutungsgewinn der G-20 zu Lasten der G-8, da letztere in chinesischen Augen ein Club der reichen Staaten zur Festigung ihrer Dominanz über das internationale System war und ist. Mit der G-20 hingegen verbindet China ein Forum, das besonders geeignet sein könnte, an der Seite von Brasilien, Russland, Indien und Südafrika gemeinsame Positionen wichtiger Schwellenländer für die Lösung drängender weltwirtschaftlicher Probleme zu präsentieren. Im Hinblick etwa auf die Regulierung der Finanzmärkte, die Stabilisierung des Weltwährungssystems oder die Abwendung protektionistischer Maßnahmen entschloss sich die chinesische Führung dazu, auf dem Wege der G-20 verstärkt an der Gestaltung globaler Mechanismen als „Regelsetzer" (rule maker) mitzuwirken und nicht länger nur ein „Regelempfänger" (rule taker) zu sein.

Andererseits sind Grenzen des chinesischen Engagements in der G-20 nicht zu übersehen. Bereits während der ersten drei G-20-Gipfeltreffen in Washington im November 2008, London April 2009 und Pittsburgh September 2009 wies die chinesische Regierung die Verantwortung für den Ausbruch der Krise einseitig den westlichen Industriestaaten zu, indem sie die Deregulierung der Finanzmärkte und die Förderung spekulativer Blasen sowie schuldenfinanzierten Konsums durch eine kurzsichtige Zinspolitik und lasche Finanzaufsicht anprangerte. Als zentralen Beitrag Chinas zur Bewältigung der globalen Krise präsentierte die chinesische Regierung ihr gewaltiges nationales Konjunkturprogramm, das als Nachfragestimulus auch für andere Ökonomien diene (Heilmann/Schmidt 2010).

Die noch auf dem G-20-Gipfel in Pittsburgh bekundete kollektive Verantwortung zur Begrenzung globaler Ungleichgewichte in Handels- und Leistungsbilanzen wurde von der chinesischen Regierung in späteren G-20-Treffen abgeschwächt und blieb – wie vor der Krise – in erster Linie ein Gegenstand bilateraler amerikanisch-chinesischer Kontroversen (siehe Abschnitt 6.2). In dem Maße, wie der Druck zur koordinierten Bewältigung der akuten Krisenerscheinungen nachließ, schrumpfte unter den G-20-Mitgliedsstaaten der Vorrat an gemeinsamen Interessen. Es ist deshalb nicht die Verantwortung der chinesischen Regierung allein, dass die internationale makroökonomische Koordination und grenzüberschreitende Regulierung der Finanzmärkte im Rahmen der G-20 in den Ansätzen stecken blieb.

Besonders dynamisch entfaltete sich Chinas Multilateralismus im *regionalen Kontext:* in den Beziehungen der VR China zur Association of Southeast Asian Nations (ASEAN), Asia-Pacific Economic Cooperation (APEC) und Shanghai Cooperation Organization (SCO) (Sohn 2011, Zhao Suisheng 2011, Zhang Yunling 2010).

Mit dem Beitritt zur *APEC* gelang der VR China bereits 1991 ein wichtiger Erfolg, um der damaligen diplomatischen Isolation zu entkommen. Im APEC-Rahmen machte sich China die Vorzüge der transpazifischen Handelsliberalisierung zu Nutze, handelte aber mit dem Verweis auf die eigenen Entwicklungsrückstände Übergangsfristen für die Öffnung des chinesischen Marktes heraus. 2001 leitete die chinesische Regierung einen Kurswechsel gegenüber der APEC ein. Hatte sie sich bis dahin vehement gegen die „Politisierung" der APEC ausgesprochen, so nutzt sie seitdem die Organisation auch für die Thematisierung von Fragen der Terrorismusbekämpfung oder der Abwehr sonstiger nicht-traditioneller Sicherheitsgefährdungen.

Neben der Intensivierung der bilateralen Beziehungen zu allen südostasiatischen Staaten wandte sich die VR China bereits seit Anfang der 1990er Jahre verstärkt der *ASEAN* als Regionalorganisation zu. In schneller Folge wurden vielfältige bilaterale und multilaterale Gesprächsforen etabliert. So ist die VR China seit 1994 Mitglied im sicherheitspolitischen Arm der ASEAN, dem ASEAN-Regionalforum (ARF), seit 1996 ASEAN-Dialogpartner, seit 1997 Bestandteil von ASEAN+1 bzw. ASEAN+3 (China, Japan, Südkorea) und wirkt seit der Gründung im Jahr 2005 mit am East Asia Summit (ursprünglich ASEAN+3 gemeinsam mit Indien, Australien, Neuseeland; mittlerweile traten noch Russland und USA hinzu). ASEAN und China teilen die einer lockeren institutionellen Kooperation zugrundeliegende Logik eines prozess- und weniger ergebnisorientierten Vorgehens, das nicht-bindende Konsultationen ohne Einmischung in innere Angelegenheiten vorsieht.

Insbesondere zwei Initiativen, die die VR China gegenüber der ASEAN ergriff, fanden regional und international viel Beachtung. Dies war erstens im Bereich der Wirtschaftspolitik Chinas Vorstoß aus dem Jahr 2000 zur Schaffung einer gemeinsamen *Freihandelszone zwischen ASEAN und China* (ACFTA), die im Januar 2010 in Kraft gesetzt wurde und eine schrittweise Abschaffung der Zölle vorsieht (Devadason 2010). Dieses erste von mittlerweile mehreren Freihandelsabkommen Chinas (Zeng Ka 2010) ist das größte weltweit hinsichtlich der davon betroffenen Bevölkerung, des gemeinsamen BIP und der Handelsströme. Bemerkenswert ist vor allem die Ausweitung des Handels zwischen China und den ASEAN-Staaten, der von 41,6 Mrd. USD 2001 auf 292,8 Mrd. USD 2010 anstieg (siehe Übersicht 4.1, S. 40). Die ASEAN ist damit nach der EU, den USA und Japan Chinas viertwichtigster Handelspartner. Umgekehrt stieg China im Jahre 2009 zum wichtigsten Handelspartner der ASEAN auf.

Diese absoluten Zahlen sollten aber nicht verdecken, dass Chinas Handel mit der ASEAN in erster Linie auf die wichtigsten ASEAN-Gründungsmitglieder Singapur, Malaysia, Thailand und Indonesien konzentriert ist. Lediglich Vietnam spielt unter den jüngeren ASEAN-Mitglieder im China-Handel noch eine Rolle. China schob sich seit Mitte der 1990er Jahre in den Mittelpunkt transnationaler asiatischer Produktionsnetzwerke, die inzwischen einen hohen Grad an grenzübergreifender Arbeitsteilung und Spezialisierung aufweisen (Devadason 2010). Zwar haben sich urprüngliche Befürchtungen in den ASEAN-Staaten, dass der Handel untereinander zunehmend in die VR China umgeleitet würde, nicht be-

Übersicht 4.1 Handel zwischen China und den ASEAN-Staaten

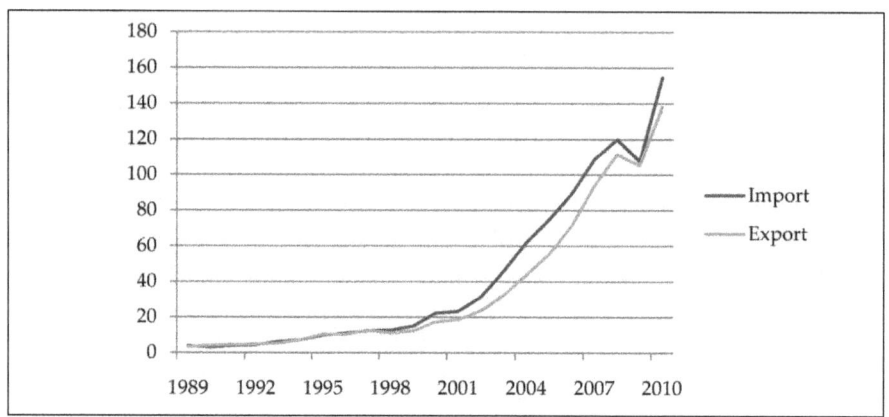

Angaben in Mrd. USD. Quellen: IMF Direction of Trade Statistics, Handelsmin. VRCh.
© Schmidt/Heilmann 2011

wahrheitet (im Gegenteil stieg der Handel innerhalb der ASEAN parallel zum Wachstum des Handels mit China an). Jedoch sind Spannungen in den Handelsbeziehungen offensichtlich: Indonesische Metallproduzenten klagen über die Überschwemmung des eigenen Landes mit chinesischen Produkten; thailändische Bauern sehen sich mit wachsenden Importen landwirtschaftlicher Produkte aus China konfrontiert; technologisch höher angesiedelte Elektronik- und IT-Firmen beispielsweise in Malaysia sehen sich durch chinesische Lieferanten bedroht. Während der Handel zwischen China und ASEAN rasch gewachsen ist, sind die ausländischen Direktinvestitionen zwischen beiden Seiten sehr ungleich verteilt. Insbesondere Singapur, aber auch andere ASEAN-Staaten investieren seit vielen Jahren sehr engagiert in China, das umgekehrt 2007–2009 aber nur 3% zu den FDI-Strömen in die ASEAN beitrug (im Vergleich: EU 21%, Japan 11,5%, USA 10%). Offensichtlich sehen chinesische Unternehmen die ASEAN in erster Linie als Export-Import-Partner, nicht aber als lukratives Investitionsziel.

Eine zweite signifikante Initiative gegenüber der ASEAN unternahm China im Konflikt um rivalisierende *Gebietsansprüche im Südchinesischen Meer,* die mit historischen, geographischen und juristischen Argumenten ausgetragen werden (Rosenberg 2010, Emmers 2010, Goh 2011) (siehe Übersicht 4.2). In dieser Meeresregion, die wegen ihres Fischreichtums und Öl- bzw. Gasvorkommen umstritten ist, war es bis in die 1990er Jahre hinein immer wieder zu kleineren militärischen Auseinandersetzungen mit den Philippinen oder Vietnam gekommen (Valencia 1997). Ende 2002 erklärte sich die chinesische Regierung grundsätzlich zur Ausarbeitung eines Verhaltenskodexes *(Code of Conduct)* gemeinsam mit den ASEAN-Staaten bereit, der eine friedliche Austragung und Beilegung der Streitigkeiten ermöglichen soll.

Übersicht 4.2   Territorialkonflikte im Südchinesischen Meer

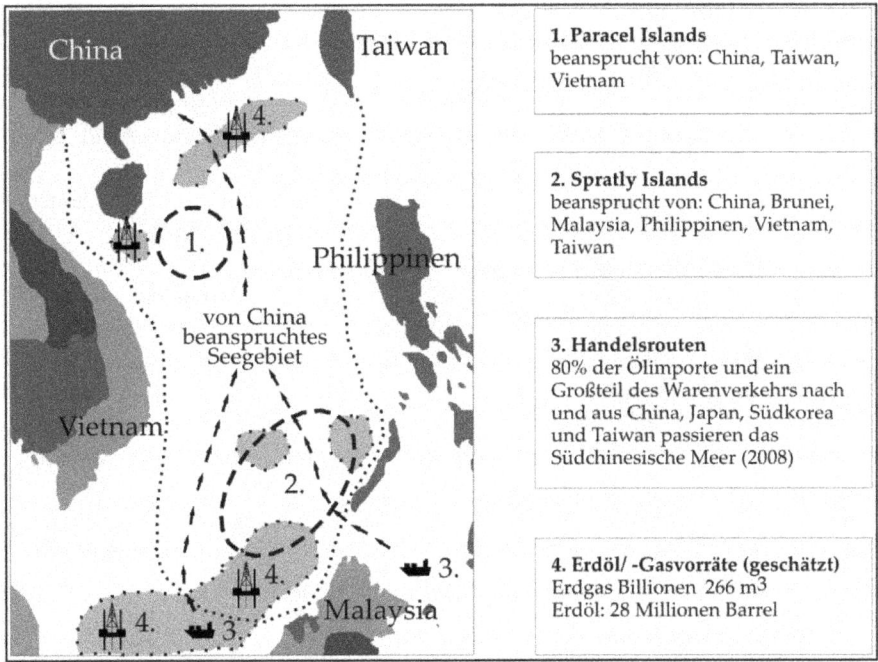

Quellen: Pentagon Annual Report to Congress (2010); www.globalsecurity.org.
© Schmidt/Heilmann 2011

Zwar gab die VR China in der Folgezeit den Souveränitätsanspruch auf die reklamierten Gebiete im Südchinesischen Meer keineswegs auf. Die chinesische Außenpolitik aber verfolgte den pragmatischen Ansatz, ungeachtet differierender Rechtsauffassungen den Konfliktparteien eine gemeinsame Exploration der Rohstoffvorkommen anzubieten. Im Juli 2011 wurde ein ASEAN-China-Ministertreffen auf Bali (Indonesien) abgehalten. Die Außenminister stimmten dort neuen Verhaltensrichtlinien („Guidelines on the Implementation of the Declaration on the Conduct of Parties in the South China Sea") zu und diskutierten konkrete Umsetzungsschritte für eine dauerhafte, kooperative Regelung der Territorialstreitigkeiten.

Mit Blick auf die zentralasiatischen Staaten und Russland vertraut die VR China zunehmend auf multilaterale Mechanismen zur Herstellung eines friedlichen regionalen Umfeldes. So wurde im Jahr 2001 die *Shanghaier Organisation für Zusammenarbeit* (englisches Akronym: SCO) von China gemeinsam mit Russland, Kasachstan, Kirgisistan, Tadschikistan und Usbekistan gegründet, welche sich hauptsächlich auf die Bekämpfung von Terrorismus, Separatismus und Extremismus (die sog. „Drei Übel") in der Region konzentriert. Hinzu kommen die vertragliche Regelung der jeweiligen Grenzverläufe untereinander, vertrauensbildende Maßnahmen (z. B. gegenseitige Truppenreduzierungen an den Grenzen) sowie gemeinsame Manöver der Streitkräfte der Mitgliedstaaten. Zu einer umfassenderen Regionalorganisation entwickelte sich die SCO seit 2003, als auch ökonomische Themen auf die Agenda gesetzt wurden (Yuan Jing-dong 2010).

Die Gründe für die intensivierte Zusammenarbeit Chinas mit ASEAN und SCO sind vielschichtig (Sohn 2011, Zhao Suisheng 2011, Gill 2007, Lampton 2008). Zunächst ging es um den Abbau historischer Bedrohungsperzeptionen und um sicherheitspolitische Vertrauensbildung und Zusammenarbeit. Rasch traten wirtschaftliche Erwägungen hinzu. Südostasien wurde für China zunehmend bedeutsam im Handelsaustausch und als Investitionsquelle. Die ökonomisch weniger entwickelten südwestlichen Provinzen Chinas sollen durch grenzüberschreitende Infrastrukturmaßnahmen (Straßenbau, Eisenbahnen) mit den angrenzenden südostasiatischen Staaten enger verbunden werden, um neue Wachstumsmöglichkeiten zu schaffen. Zentralasien wiederum (insbesondere Kasachstan) dient China als wichtiger Lieferant von Rohstoffen, in erster Linie Öl und Gas. Grenzüberschreitende Infrastrukturmaßnahmen in Zentralasien stehen im Kontext der wirtschaftlichen Erschließung der Westregionen Chinas, insbesondere Xinjiangs. Diese Region steht zugleich im Zentrum der Anti-Terrorismus-Kooperation im SCO-Rahmen: Xinjiang soll vor islamistischen Kräften aus den Nachbarstaaten abgeschirmt werden. Letztlich zielen all diese Initiativen auch darauf, ein Gegengewicht zur Rolle der USA in der Region herzustellen, die im Zuge ihres globalen Kampfes gegen den Terrorismus näher an die chinesischen Außengrenzen herangerückt sind.

Die multilateralen Vorstöße Chinas in Asien unterliegen jedoch gravierenden Beschränkungen (Sutter 2010a). Trotz diplomatischer „Charme-Offensiven" (Kurlantzick 2007), zunehmender wirtschaftlicher Interdependenz und Bemühungen um Konflikreduzierung im Südchinesischen Meer ist das Misstrauen gegenüber China in weiten Teilen der Region unvermindert oder nimmt jüngst sogar noch zu. Beispielhaft lässt sich dies an dem Aufflammen neuer Spannungen im Südchinesischen Meer in den Jahren 2009 und 2010 ablesen (Tonnesson 2010, Goh 2011). Vietnamesische und philippinische Fischer berichteten wiederholt über Zwischenfälle mit chinesischen Schiffen in den von beiden Seiten beanspruchten Seegebieten; ein amerikanisches Schiff, das mittels Sonar den Meeresboden untersuchte, wurde von chinesischen Schiffen offensiv bedrängt.

Im Mai 2009 präsentierte China gegenüber der ÚN Commission on the Limits of the Continental Shelf erstmals eine offizielle Karte, die die Ansprüche auf fast das gesamte Südchinesische Meer illustrierte. Die Spannungen nahmen im Jahre 2010 weiter zu, als es Gerüchte darüber gab, dass China die Kontrolle über das Südchinesische Meer seinen außenpolitischen „Kerninteressen" hinzugefügt habe. Daraufhin erklärten die USA ihrerseits die Sicherheit der Seewege in der Region zu einem nationalen Interesse (Swaine 2011). Auch wenn die genannten Vorfälle nicht zwingend einen grundlegenden chinesischen Strategiewechsel implizieren (Tonnesson 2010), so haben sie doch zu einem beträchtlichen Image-Schaden für China geführt. Mehrere südostasiatische Anrainerstaaten (Philippinen, Singapur) intensivierten die bilaterale militärische Kooperation mit den USA. Vietnam bot den USA eine verbesserte diplomatische wie militärische Zusammenarbeit an und verkündete den Ausbau der Rüstungskooperation mit Russland.

Wie ist in der Gesamtschau Chinas neuer Multilateralismus zu bewerten? Wie lassen sich die Chancen einer internationalen Einbindung Chinas beurteilen? Die VR China wirkt heute in einer Vielzahl internationaler Regelwerke mit, vor allem im Bereich des Handels und technischer Standards. Auch die Einbindung in sicherheitspolitischen Fragen schreitet voran. China hat – selbst in zuvor unter Verweis auf die nationale Souveränität unnachgiebig behaupteten Positionen (Territorialstreitigkeiten, Entsendung von UN-Friedenstruppen) – größere Flexibilität demonstriert. Chinas Initiativen in globalen und regionalen multilateralen Kontexten sollten dazu beitragen, Furcht vor dem Aufstieg Chinas zu zerstreuen und ein Image als verantwortungsbewusste, am Status quo festhaltende Macht zu begründen.

Auch chinesische Autoren (Zhang Yunling/Tang Shiping 2005) weisen jedoch darauf hin, dass die chinesische Regierung bei der Übernahme regionaler und globaler Verantwortung höchst selektiv vorgehe. Chinas Verhalten in multilateralen Organisationen ist weiterhin bestimmt durch – diplomatisch mehr oder weniger geschickt bemäntelte – Kosten-Nutzen-Abwägungen, nicht durch die Anerkennung eines intrinsischen Wertes des Multilateralismus (Sutter 2010a; Foot 1998). Aus der Sicht der chinesischen Regierung dient multilaterale Kooperation als Mittel zur Verfolgung nationaler Interessen und internationaler Mitsprache, nicht aber als Treibsatz für politische Lernprozesse oder institutionelle Angleichungen innerhalb Chinas. Multilaterale Kooperation wird also nicht als Ziel, sondern lediglich als Instrument chinesischer Außenpolitik betrachtet.

Grundsätzlich werden Begriff und Funktionen des Multilateralismus in offiziellen chinesischen Stellungnahmen widersprüchlich gefasst. Der Begriff Multilateralismus *(duobianzhuyi)* wird häufig synonym gebraucht für „Multipolarisierung" *(duojihua)* oder „Demokratisierung" *(minzhuhua)* der internationalen Beziehungen. Der Begriff dient somit auch als Chiffre für die Zielsetzung, den Einfluss der USA global und regional einzugrenzen.

Kurz- und mittelfristig dürften deshalb diejenigen Ziele, die für die chinesische Führung höchste Priorität und besondere symbolische Bedeutung besitzen – Aufrechterhaltung von innerer Stabilität und Machterhalt der Kommunistischen Partei, Sicherung der territorialen Integrität (Taiwan, Tibet), Absicherung der ökonomischen Entwicklung – im Zweifelsfall die Oberhand behalten gegenüber dem Bestreben, sich als verantwortungsvolle und kooperationsbereite Großmacht zu präsentieren.

4.2 Die Wiederentdeckung der Entwicklungs- und Schwellenländer

Die Beziehungen Chinas zu den Entwicklungsländern in Lateinamerika und Afrika weisen einige markante Parallelen hinsichtlich ihrer Entwicklung und des aktuellen Status auf. In den ersten drei Jahrzehnten nach Gründung der VR China standen die Beziehungen zunächst im Zeichen der stark ideologisch gefärbten Dritte-Welt-Politik der VR China, die den Kampf gegen „Imperialismus", „Revisionismus" und „Kolonialismus" zum Ziel hatte und sich aus Chinas prekärer Position im „Machtdreieck" mit den Supermächten USA und Sowjetunion ableitete (vgl. Sutter 2010a, Alden/Large/Soares de Oliveira 2008, Alden 2007, Möller 2005, Tull 2005).

In der offiziellen Rhetorik spielen ideologische Prinzipien noch immer eine Rolle: Betonung der „Fünf Prinzipien der friedlichen Koexistenz", Berufung auf die gemeinsame koloniale Erfahrung mit afrikanischen Staaten, Süd-Süd-Kooperation unter Entwicklungsländern zu allseitigem Vorteil (Chinas Afrika Politik 2006, Policy Paper on Latin America 2008). China bemüht sich, die eigenen Ziele, Prinzipien und Methoden als Alternative zur US-amerikanischen und europäischen Afrika- und Lateinamerikapolitik zu präsentieren (Alden/Large 2011). Ganz ohne Zweifel aber sind die aktuellen Beziehungen Chinas zu afrikanischen und lateinamerikanischen Ländern – selbst nach chinesischer Lesart (vgl. Li Anshan 2007, He Wenping 2007) – von konkreten diplomatischen und ökonomischen Interessen geleitet.

Zum einen sind Afrika und Lateinamerika nach wie vor Schauplatz eines diplomatischen Wettbewerbs zwischen China und Taiwan. Schon 1971 spielten die afrikanischen Staaten eine Schlüsselrolle bei der Gewinnung der UN-Mitgliedschaft für die VR China an Stelle der Republik China. Nachdem es der VR China seit Mitte der 1990er Jahre gelang, Taiwan wichtige afrikanische Partner abzuwerben (Südafrika, Liberia, Tschad, Senegal), verbleiben von den ehemals 22 heute nur noch vier Staaten Afrikas, die Taiwan die diplomatische Treue halten (Burkina Faso, Gambia, Sao Tomé & Príncipe, Swaziland). In Lateinamerika befinden sich heute noch 12 der 23 diplomatischen Partner Taiwans. Während in der Vergangenheit China und Taiwan jedoch in einem unerbittlichen diplomatischen Wettkampf standen, haben die Bemühungen, einander die diplomatischen Partner abzuwerben, nach 2008 merklich nachgelassen (siehe Abschnitt 9.3).

Ein politischer Auslöser für das verstärkte Engagement Chinas gegenüber Afrika in den 1990er Jahren lag in der diplomatischen Isolation Beijings im Anschluss an die gewaltsame Niederwerfung der städtischen Protestbewegung 1989. In Afrika fanden und finden sich viele Staaten, die wegen mangelnder Demokratie und Achtung der Menschenrechte ebenfalls häufig in der Kritik der USA und der europäischen Staaten stehen. Hier suchte Beijing den diplomatischen Schulterschluss mit dem Ziel, sich gemeinsam gegen die Versuche einer Einflussnahme durch westliche Demokratien zu wehren und das Recht auf Verfolgung eines eigenständigen Entwicklungspfades einzufordern. Vor allem durch die intensivierten Beziehungen zu afrikanischen Ländern gelang es der chinesischen Diplomatie im letzten Jahrzehnt immer wieder, von westlichen Staaten initiierte chinakritische Resolutionen zur Menschenrechtslage in der UN abzuwehren (Li Anshan 2007). In der jüngsten Zeit nutzt die VR China auch gezielt die Unterstützung afrikanischer und lateinamerikanischer Staaten in der WTO zur Absicherung ihrer außenwirtschaftlichen Interessen. Beijings Handelsdiplomaten weisen darauf hin, dass südamerikanische Staaten China den Status als „Marktwirtschaft" zuerkennen, während westliche Staaten China diesen Status bisher verweigern.

Im Mittelpunkt der Hinwendung Chinas nach Afrika und Lateinamerika stehen eindeutig wirtschaftliche Interessen. Die asiatische Finanzkrise 1997–1999 hatte der chinesischen Führung vor Augen geführt, wie verwundbar die eigene Ökonomie gegenüber externen Schocks sein kann und dass die Risiken außenwirtschaftlicher Abhängigkeiten – insbesondere im Bereich der für das hohe Wirtschaftswachstum notwendigen Rohstoffbeschaffung – so breit wie möglich gestreut werden sollten. Infolgedessen begann die VR China – seit 1993 selbst Netto-Importeur von Rohöl –, verstärkt die Entwicklungs- und Schwellenländer Afrikas und Lateinamerikas sowohl als Rohstofflieferanten als auch als Absatzmärkte zu umwerben. Verstärkend hierfür wirkte ab 2001 eine beschleunigte Neuausrichtung der chinesischen Entwicklungsstrategie hin zur Förderung von kapitalintensiveren Industrien und Infrastrukturinvestitionen (Ferchen 2011). Die chinesische Führung stellte sich mit einer Vielzahl außenpolitischer Initiativen in den Dienst dieser Strategie. So unternahmen sowohl Jiang Zemin als auch Hu Jintao in den Jahren 2001 bzw. 2004 ausgedehnte Lateinamerika-Reisen. Im „Afrika-Jahr" der chinesischen Diplomatie 2006 wurde die Aufwertung Afrikas in der chinesischen Außenpolitik demonstriert durch ein erstes Gipfeltreffen des „Forum on China-Africa Cooperation" (FOCAC) in Beijing, an dem alle 48 afrikanischen Staaten teilnahmen, zu denen China diplomatische Beziehungen unterhält (Michel/Beuret 2009, Gill/Huang/Morrison 2007, Hoffman u. a. 2007).

Flankiert durch den Ausbau der politischen und diplomatischen Beziehungen wuchs der chinesische *Handel mit Lateinamerika und Afrika* stetig. Der Handel mit Lateinamerika wuchs von 15 Mrd. USD 2001 auf 183 Mrd. USD 2010, derjenige mit Afrika über den gleichen Zeitraum von 10 Mrd. USD auf 127 Mrd. USD (siehe Übersicht 4.3 und 4.4, S. 46). China zog im Afrikahandel innerhalb weniger Jahre an Frankreich, Großbritannien und den USA vorbei und wurde zur wichtigsten auswärtigen Handelsmacht in Afrika. In Lateinamerika allerdings blieb China in der Bedeutung als Handelspartner deutlich hinter den USA zurück (chinesischer Anteil am Handel Lateinamerikas 2009: 8% im Vergleich zu 36,5% der USA).

Trotz der signifikanten Handelssteigerungen erreichten Lateinamerika und Afrika im Jahr 2010 nur einen relativ bescheidenen Anteil von 6,1% bzw. 4,3% an Chinas gesamtem Außenhandel. Zudem ist der Warenhandel mit beiden Kontinenten auf jeweils einige wenige Länder konzentriert. In Afrika sind dies neben

Südafrika und Ägypten vor allem die rohstoffreichen Staaten Angola, Republik Kongo, Äquatorial-Guinea und Sudan. In Lateinamerika dominieren neben dem wichtigsten Partner Brasilien noch Chile, Mexiko, Venezuela, Argentinien und Peru.

Chinas Handel mit Lateinamerika und Afrika gestaltete sich bislang recht ausgeglichen, Exporte und Importe hielten sich in etwa die Waage. Dies gilt freilich nicht für die Zusammensetzung der gehandelten Waren. Öl, Gas, Mineralien und Metalle machen den weitaus größten Teil der chinesischen Importe aus. Die

Übersicht 4.3   Handel zwischen China und Lateinamerika

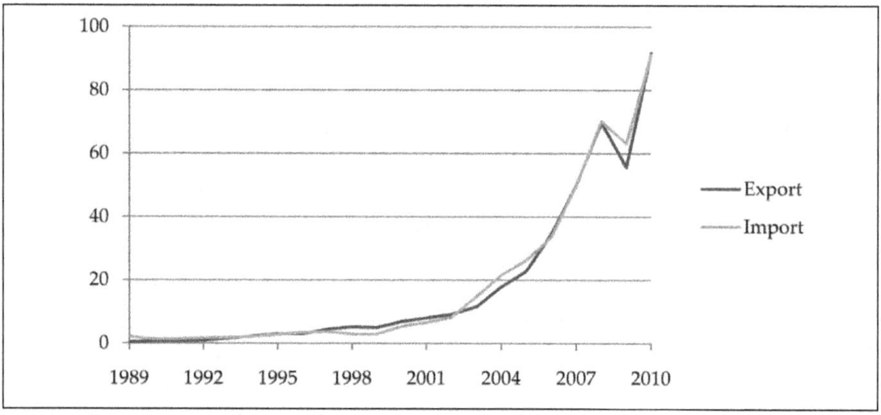

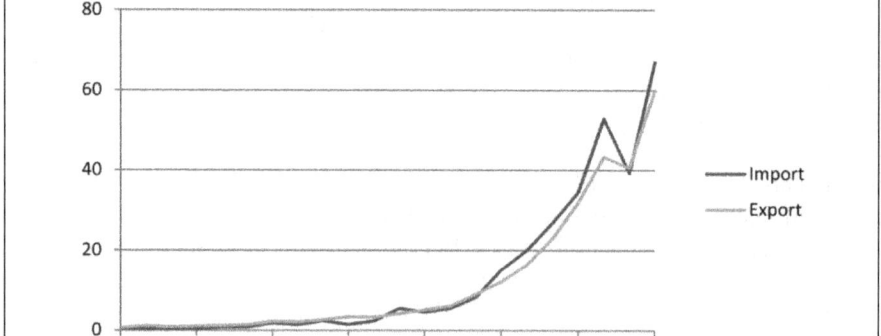

Angaben in Mrd. USD. Quellen: IMF; Handelsmin. VRCh.
© Schmidt/Heilmann 2011

Übersicht 4.4   Handel zwischen China und Afrika

Angaben in Mrd. USD. Quellen: IMF; Handelsmin. VRCh.
© Schmidt/Heilmann 2011

Lieferungen Chinas bestehen in erster Linie aus Fertigprodukten, Maschinen und Transportausrüstung. Diese Zusammensetzung des Warenverkehrs ist Ausdruck der komparativen Kostenvorteile beider Seiten und entspricht im Wesentlichen den Mustern auch des westlichen Handels mit diesen Regionen.

Ebenfalls in den letzten Jahren deutlich gestiegen sind die chinesischen *Direktinvestitionen in Afrika und Lateinamerika*. Bis Ende 2009 beliefen sich nach chinesischen Quellen die akkumulierten Direktinvestitionen Chinas in Afrika auf rund 9 Mrd. USD (zum Vergleich 2003: 450 Mio. USD), in Lateinamerika auf ca. 30 Mrd. USD (2003: 4,6 Mrd. USD) und waren konzentriert auf diejenigen Staaten, die auch im Handel am wichtigsten waren. Allerdings machten die Direktinvestitionen Chinas in diesen beiden Regionen nur einen geringen Teil von Chinas gesamten Auslandinvestitionen aus (siehe hierzu im Einzelnen Abschnitt 6.3). Und Chinas Investitionen sowohl in Afrika als auch in Lateinamerika blieben deutlich hinter denen der USA zurück (akkumulierte US-Investitionen 2009 in Lateinamerika 679 Mrd. USD, in Afrika 45 Mrd. USD).

Der Ausbau der Beziehungen Chinas zu Afrika und Lateinamerika fand erst mit einiger Verzögerung Beachtung in der westlichen Öffentlichkeit, ruft seit einigen Jahren aber sehr großes Misstrauen und vor allem hinsichtlich Afrikas harsche Kritik hervor. Insbesondere in entwicklungspolitischen Kreisen wird der VR China vorgeworfen, sie betreibe in Afrika eine „neomerkantilistische Politik", „Petrodiplomatie" oder gar einen „neuen Kolonialismus", der Afrika in eine „Rohstoff-Falle" zwinge (vgl. Kleine-Ahlbrandt/Small 2008, Eisenman/ Kurlantzick 2006, Schüller/Asche 2007, Kappel/Schneidenbach 2006). In Bezug auf Lateinamerika werden insbesondere aus den USA Chinas enge diplomatische Beziehungen mit linkspopulistischen, teils offen anti-amerikanisch auftretenden Staaten wie Venezuela mit Sorge verfolgt (Dumbaugh/Sullivan 2005).

Auslöser dieser Kritik ist zum einen Chinas Haltung gegenüber einigen vom Westen als Paria-Staaten geächteten Akteuren wie Sudan oder Simbabwe, die es mit logistischer Hilfe, diplomatischer Rückendeckung und Waffenlieferungen stützt (zur Sudan-Frage siehe Morrison 2008). Bei der Vergabe von Krediten an afrikanische oder lateinamerikanische Staaten orientiert sich die VR China nicht an Kriterien der politischen Konditionalität, die von westlichen Staaten und multilateralen Institutionen wie IMF oder Weltbank bei der Vergabe von Entwicklungshilfe angelegt werden (Achtung der Menschenrechte, demokratieorientierte institutionelle Reformen, gute Regierungsführung, Korruptionsbekämpfung). Hinzu kommt, dass China in einigen der nichtdemokratischen Staaten Afrikas Prestigeprojekte oder repräsentative Prachtbauten errichtet hat (z. B. Parlamentsgebäude in Mozambique oder Gabun, neue Fußballstadien in Tansania, Mali, Djibouti), bei Infrastrukturprojekten häufig kaum auf einheimische Arbeiter oder Lieferanten vor Ort zurückgreift und selten den erhofften Technologie- bzw. Know-how-Transfer leistet. Weitere Gegenstände der westlichen Kritik sind die Überschwemmung der Zielmärkte mit billigen chinesischen Konsumgütern (vor allem Textilien, Spielzeug) und die damit einhergehende Verdrängung der einheimischen Produzenten.

Mit diesen Vorwürfen gegenüber Chinas außenpolitischem Handeln in Lateinamerika und Afrika hat sich in der jüngsten Zeit eine umfangreiche wissenschaftliche Literatur auseinander gesetzt (Gonzalez-Vicente 2011, Ferchen 2011, Alden/Large/Soares de Oliveira 2008, Brautigam 2009, Michel/Beuret 2009, Eisenman 2007). Die Auswertung dieser Forschungsbeiträge ergibt ein ambivalentes Bild.

Ein ambivalenter Befund ergibt sich beispielsweise für Chinas „Petrodiplomatie". Zwar hat es China durch die gezielte Hinwendung zu Afrika und Lateinamerika vermocht, die zuvor existierende einseitige Abhängigkeit von nahöstlichen Ölimporten etwas zu mildern und einen ausgeglicheneren Lieferanten-Mix herbeizuführen (siehe Übersicht 4.5). Andererseits aber erhält China nur rund 17% aller afrikanischen Öllieferungen, während die USA und die EU auf Anteile von 29% bzw. 35% kommen (siehe Übersicht 4.6).

Aus chinesischer Sicht gibt es keine tragfähigen Alternativen zu den afrikanischen Ölvorkommen entweder in kleineren (etwa Gabun, Äquatorial-Guinea) oder in politisch unberechenbaren Staaten (Sudan, Nigeria). Denn die anderen bekannten Reservoirs sind größtenteils bereits fest in der Hand von Multinationalen Unternehmen aus dem Westen (BP, ExxonMobile, RoyalDutch Shell, TotalElf/Fina) oder anderen Schwellenländern (z.B. Petronas).

Die Anteile, die chinesische staatliche Mineralölkonzerne an afrikanischen oder lateinamerikanischen Förderstätten erworben haben (sog. „equity oil"), können nicht unmittelbar der Rohstoffversorgung Chinas dienen. Zwar sind staatliche chinesische Investoren – aufgrund der ihnen von Staatsbanken eingeräumten überaus günstigen Finanzierungskonditionen – in der Lage, deutlich höhere Ge-

Übersicht 4.5 Chinas Importquellen für Erdöl (2009)

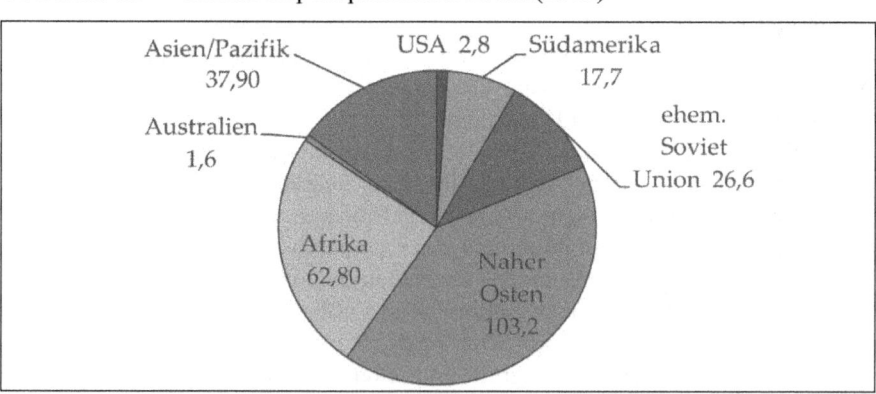

Angaben in Mio. Tonnen. Quelle: BP Statist. Review of World Energy 2010.
© Schmidt/Heilmann 2011

Übersicht 4.6 Zielländer afrikanischer Erdölexporte (2009)

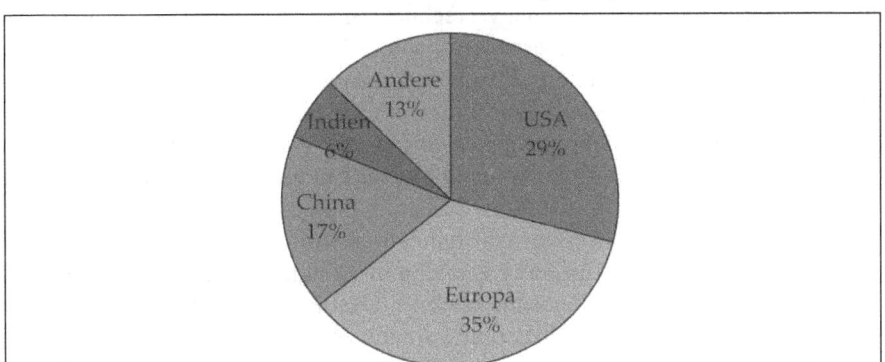

Quellen: BP Statistical Review of World Energy 2010.
© Schmidt/Heilmann 2011

schäftsrisiken einzugehen. Bei den chinesischen Engagements im afrikanischen Ölsektor handelt es sich aber überwiegend um Joint Ventures mit anderen Unternehmen. Auch wird das geförderte Öl größtenteils gar nicht in die VR China verschifft, sondern – weil dort höhere Preise zu erzielen sind – auf dem Weltmarkt angeboten.

Darüber hinaus lassen sich die großen chinesischen Mineralölfirmen keineswegs einfach als verlängerter Arm der chinesischen Regierung verstehen. Diese Großkonzerne entziehen sich auf vielen Geschäftsfeldern der Aufsicht durch staatliche Regulierer, konkurrieren untereinander heftig um Marktanteile und folgen keineswegs in erster Linie einer politischen Handlungslogik (siehe hierzu die Studien von Houser 2008, Kong Bo 2006, Lieberthal/Herberg 2006).

Auch wenn meist das Engagement der großen chinesischen Staatsunternehmen des Energie- und Rohstoffsektors (CNOOC, CNPC, Sinopec, China Non-Ferrous Metals Corporation, Chinalco etc.) bzw. der staatlichen Förderbanken (China Development Bank, Export-Import Bank) die westlichen Schlagzeilen beherrscht, so machen diese doch nur den kleineren Teil der Akteure im Geflecht des chinesischen Engagements in Afrika und Lateinamerika aus. Die meisten der in Afrika und Lateinamerika aktiven chinesischen Staatsunternehmen sind Provinz- oder Stadtregierungen zugeordnet, die durch Partnerschaften mit subnationalen Akteuren zu eigenständigen Akteuren in der Außenwirtschaft Chinas geworden sind (Alden 2007).

Was den Vorwurf eines chinesischen „Neomerkantilismus" in den Beziehungen zu Afrika angeht, so folgt die chinesische Regierung vielfach einer aus früheren Jahrzehnten bekannten japanischen Praxis komplexer Kompensationsgeschäfte: Die Vergabe von Krediten an afrikanische Staaten (konkret z. B. Angola oder Kongo) wird mit Bestellungen chinesischer Maschinenausrüstung verknüpft;

chinesische Infrastrukturfinanzierungen für afrikanische Länder werden mit Öl- und Rohstoffexporten nach China verrechnet (Brautigam 2009).

Über die großen und sichtbaren staatlichen Akteure hinaus treten chinesische Privatunternehmer, die ohne politischen Auftrag und ohne staatliche Aufsicht agieren, immer stärker in den Vordergrund (Alden/Large 2011, Gu Jing 2009, Gill/Reilly 2007). Schätzungen gehen davon aus, dass mehr als 5,5 Millionen chinesische Staatsbürger mittlerweile im Ausland tätig sind, davon ungefähr eine Million in Afrika (jeweils 50 000 in Sudan und Nigeria, 40 000 in Sambia oder 30 000 in Angola). In der Mehrzahl handelt es sich um Arbeiter, die von chinesischen Unternehmen für deren Projekte in Afrika mitgebracht werden (und die nicht selten nach Vertragsende noch im Gastland verbleiben). Auch finden sich unter den chinesischen Afrikafahrern viele Händler (von Konsumgütern bis Altmetallen), Restaurantbetreiber und sonstige unternehmerische Abenteurer, die sich im schwach regulierten afrikanischen Umfeld größere Entfaltungs- und Profitmöglichkeiten versprechen als im administrativ kontrollierten und zugleich wettbewerbsintensiveren chinesischen Heimatmarkt (Park 2008, Mung 2008). Die chinesische Diaspora ist nach journalistischen Erlebnisberichten in einigen Gebieten Afrikas bereits so groß, dass Einheimische von einer „Invasion" sprechen: In den letzten zehn Jahren seien mehr Chinesen nach Afrika gekommen als Europäer in den 400 Jahren zuvor.

Die Vielfalt der in Afrika und Lateinamerika engagierten Akteure aus China wird häufig ignoriert. Auch die in der Medienberichterstattung verbreitete Fixierung auf Chinas Interessen an Öl, Gas, Erzen und Mineralien erscheint allzu vereinfachend. Das chinesische Engagement in Afrika und Lateinamerika ist bemerkenswert vielfältig und reicht vom Betrieb riesiger Fischfarmen vor der Küste Namibias, großflächigem Anbau von Sojabohnen in Brasilien, Rinderzucht in Argentinien bis hin zu Beteiligungen im Finanzsektor Südafrikas. Seit 2006 haben chinesische Staatsunternehmen – unterstützt durch diplomatische Initiativen und Kreditförderprogramme der chinesischen Regierung – damit begonnen, in mehreren Staaten *Sonderwirtschaftszonen* zu errichten (operativ bereits in Mauritius, Sambia, Angola, Nigeria). In diesen Zonen sollen chinesische Unternehmen gebündelt investieren und zugleich einen Transfer organisatorischer und technologischer Expertise an die Partner vor Ort leisten. Die Ergebnisse dieser jungen Initiative fielen sehr unterschiedlich aus: Viele der avisierten Zonen steckten auch nach fünf Jahren noch in der Sondierungs- oder Gründungsphase (Brautigam/ Farole/Tang 2010). In den bereits operativen Zonen zeigten sich große Unterschiede in der Art und Weise des Engagements seitens der beteiligten chinesischen Staatsunternehmen: von oftmals gleichsam „exterritorialer" Organisation der Unternehmenstätigkeit fast ohne afrikanische Beteiligung bis hin zu einzelnen Modellprojekten, in denen afrikanische Arbeitskräfte stärker in Projektausführung und Know-how-Transfer eingebunden wurden.

In vielerlei Hinsicht handelt es sich bei den negativen Begleiterscheinungen des chinesischen Engagements in Afrika und Lateinamerika um Schattenseiten von Unternehmenspraktiken, die in China selbst verbreitet sind: Missachtung von Rechtsvorschriften und Korruption, Einsatz mangelhafter Materialien bei großen Bauprojekten, Rohstoffausbeutung und Umweltzerstörungen selbst in geschützten Gebieten, illegaler Betrieb von Kleinstminen mit mangelhaften Sicherheitsstandards und einer Häufung schwerer Arbeitsunfälle, Arbeitskonflikte durch ausbleibende Löhne etc.

Die in sozialer und ökologischer Hinsicht nicht selten horrenden Schattenseiten des chinesischen Engagements in Afrika und Lateinamerika sollten nicht den Blick auf einige positivere Aspekte verstellen (hierzu Ferchen 2011, Brautigam 2009, Taylor 2009, Alden/Large/Soares de Oliveira 2008, Alden 2007, Müller 2006, Gu Xuewu 2006). China hat in einer Reihe afrikanischer Staaten durch den Bau von Krankenhäusern, Schulen, Straßen, Kanälen, Dämmen, Hafenanlagen, Elektrizitäts- oder Mobilfunknetzen zu einer Verbesserung der Infrastruktur beigetragen. Beijings „Gesundheitsdiplomatie" (Entsendung medizinischer Teams in 47 afrikanische Länder, Trainingsprogramme zur Bekämpfung tropischer Krankheiten und zur AIDS-Vorbeugung) wird in vielen afrikanischen Staaten als positiver Beitrag zur Seucheneindämmung gewürdigt (Thompson 2005).

Von grundsätzlicher Bedeutung ist, dass viele afrikanische Länder sich – nach langen Jahren weltwirtschaftlicher Marginalisierung – aufgrund der chinesischen Rohstoffnachfrage und Handelsavancen wieder an die globale Wirtschaftsdynamik ankoppeln konnten. Die Verdoppelung der durchschnittlichen Pro-Kopf-Einkommen, die in den Ländern südlich der Sahara zwischen 1997 und 2008 erreicht wurde, wäre ohne die Ausweitung der Handels- und Investitionsbeziehungen mit China nicht möglich gewesen. Die Ungleichverteilung von Einkommen und Vermögen wie auch die Korruptionsanfälligkeit lokaler Verwaltungen wurde durch das chinesische Engagement allerdings keinesfalls gemildert, sondern in vielen Fällen sogar noch verstärkt.

Nicht plausibel ist es, die jüngste Dynamik in den chinesisch-afrikanischen bzw. chinesisch-lateinamerikanischen Beziehungen einfach linear in die Zukunft hinein fortzuschreiben. Ebenso fragwürdig sind Mutmaßungen über die Entstehung einer „Süd-Süd-Achse", die eine neue Phase der Globalisierung und eine Abkopplung des „Südens" von der Nachfrage in den fortgeschrittensten Industrieländern des „Nordens" einleiten könnte.

Solche Zukunftsvisionen berücksichtigen zu wenig die *konfliktiven Elemente* in den Beziehungen Chinas zu beiden Regionen, die bereits heute erkennbar sind. Immer stärker werden chinesische Staatsbürger in innerstaatliche Konflikte hineingezogen (z. B. in Sudan, Nigeria, Libyen) oder in Einzelfällen auch Opfer gezielter Anschläge. Aus diesem Grund werden in China die Rufe lauter, die eigenen Landsleute im Ausland besser zu schützen oder im Konfliktfalle durch die Marine oder Luftwaffe evakuieren zu können. Das strikte Nichteinmischungsgebot Beijings in die inneren Angelegenheiten anderer Staaten wird vor diesem

Hintergrund herausgefordert. Auch beklagen sich chinesische Geschäftsleute und Diplomaten ihrerseits zunehmend über afrikanische Missstände vor Ort wie etwa unzureichend qualifiziertes Personal, fehlende Arbeitsmoral, Korruption und bürokratische Hürden.

In einigen demokratisch verfassten Staaten Afrikas und Lateinamerikas wurden die nachteiligen Folgen der Wirtschaftsbeziehungen zu China (Verlust heimischer Arbeitsplätze, Rohstoffexporte, Umweltzerstörung, Korruption etc.) bereits zu einem Wahlkampfthema. In einigen Ländern Südamerikas (z. B. Brasilien, Argentinien) wurden Regelungen in Kraft gesetzt, die den Verkauf von Boden an Ausländer einschränken sollten und sich indirekt gegen die Ambitionen chinesischer Investoren richteten, große Ackerbauflächen im Ausland zum Zwecke des Exports landwirtschaftlicher Produkte nach China zu erwerben. Darüber hinaus wurden bei der Welthandelsorganisation zahlreiche Anti-Dumping-Beschwerden seitens südamerikanischer Staaten gegenüber China vorgebracht. Und Brasilien gehörte 2010 und 2011 zu den Staaten, die China wegen dessen Währungspolitik am heftigsten kritisierten (siehe hierzu im Einzelnen Abschnitt 6.2).

Kurzum: Die von China – in vordergründigem Einklang mit Brasilien, Indien oder Südafrika – gepflegte Rhetorik der „Solidarität" unter Entwicklungs- und Schwellenländern kann nicht über gewichtige und sich womöglich verschärfende Interessengegensätze hinwegtäuschen.

4.3 ‚Soft Power' als neues Instrument

Der Begriff ‚Soft Power' umschreibt die Fähigkeit einer Nation, die eigenen Leitvorstellungen und Interessen nicht nur durch Zwang (militärische Macht) oder materielle Anreize (ökonomische Macht) zu befördern, sondern durch die ideelle Attraktivität und modellprägende Kraft des nationalen Gesellschafts-, Kultur-, Wirtschafts- oder Staatssystems (Nye 2010, Nye/Wang 2009, Nye 2004). Das Konzept hat auch auf Chinas globale Ausstrahlung Anwendung gefunden. Eine Fülle von Veröffentlichungen hat Besonderheiten des chinesischen Verständnisses von ‚Soft Power' als Teil der außenpolitischen Strategie analysiert (Breslin 2011, Li Mingjiang 2009a, Li Mingjiang 2009b, Ding Sheng 2010, Ding Sheng 2008, Lampton 2008, Wang/Lu 2008, Gill/Huang 2006).

Mehrere krisenhafte Ereignisse seit Mitte der 1990er Jahre zogen eine Strategieerweiterung der chinesischen Diplomatie nach sich: Militärische Machtdemonstrationen im Südchinesischen Meer und offensive Forderungen nach einer Reduzierung der militärischen Kooperation südostasiatischer Staaten mit den USA blieben nicht nur erfolglos, sondern nährten das traditionelle Misstrauen gegenüber China in der Region. Im Kontrast hierzu stellte die chinesische Führung fest, dass das kooperative Verhalten Chinas in der Asienkrise 1997–1999 (inbesondere die krisenstabilisierende Nicht-Abwertung des CNY – trotz erheblicher Risiken für Chinas Exportwirtschaft – ein hohes Maß an Zustimmung und Anerkennung eingebracht hatte, während gleichzeitig die Indifferenz der USA und die Rolle des Internationalen Währungsfonds heftig kritisiert worden waren.

Seither bemühte sich die chinesische Regierung, einem global verbreiteten Misstrauen gegenüber China durch Kultivierung von ‚Soft Power' den Boden zu entziehen. Im Mittelpunkt stand das Bestreben, sich als verlässlicher, kooperationsbereiter und friedlicher Akteur in den internationalen Beziehungen darzustellen, während gleichzeitig die USA durch Militäreinsätze im Ausland sowie wirtschaftliche Krisen im Innern einen fortschreitenden internationalen Ansehensverlust erlitten und Japans vormaliger Status und Einfluss durch eine anhaltende wirtschaftliche Stagnation unterhöhlt wurde (Zhang Wanfa 2007).

Zum besonderen Ziel einer globalen „Charme-Offensive" (Kurlantzick 2007) der chinesischen Regierung wurden im Ausland lebende ethnische Chinesen („Übersee-Chinesen"), die dafür gewonnen werden sollten, in ihren Gast- bzw. neuen Heimatländern durch kulturell-gesellschaftliches Engagement die Reputation Chinas zu verbessern und für die politischen Interessen der chinesischen Regierung – unter anderem an einer Verfestigung der internationalen Isolation Taiwans – einzutreten.

In diesen übergeordneten Zielsetzungen wird das instrumentalistische Verständnis von ‚Soft Power' im chinesischen Kontext deutlich: Die Anziehungs- und Prägekraft einer Nation ergibt sich nicht einfach daraus, dass Außenstehende einer bestimmten Nation bewunderns- und nachahmenswerte gesellschaftlich-kulturelle Errungenschaften zuschreiben, sondern wird als langfristig angelegtes staatliches Projekt der aktiven Prägung eines attraktiven internationalen Images begriffen (Breslin 2011). Gestützt auf die globale Attraktivität der *traditionellen* chinesischen Kultur (die von chinesischen Politikern als „Eigentum nicht nur Chinas, sondern der gesamten Welt" dargestellt wird) und die Erfolge der wirtschaftlichen Modernisierung sowie unter Verweis auf national-kulturelle Besonderheiten sollen „Fehlwahrnehmungen" Chinas im Ausland und „Missverständnisse" bezüglich der Intentionen und des Verhaltens Chinas korrigiert werden.

Zum Zwecke der Image-Aufwertung inbesondere unter Entwicklungs- und Schwellenländern initiierte die chinesische Diplomatie eine Serie multinationaler Großkonferenzen im eigenen Land sowie ausgedehnte Auslandsreisen hochrangiger Delegationen gerade auch in solchen Staaten, die westliche Regierungsvertreter nur selten aufsuchen. Darüber hinaus wurden zahlreiche informelle Gipfel unter Einbeziehung internationaler oder regionaler Meinungsführer als Alternative oder Ergänzung zu bereits bestehenden globalen Foren konzipiert. Beispielsweise wurde das „Boao Forum for Asia" (Tagungsort Hainan) als regelmäßig abgehaltenes, hochkarätig besetztes regionales Forum nach dem Modell des „World Economic Forum" (Tagungsort Davos) begründet.

Mit großem materiellem Einsatz baute die chinesische Regierung die auswärtige Kulturpolitik aus, während westliche Staaten (und auch Taiwan) entsprechende Programme überwiegend kürzten. Mit Hilfe der „Konfuzius-Institute" (im Herbst 2010 bestanden 322 Institute in mehr als 90 Ländern), weiteren Kultureinrichtungen und einer Serie aufwändiger Kulturfestivals im Ausland sollte die Verbreitung der chinesischen Kultur und Sprache international gefördert werden. Professionelle PR- und Lobby-Agenturen wurden engagiert, um für das Image und die Ziele Chinas im Ausland zu werben. Junge Freiwillige (ähnlich dem amerikanischen „Peace Corps"), Ärzte und Lehrer wurden ins Ausland entsandt, die einheimischen Universitäten insbesondere für Studierende aus Chinas Nachbarländern mit teils großzügigen Stipendienprogrammen geöffnet. Darüber hinaus entwickelte sich China von einem Empfänger von Entwicklungshilfe zu einem Geberland, das auch bei akuten Katastrophen im Ausland Hilfe leistete.

In den Augen vieler chinesischer Diplomaten und Politikberater ist die Differenzierung von ‚Hard' und ‚Soft Power' grundsätzlich fragwürdig. Die Förderung von ‚Soft Power' entspricht aus chinesischer Sicht der Logik des internationalen Wettkampfes um „umfassende nationale Stärke" (siehe Kapitel 2). Kulturelle Anziehungskraft wurde stets als politisches Instrument eingesetzt, gerade auch von westlichen Staaten. Die USA werden seit den Zeiten des „Kalten Krieges" durchgängig verdächtigt, gestützt auf die amerikanische Kultur- und Filmindustrie sowie eine umfassende Privatisierungs- und Liberalisierungsprogrammatik eine „friedliche Evolution" *(heping yanbian)* und kulturelle Kolonisierung *(wenhua zhiminhua)* insbesondere in solchen Nationen herbeiführen zu wollen, die amerikanisch-westliche Ordnungs- und Wertvorstellungen nicht teilen.

Im Kontext eines solchen politisierten Verständnisses von kulturellem Austausch wird in Dokumenten der chinesischen Regierung die globale Popularisierung der chinesischen Kultur als fester Bestandteil der „Auswärtigen Propaganda-Arbeit" *(waixuan gongzuo)* verankert. Staatseigenen Medienunternehmen (insbes. Radio China International, CCTV, Xinhua-Nachrichtenagentur) wird eine wichtige Rolle in der Förderung chinesischer ‚Soft Power' zugewiesen. Die globale Präsenz chinesischer Medien wird – in Konkurrenz zu globalen Konzernen wie CNN oder Al Jazeera – mit großem Mitteleinsatz ausgebaut. Programmatisch führend, wenn auch operativ im Hintergrund bleibend, ist in diesen Bemühungen die Zentrale Propaganda-Abteilung der Kommunistischen Partei.

Chinas ‚Soft Power'-Strategie kann gewisse Wirkungen vorweisen: Internationale Meinungsumfragen des letzten Jahrzehnts belegen in vielen Ländern Afrikas, Lateinamerikas und Südostasiens eine – zumindest zeitweilige, jedoch mit aktuellen Ereignissen schwankende – Image-Aufbesserung Chinas, in jedem Falle aber gewachsenen Respekt gegenüber der wirtschaftlichen Entwicklungsleistung. Dies zeigt sich auch in einigen Nationen, deren Beziehungen zu China historisch belastet sind (Vietnam, Russland) oder die eine enge Bündnisbeziehung mit den USA unterhalten (Australien). Die Attraktivität Chinas lässt sich auch ablesen an einer weltweit sprunghaft gestiegenen Zahl von Chinesisch-Lernenden, von ausländischen Studierenden in China (2010: 240 000) sowie in einer verbesserten gesellschaftlichen Situation der Übersee-Chinesen in Südostasien, die sich wieder offen zu ihrer ethnischen Herkunft bekennen. Darüber hinaus verdeutlichen auch die lebhaften internationalen Diskussionen um ein dem Westen dauerhaft womöglich überlegenes, spezifisch chinesisches Entwicklungs-Modell („Beijing Consensus"), das in vielen Entwicklungs- und Schwellenländern Anklang findet, den globalen Status-Gewinn Chinas (Cooper Ramo 2004, Kurlantzick 2007).

Andererseits bleiben jedoch grundsätzliche Beschränkungen für den Einsatz chinesischer ‚Soft Power' bestehen (Nye 2010, Nye/Wang 2009, Zhao Suisheng 2009). Es ist in erster Linie die traditionelle chinesische Kultur in Kombination mit der erfolgreichen wirtschaftlichen Modernisierung, die Bewunderung hervorruft. Weder die chinesische Regierungsform noch die Gesellschaftsordnung besitzen internationale Prägekraft. Daher sind die Umfragen zu Chinas Wahrnehmung in den USA, Kanada, Japan oder Westeuropa deutlich negativer als im Rest der Welt. Demgegenüber sind die USA mit Blick auf die Anziehungskraft der pluralistischen Aufstiegs- und Innovationskultur, der Musik- und Filmindustrie, der Bildungs- und Wissenschaftsinstitutionen sowie der globalen Dominanz der englischen Sprache weit überlegen.

Chinas Image im Ausland wird angesichts der unübersehbaren Schattenseiten der Modernisierung (Umweltverschmutzung, soziale Ungleichheit, politische Repression, Korruption, Lebens- und Arzneimittelskandale etc.) unbeständig und zwiespältig bleiben. Das innenpolitische Handeln der chinesischen Regierung bestimmt die Wahrnehmung Chinas in der Welt immer wieder stärker als alle wirtschaftlichen Fortschritte oder diplomatischen Initiativen (Breslin 2011). Die massive internationale Kritik etwa am chinesischen Umgang mit den Tibet-Unruhen des Frühjahrs 2008 oder an Repressalien gegenüber Regierungskritikern 2010–2011 zeigten die Grenzen chinesischer „Charme-Offensiven" auf. Grundlegende Unterschiede in Wert- und Ordnungsvorstellungen können im Verhältnis zu anderen Staaten und Gesellschaften durch eine aktive ‚Soft Power'-Strategie lediglich zeitweilig überdeckt werden. Unverändert weiter bestehende Gegensätze können – je nach Anlass sogar mit gesteigerter Heftigkeit – immer wieder aufbrechen.

5 Grundzüge der Sicherheitspolitik

Das folgende Kapitel ist konzentriert auf grundlegende Herausforderungen und Konsequenzen von Bedrohungsperzeptionen, sicherheitspolitischen Strategien und militärischen Modernisierungsanstrengungen Chinas. Konkrete Konflikt- und Spannungsfälle werden in den Kapiteln 9–12 behandelt, die sich mit regionalen und bilateralen Beziehungen befassen.

5.1 Bedrohungsperzeptionen und Militärstrategie

Welche internationalen Herausforderungen, Risiken und Bedrohungen in die Formulierung der chinesischen Außen- und Sicherheitspolitik eingehen, wird in den vom Informationsbüro des Staatsrates seit 1998 alle zwei Jahre veröffentlichten „Weißbüchern" zur Landesverteidigung (letztmals: Chinas Verteidigung 2010) dargelegt und ist in der westlichen Literatur eingehend analysiert (Craig 2007, Chambers 2007). Auch wenn einzelne ideologische Konzepte (Unterscheidung von Haupt- und Nebenwidersprüchen, Kritik an Hegemonialismus und Großmachtallianzen) seit Jahrzehnten zum Standardrepertoire außenpolitischer Stellungnahmen zählen, haben sich in der konkreten Einschätzung der sicherheitspolitischen Lage doch bedeutsame Änderungen ergeben. Die bis zum Ende der 1980er Jahre dominierende Furcht vor einem großen Landkrieg oder einem nuklearen Angriff seitens der UdSSR bzw. der USA spielt keine Rolle mehr. Stattdessen wird in chinesischen Analysen heute generell das Zusammenwirken von inneren und äußeren Risiken sowie traditionellen und nicht-traditionellen Bedrohungen als zentrale Herausforderung identifiziert. Insbesondere bei den nicht-traditionellen Gefährdungen (Terrorismus, ökonomische Instabilität, Klimawandel, nukleare Proliferation, Informationssicherheit, Naturkatastrophen, ansteckende Krankheiten oder transnationale Verbrechen) sind Parallelen zu entsprechenden in westlichen Staaten vorgenommenen Bedrohungsanalysen festzustellen.

Über diese Gemeinsamkeiten hinaus finden sich spezifisch chinesische Besonderheiten in der Wahrnehmung von Risiken für die Zukunft des Landes. Dies gilt in erster Linie für die immer wieder genannten Bedrohungen der nationalen Sicherheit und Einheit *(guojia anquan tongyi)*, die sich aus Separatismus (Taiwan, Tibet) sowie aus Terrorismus und Extremismus (Xinjiang) ergeben. Deutlich artikuliert wird auch die Befürchtung, dass andere Länder einzeln oder in einer Allianz versuchen könnten, den weiteren Aufstieg Chinas zu verhindern. Für ein solches Vorgehen kommen nur Staaten in Frage, deren „umfassende nationale

Stärke" ungefähr der der Volksrepublik entspricht und mit denen China historische, ideologische oder territoriale Konflikte aufweist (USA, Japan, Indien). Die USA werden als ökonomischer und – insbesondere mit Blick auf die Taiwan-Frage – militärischer Hauptrivale sowie als gegebenenfalls chinesischen Interessen entgegenstehende globale Ordnungsmacht identifiziert, deren „Rückkehr nach Asien" unter Obama wegen der Stärkung ihres pazifischen Allianzsystems seit 2009 kritisch beobachtet wird. Im Verteidigungsweißbuch 2010 wird Besorgnis darüber zum Ausdruck gebracht, dass politische Kräfte im Ausland – teils aus Unverständnis, teils aus Feindseligkeit – Argwohn *(yilü)* gegenüber China verbreiteten, sich in Chinas innere Angelegenheiten einmischten *(ganrao)* und Chinas Bewegungsspielraum einzuengen *(qianzhi)* suchten. Als verwundbar sieht China sich selbst aufgrund der Abhängigkeit von volatilen Marktkräften (Güter-, Rohstoff-, Finanzmärkte) sowie der Unberechenbarkeit bestimmter regionaler Krisenherde *(diqu redian)* wie etwa auf der koreanischen Halbinsel.

Diese Bedrohungswahrnehmungen haben direkte Konsequenzen für die chinesische Militärstrategie. Die heutige Militärstrategie unterscheidet sich fundamental von der noch bis zum Ende der 1970er Jahre dominierenden maoistischen Zielsetzung, einen eindringenden Feind in der Tiefe des eigenen Raums mit der Masse der Bevölkerung in einem lang andauernden Abnutzungskrieg niederzuringen. Diese ehemals kontinental und defensiv ausgerichtete Strategie ist vor dem Hintergrund der veränderten Bedrohungswahrnehmung, der Neubewertung der eigenen Stärken und Schwächen sowie durch die Erfahrungen mit militärischen Konflikten der Gegenwart (vor allem die Golfkriege der USA) in mehreren Schritten modifiziert worden (Cliff u. a. 2007, Finkelstein 2007, Cordesman/ Kleiber 2007).

In Ausarbeitung der bereits in der ersten Hälfte der 1990er Jahre entwickelten „Nationalen militärisch-strategischen Richtlinien für das neue Zeitalter" wurde seit Ende 2004 als militärtheoretisches Konzept die „lokal begrenzte Kriegführung unter informationstechnologischen Bedingungen" *(xinxihua tiaojian xia de jubu zhanzheng)* eingeführt. Damit sind Kriege gemeint, die in geographischen Ausmaßen, Zeitdauer und Zielsetzungen beschränkt und durch den Einsatz von Hochtechnologie (weitreichende Präzisionswaffen mit hoher Zerstörungskraft) charakterisiert sind.

Die operative Umsetzung besteht in der Doktrin der „aktiven Verteidigung" *(jiji fangyu)*. Demnach erklärt die VR China zwar, wie in der Vergangenheit keinen Krieg zur Erreichung strategischer Ziele beginnen zu wollen. Andererseits behält man sich aber das Recht vor, zur Vorbeugung *(yufang)* oder Entschärfung *(huajie)* von Krisen bzw. zur Eindämmung von Konflikten um die nationale Souveränität Chinas die Initiative ergreifen zu dürfen: Überraschungsschläge gegen gegnerische Schlüsselstellungen, die Ausschaltung von Informations- und Kommunikationssystemen, die Unterbrechung der feindlichen Logistik, die Überwindung des Kampfeswillens beim Gegner durch Zufügung hoher Verluste gleich zu

Beginn der Kampfhandlungen. All dies sind Bestandteile der Doktrin der aktiven Verteidigung. Um auch einen insgesamt waffentechnologisch weit überlegenen Gegner besiegen zu können, sollen Mittel der asymmetrischen Kriegführung zum Einsatz kommen.

Es geht demnach für die VBA darum, ganz gezielt die Verwundbarkeit und die Schwachstellen in den Armeen anderer Staaten auszunutzen und in den Bereichen eigener relativer Stärke Nischenkapazitäten aufzubauen. Darunter fallen in der chinesischen Sichtweise insbesondere die Störung bzw. Vernichtung von Satelliten oder die Entsendung von Spezialkommandos zur Durchführung von Sabotageakten. Begleitet werden soll dies durch Maßnahmen der psychologischen, medialen und rechtlichen Kriegführung (z.B. Beeinflussung der öffentlichen Meinung, Verbreitung von Film- und Fotodokumenten, Inanspruchnahme völkerrechtlicher Normen zur eigenen Rechtfertigung). Trotz des modernen Charakters all dieser Aspekte ist das maoistische Konzept des „Volkskriegs" noch nicht zu den Akten gelegt, sondern wird – chinesischen Militärtheoretikern zufolge – durch die genannten Maßnahmen an die Gegenwart angepasst. So sollen insbesondere Zivilisten mit entsprechenden IT-Kenntnissen in Reserve- und Milizeinheiten zusammengefasst werden, um im Konfliktfall z.B. Angriffe auf ausländische Computernetzwerke („Cyberwar") durchzuführen.

Insgesamt betrachtet weist die neuere chinesische Militärstrategie ein beachtliches Potenzial für offensive Operationen auf. Anlass, Art und Ziele möglicher Militärschläge werden jedoch bewusst im Unklaren gehalten. Die Militärstrategie der VBA hat nicht die Projektion militärischer Macht in einem globalen Umfang zum Gegenstand. Vielmehr konzentriert die VBA ihre Kräfte auf mögliche regionale Einsatzgebiete, in denen es um die Wahrung der chinesischen Souveränität bzw. territorialen Integrität (in erster Linie Taiwan) oder die Sicherung strategisch wichtiger Schifffahrtswege geht. Zentraler Bezugspunkt in allen strategischen Konzepten sind die USA, die daran gehindert werden sollen, in einem Konfliktfall bilateralen oder regionalen Beistandsverpflichtungen nachkommen zu können (im Englischen sog. „anti-access/area denial"-Strategie). Diese Zielsetzungen spiegeln sich auch in der Modernisierung der chinesischen Streitkräfte wider.

5.2 Modernisierung der Volksbefreiungsarmee

Bei der Umsetzung des Programms der „Vier Modernisierungen" rangierten die Aufwendungen für die militärische Modernisierung bis Ende der 1980er Jahre an einer der hinteren Stellen. Aus heutiger Sicht ist es bemerkenswert, dass die Führung der Volksbefreiungsarmee so lange Zeit die Kürzung oder Stagnation des Verteidigungshaushaltes hinnahm, ohne gegen die von der zivilen Führung gesetzten Prioritäten zu opponieren. Seit den 1990er Jahren aber setzte die Militärführung angesichts der militärtechnologischen Überlegenheit, die von den US-Streitkräften seit dem Golfkrieg mehrfach demonstriert wurde, sehr hohe Aufstockungen des Militärhaushaltes durch. So wiesen die staatlichen Finanzzuweisungen an die Armee in den letzten beiden Jahrzehnten jeweils zweistellige Zuwächse auf. Die genaue Höhe des chinesischen Verteidigungsetats aber ist seit Jahren Gegenstand westlicher Spekulationen. Entsprechende Schätzungen westlicher Regierungen bzw. Think Tanks (siehe Übersicht 5.1) liegen insgesamt einhellig und zum Teil weit über den offiziellen chinesischen Angaben. Während zum Beispiel das offizielle Verteidigungsbudget des Jahres 2009 von der chinesischen Regierung mit 70 Mrd. USD veranschlagt wurde, erreichen die höchsten westlichen Schätzungen hierfür bis zu 150 Mrd. USD.

Übersicht 5.1 Chinas Militärausgaben – Offizielle Angaben und inoffizielle Schätzungen

Jahr	VRCh offiziell (Mrd. CNY)	Veränderung zum Vorjahr	SIPRI (Mrd. CNY)	SIPRI (Mrd. USD)	US VertMin (Mrd. USD)
1992	37	14,4%	68,9	21,9	k. A.
1994	55	29,3%	86,9	19,4	k. A.
1998	93	15%	150	25,9	k. A.
2002	171	17,6%	262	45,9	45–65
2003	185	9,6%	288	49,8	50–70
2004	220	15,3%	331	55,2	k. A.
2005	245	12,6%	379	62,1	–90
2006	284	14,7%	452	72,9	70–105
2007	351	17,8%	546	84,1	97–139
2008	418	17,6%	638	92,7	105–150
2009	473	15,3%	752	110,1	> 150
2010	519	7,5%	808	114,3	> 160
2011	583	12,6%	k. A.	k. A.	k. A.

Quellen: SIPRI Military Expenditure Database; US Dept. of Defense, Military Power of the PRC (ab 2002); Chinas Verteidigung (ab 1998); Finanzmin. VRCh.
© Schmidt/Heilmann 2011

Die chinesische Regierung selbst verweist angesichts der Steigerungsraten des Militärhaushaltes vor allem auf den großen Personalumfang der Armee (inklusive der Milizen und Reserven) oder die im Vergleich zu anderen Nationen geringeren Aufwendungen im Verhältnis zum BIP (weniger als 2%).

Die Gründe für die Unsicherheit über Chinas tatsächliche Militärausgaben liegen in zahlreichen Finanzierungsinstrumenten, die über den offiziellen Verteidigungsetat hinausgehen. So verfügen die strategischen Raketenstreitkräfte über einen eigenen Haushalt, und Waffenkäufe aus dem Ausland werden direkt über den Staatsrat getätigt. Die Finanzierung der militärischen Forschung und Entwicklung oder die Unterhaltung der paramilitärischen Einheiten sind in den Haushalten anderer Ressorts und von Provinzregierungen versteckt. Dies ist international allerdings nichts Ungewöhnliches. Beispielsweise sind Ausgaben für die amerikanischen Nuklearstreitkräfte im Etat des US-Energieministeriums zu finden und ebenfalls nicht Bestandteil des Verteidigungshaushaltes.

Verwendet werden die dem Militär zufließenden Mittel für ein umfangreiches Modernisierungsprogramm, das laut offiziellen Angaben (Chinas Verteidigung 2010) dem primären Ziel dient, bis zum Jahr 2020 die Mechanisierung *(jixiehua)* abzuschließen und in der Informationalisierung *(xinxihua)* signifikante Fortschritte zu erreichen. Ein besonderer Schwerpunkt liegt dabei auf der Modernisierung der Verteidigungsindustrie sowie der militärischen Forschung und Entwicklung. Gegenwärtig arbeiten mehr als 400 000 Wissenschaftler und Techniker direkt an militärischen Forschungsprojekten, und die VBA unterhält an die 300 Forschungseinrichtungen sowie zehn Universitäten. Moderne – insbesondere weltraumgestützte – Kommando-, Kontroll-, Kommunikations-, Aufklärungs- und Überwachungskapazitäten sollen nicht nur durch Ankäufe im Ausland, sondern in erster Linie durch Eigenentwicklungen erworben werden.

Die Modernisierungsbemühungen erstrecken sich auf alle Waffengattungen, gleichwohl sind eindeutige Schwerpunkte zu identifizieren (US Department of Defense 2010). Das *Heer* ist seit Mitte der 1980er Jahre in seiner Truppenstärke um mehr als die Hälfte auf heute noch 1,25 Mio. Mann reduziert worden. Die schwerfälligen, kaum zu verbundener Kriegführung fähigen Truppenteile sollen zu kleineren, mechanisierten Einheiten umgebaut werden mit einer besonderen Betonung auf Spezialkommandos und Luftlandeeinheiten.

Die *Luftwaffe* soll durch langstreckentaugliche Kampfflugzeuge (teils mit Stealth-Technologie), Luftbetankung, Lufttransporte und AWACS-Kapazitäten in die Lage versetzt werden, Einsätze jenseits der Landesgrenzen zu leisten.

Bei der *Marine* stehen moderne konventionelle und nukleare U-Boote, Überwasserschiffe (Raketenkreuzer, Zerstörer), amphibische Kapazitäten und die Indienststellung eines Flugzeugträgerverbandes im Mittelpunkt der Modernisierungsbemühungen.

Die *Zweite Artillerie* schließlich soll durch Nuklearraketen mit verbesserter Mobilität und Präzision die eigene Abschreckungs- und Zweitschlagfähigkeit deutlich erhöhen.

In den Augen westlicher Experten wird dieses Militärprogramm den Charakter der VBA schon in wenigen Jahren einschneidend verändern und auch die militärischen Kräfteverhältnisse im asiatisch-pazifischen Raum neu gestalten.

5.3 China als militärische Bedrohung?

Seit den späten 1990er Jahren wird die VR China in westlichen Publikationen immer wieder als militärisch bedrohliche Macht dargestellt, die dank ihres massiven Aufrüstungsprogramms auf dem Wege sei, zum wichtigsten militärischen Rivalen der USA aufzusteigen (Tkacik 2007). Aufgrund der offensiven Elemente in der chinesischen Militärstrategie und Spekulationen über eine Schwächung der zivilen Kontrolle über das Militär wird auch eine direkte militärische Konfrontation mit den USA, insbesondere in einer Krisensituation um Taiwan, immer wieder diskutiert (Mearsheimer 2006, Kaplan 2005, Bush/O'Hanlon 2007).

Trotz der beachtlichen Modernisierungserfolge der chinesischen Streitkräfte ist die pauschale Erwartung einer militärischen Dominanz Chinas im asiatisch-pazifischen Raum unangebracht. Vergleicht man die momentan vorhandenen Stärken und Schwächen des chinesischen Militärs, ergibt sich ein durchaus differenziertes Bild (siehe Übersicht 5.2).

Übersicht 5.2 Stärken und Schwächen des chinesischen Militärs

Stärken	Schwächen
• Nischenkapazitäten mit hochmodernen Waffensystemen in den Bereichen Marine (U-Boote, Raketenzerstörer), Marschflugkörper, ballistische Raketen, Satellitenbekämpfung. • Starke militärtechnolog. Grundlagenforschung in Metallurgie, Nanotechnik. • International anerkannte Fertigkeiten in „reverse engineering" (Fortentwicklung im Ausland angekaufter Technologie zu eigenen Zwecken).	• Weiterhin primär Landarmee. • Manche Bereiche (Luftwaffe) stark importabhängig. • Akquisitionen im Ausland durch Exportbeschränkungen behindert. • Fehlende Kampferfahrung. • Unzureichende Rekrutierung (Konkurrenz durch Zivilberufe) und Ausbildung, professionelles Unteroffizierskorps erst im Entstehen. • Mangelnde Interoperabilität einzelner Waffengattungen. • Durch Erstschlag verwundbare Nuklearstreitkräfte.

Quellen: Kamphausen/Scobell 2007; Cordesman/Kleiber 2007; Mohr 2006; Mitchell 2006.
© Schmidt/Heilmann 2011

Die VR China ist zwar in einigen Nischen bereits auf dem modernsten Niveau westlicher Streitkräfte angelangt. In vielen Bereichen aber hat sie vor allem gegenüber den USA immer noch einen Jahrzehnte betragenden Rückstand aufzuholen. Eine Bedrohung ist die VBA mit Sicherheit heute bereits für Taiwan, das insgesamt nach Doktrin, Modernisierungsschwerpunkten, Truppenstruktur und taktischen Übungen den Fokus aller Szenarien der VBA darstellt. Durch die Konzentration moderner Truppenteile und Kurzstreckenraketen (momentan ca. 1200) an der Taiwan gegenüberliegenden Küste und infolge von Modernisierungshindernissen in Taiwan hat sich das ehemals vorhandene militärische Gleichgewicht erkennbar zu Gunsten der VBA verschoben. Auch die USA sind nach Einschätzung des Pentagon (US Department of Defense 2010) durch die militärische Modernisierung Chinas in Einzelaspekten (z.B. Schutz ihrer Luft- und Seestreitkräfte im Pazifik, Sicherheit ihrer satellitengestützten Kommunikationsstrukturen) verwundbar geworden. Andererseits verfügen die USA mit ihren Militärausgaben in Höhe von fast 703 Mrd. USD (Haushalt für 2012 sowie Aufwendungen für den „Krieg gegen den Terror") über im internationalen Vergleich unerreichte Finanzmittel und haben ihrerseits in einigen Bereichen (z. B. nationale und regionale Raketenabwehr) die Chance, chinesische Nischenkapazitäten zu neutralisieren.

Für eine differenzierte Einschätzung der gegenwärtigen und künftigen sicherheitspolitischen Konstellation müssen neben den militärischen Kapazitäten („Hardware") auch die chinesischen Intentionen analysiert werden. Da diese Intentionen sich aber – im Gegensatz zu den weitaus besser erfassbaren Waffensystemen – einer eindeutigen Identifikation entziehen, im Wandel begriffen sind oder verschleiert werden, sind gegensätzliche Interpretationen eine unvermeidliche Folge. So lassen sich beispielsweise die Doktrin der aktiven Verteidigung und die entsprechende Modernisierung der Luft- und Seestreitkräfte als offensiv ausgerichtete Strategie zur Dominanz des regionalen Umfelds interpretieren. Andererseits ließe sich dies auch als legitime Maßnahme Chinas deuten, eventuelle Gefährdungen seiner wirtschaftlich dynamischen Zentren an der Ost- und Südküste durch eine Vorneverteidigung abzuwehren. Ein zentrales sicherheitspolitisches Problem bleibt die mangelnde Transparenz hinsichtlich Kapazitäten, Intentionen und Handlungsabläufen innerhalb des chinesischen Militärs. Eine zwangsläufige Tendenz hin zu einer bewaffneten Konfrontation mit den USA, Taiwan oder den Nachbarstaaten aber ergibt sich aus verteidigungspolitischer Doktrin und militärischen Kapazitäten nicht.

6 China in der Weltwirtschaft

6.1 Chinas Handel im Überblick

Noch Mitte der 1970er Jahre war die VR China von den internationalen Waren- und Kapitalströmen weitgehend entkoppelt, Chinas Ökonomie weltwirtschaftlich nicht eingebunden und unbedeutend. In den drei Jahrzehnten nach Einleitung der Öffnungspolitik 1978 aber stieg China in beispielloser Geschwindigkeit zur wichtigsten Exportökonomie und zu einem der wichtigsten Empfänger und Geber internationalen Kapitals auf. Während Chinas Handel 1980 mit 38 Mrd. USD lediglich einen Bruchteil des Welthandels ausmachte (Rang 26), überholte China 2009 Deutschland als weltgrößten Güterexporteur und stieg zugleich zum zweitgrößten Importeur hinter den USA auf. Chinas Warenhandel im Umfang von 2973 Mrd. USD im Jahre 2010 entsprach rund 10 % des gesamten Welthandels.

Übersicht 6.1 Die größten Container-Häfen der Welt, 1989 vs. 2009

1989	2009
Hongkong (4,5)	Singapur (25,8)
Singapur (4,4)	**Shanghai (China) (25,0)**
Rotterdam (Niederlande) (3,9)	**Hongkong (China) (20,9)**
Kaohsiung (Taiwan) (3,4)	**Shenzhen (China) (18,2)**
Kobe (Japan) (2,5)	Busan (Südkorea) (11,9)
Busan (Südkorea) (2,2)	**Guangzhou (China) (11,2)**
Los Angeles (USA) (2,1)	Dubai (VA Emirate) (11,1)
New York/New Jersey (USA) (2,0)	**Ningbo (China) (10,5)**
Keelung (Taiwan) (1,8)	**Qingdao (China) (10,2)**
Hamburg (Deutschland) (1,7)	Rotterdam (Niederlande) (9,7)
Long Beach (USA) (1,5)	**Tianjin (China) (8,7)**
Yokohama (Japan) (1,5)	Kaohsiung (Taiwan) (8,5)
Antwerpen (Belgien) (1,5)	Antwerpen (Belgien) (7,6)
Tokyo (Japan) (1,4)	Port Klang (Malaysia) (7,3)
Felixstowe (Großbritannien) (1,4)	Hamburg (Deutschland) (7,0)

Angaben in Klammern: Mio. TEUs (Twenty-foot Equivalent Units). Quelle: The Economist, 24.08.2010.
© Schmidt/Heilmann 2011

Eine prägnante Illustration für Chinas rapiden Aufstieg im Welthandel ergibt der Vergleich der wichtigsten Container-Häfen der Welt im Zeitsprung zwischen 1989 und 2009 (Übersicht 6.1). Im Jahre 1989 waren noch mehr als die Hälfte der bedeutendsten Container-Häfen in Europa, den USA oder Japan angesiedelt;

Hongkong (damals noch britische Kronkolonie und Knotenpunkt für den Zwischenhandel nach China hinein) belegte aber bereits den Spitzenplatz. Als Folge anhaltenden Wachstums im Welthandel und einer Schwerpunktverschiebung in den asiatisch-pazifischen Raum befanden sich im Jahre 2009 – unter Einschluss der nun zur VR China gehörigen SVR Hongkong – gleich sieben der fünfzehn bedeutendsten Container-Häfen in der VR China und zwei weitere in den unmittelbar vom Chinahandel profitierenden Nachbarökonomien Südkorea und Taiwan.

Übersicht 6.2 bietet allgemeine Informationen zum chinesischen Außenhandel, die belegen, dass China in mehrfacher Hinsicht ein bemerkenswerter Fall ist. Mit einer Außenhandelsquote (Anteil des Handels am BIP) von in der Spitze 67 % war China im Jahre 2006 eine der offensten Volkswirtschaften der Welt; dies ist ein Wert, den nur noch Deutschland als größere kontinentale Industriegesellschaft aufweist und den ansonsten nur kleinere Handelsökonomien wie Singapur, Taiwan oder die Niederlande übertreffen. Chinas Außenhandelsquote stieg – nach einem zwischenzeitlichen Rückgang bis auf 45 % im weltwirtschaftlichen Krisenjahr 2009 (zum Vergleich: USA 19 %, Japan 22 %, Indien 31 %, Brasilien 18 %) – im Jahr 2010 in Folge des rapiden Außenhandelswachstums (+35 %) wieder signifikant an.

Übersicht 6.2 Chinas Außenhandel

	1980	1985	1990	1994	1998	2002	2006	2007	2008	2009	2010
Handel insgesamt	38,1	69,6	115,4	236,6	323,9	620,8	1760,4	2173,8	2563,3	2207,2	2972,7
Exporte	18,1	27,3	62,1	121,0	183,7	325,6	968,9	1218,0	1430,7	1201,7	1577,9
Importe	20,0	42,3	53,3	115,6	140,2	295,2	791,5	955,8	1132,6	1005,5	1394,8
Handelsbilanz	−1,9	−15,0	8,8	5,4	43,5	30,4	177,4	262,2	298,1	196,2	183,1
Anteil Welthandel	0,9 %	1,8 %	1,6 %	2,7 %	2,9 %	4,7 %	7,2 %	7,7 %	7,9 %	8,8 %	9,9 %
Handel/ BIP	12,5 %	22,9 %	29,7 %	42,2 %	31,8 %	49,6 %	66,8 %	66,3 %	59,2 %	45,0 %	50,6 %
Leistungsbilanz/ BIP	k.A.	k.A.	0,3 %	1,4 %	3,1 %	2,4 %	9,1 %	11,3 %	9,8 %	5,8 %	5,2 %

Angaben in Mrd. USD (falls nicht anders angegeben).
Quellen: China Statistical Yearbook 2010; Handelsministerium der VRCh; World Bank; WTO.
© Schmidt/Heilmann 2011

Neben der Außenhandelsquote sind auch Chinas Überschüsse in der Handels- und Leistungsbilanz bemerkenswert. Diese seit 2001 stark angestiegenen Salden waren Anlass für scharfe und anhaltende Kritik an der chinesischen Währungspolitik (hierzu im Detail Abschnitt 6.2) und wurden als Beleg für einen von China praktizierten „Merkantilismus" angeführt (vgl. Bremmer 2010).

Diesen Vorwürfen ist entgegenzuhalten, dass China nach allgemein gängigen Kriterien (Anteil der Importe am BIP, Anteil der Zolleinnahmen in Prozent der Importe) keineswegs als nach außen abgeschottete „merkantilistische" Wirtschaft gelten kann (Branstetter/Lardy 2008). Außerdem sind die Werte für Außenhandelsüberschüsse und Leistungsbilanzsaldo als Anteil des BIP seit 2007 bzw. 2008 signifikant rückläufig. Dies ist zurückzuführen auf den zwischenzeitlichen Einbruch der chinesischen Exporte im Zuge der globalen Wirtschaftskrise seit dem Herbst 2008 und auf die seit 2010 stärker gestiegenen Importe (2010: +39%; Exporte: +31%). Chinas Leistungsbilanzüberschuss bewegte sich – zum BIP ins Verhältnis gesetzt – 2010 auf ähnlichem Niveau wie der entsprechende Wert Deutschlands.

Was die aggregierten Außenhandelsdaten für Gesamt-China allerdings nicht ausdrücken, sind die großen *regionalen Unterschiede* im Beitrag zum Außenhandel (Naughton 2007). Regelmäßig machen allein die drei Provinzen Guangdong, Jiangsu und Zhejiang sowie die Städte Beijing und Shanghai rund 75% des chinesischen Außenhandels aus, während die fünf am wenigsten in die Weltwirtschaft integrierten Einheiten auf Provinzebene (Ningxia, Guizhou, Qinghai, Tibet and Hainan) weniger als 0,5% zum chinesischen Außenhandel beitragen.

Betrachtet man die zehn wichtigsten *Außenhandelspartner* Chinas, so stellten 2010 die USA, Hongkong, Japan, Südkorea, Deutschland, Niederlande, Indien, Großbritannien, Italien und Taiwan die wichtigsten Exportzielländer dar. Chinas wichtigste Lieferländer hingegen waren im Jahre 2010: Japan, Südkorea, Taiwan, USA, Deutschland, Australien, Malaysia, Brasilien, Saudi Arabien und Russland (siehe Übersichten 6.3 und 6.4, S. 66).

Ein Blick auf die wichtigsten *Handelsgüter* nach Produktklassen ergibt ein

Übersicht 6.3 ‚Top 10' Exportzielländer Chinas 2010 (Mrd. USD)

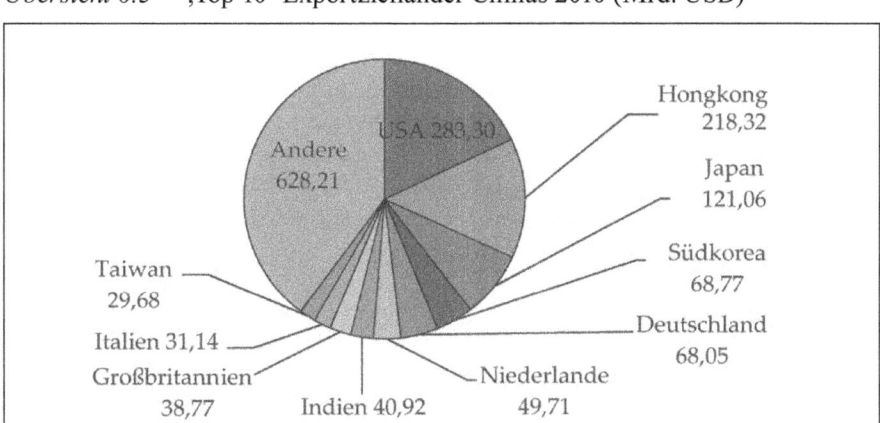

Quellen: Zollbehörde VRCh; Handelsministerium VRCh.
© Schmidt/Heilmann 2011

Übersicht 6.4 ‚Top 10' Lieferländer Chinas 2010 (Mrd. USD)

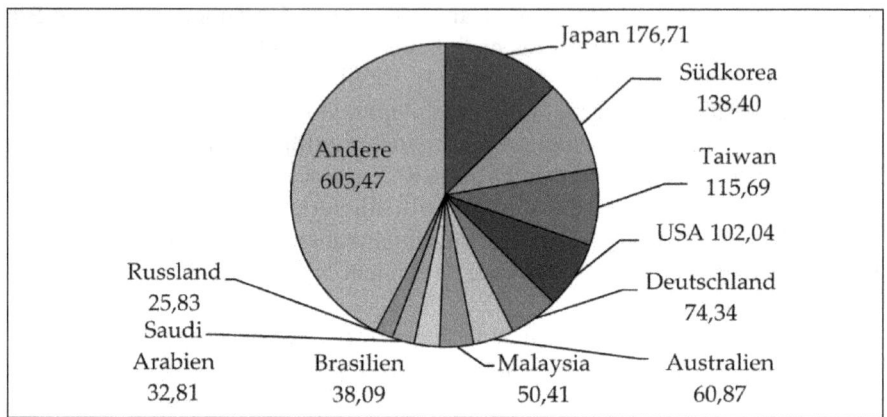

Quellen: Zollbehörde VRCh, Handelsministerium VRCh.
© Schmidt/Heilmann 2011

wenig überraschendes Bild. Bei den Exportgütern spielen immer noch Textilien, Möbel und Schuhe, bei den Importen Rohstoffe und Mineralien (Öl, Gas, Erze, Kupfer) oder Eisen und Stahl eine wesentliche Rolle. Die im Jahre 2009 wichtigste Produktkategorie sowohl bei den Im- als auch Exporten war allerdings „elektrische Maschinen und Ausrüstung" (electrical machinery and equipment).

Die Auflistung der wichtigsten Handelspartner und die herausgehobene Rolle von elektronischen Bauteilen und Maschinenausrüstung bei den Importen und Exporten (Naughton 2007, Bergsten/Gill/Lardy/Mitchell 2006, Brandt/Rawski/ Zhu 2007) verweist auf ein zentrales Merkmal des chinesischen Außenhandels: China befindet sich im Zentrum *transnationaler asiatischer Produktionsnetzwerke,* innerhalb derer elektronische Komponenten (u. a. PC-Festplatten, Laufwerke, Prozessoren, Displays) aus Japan, Südkorea oder Taiwan nach China importiert werden (dies sind dementsprechend Ökonomien, mit denen China ein Handelsbilanzdefizit aufweist) und in China zusammengebaut werden. Die fertigen Produkte (typischer Weise Notebooks, Tablet-PCs, Kameras, Smartphones, DVD-Spieler, Spiele-Konsolen etc.) werden dann in die USA oder nach Westeuropa versandt (dies sind Ökonomien, mit denen China einen Handelsüberschuss verzeichnet).

Dieser von transnationalen Weiterverarbeitungsketten gespeiste Handel *(export processing trade)* machte im Jahre 2008 mehr als 40% des chinesischen Handels aus (47% der Exporte, 33% der Importe) (Lemoine 2010). In die Fertigungsprozesse auf dem chinesischen Festland sind ausländische Investoren und Produzenten stark involviert; sie waren 2010 an rund 54% der gesamten Exporte und Importe Chinas beteiligt. Dies ist eine gewaltige Zunahme verglichen mit dem Jahr 1980, als ausländische Unternehmen gerade einmal 5% zum chinesischen Handel beitrugen.

Auf einen zentralen, aber oft wenig beachteten Aspekt dieses Fertigungshandels – den geringen Wertschöpfungsanteil, der in China verbleibt – weisen neuere Untersuchungen hin. Einer Studie aus dem Jahr 2009 zufolge (Linden/Kraemer/ Dedrick 2009) machten die Lohnkosten der Fertigung eines *Apple iPod,* der in den USA einen Verkaufspreis von 299 USD erzielt, gerade einmal vier von insgesamt 150 USD an Input-Kosten aus. Die Studie folgert, dass jeder iPod, der in den USA verkauft wird, das Handelsdefizit der USA mit China um 150 USD (also den Fabrikpreis des iPod) anwachsen lässt, obwohl nur wenige Dollar in China selbst verbleiben. Zu einem ähnlichen Ergebnis kommt eine Studie der Asian Development Bank (Xing Yuqing/Detert 2010), wonach im Jahre 2009 allein das in China gefertigte *Apple iPhone* für ein statistisch erfasstes US-Handelsbilanzdefizit gegenüber China in Höhe von 1,9 Mrd. USD ursächlich war – während aber nur 73 Mio. USD an Wertschöpfung in China erfolgten.

Würden elektronische Produkte wie iPods oder iPhones statt in China in den USA zusammengesetzt, ginge das Handelsdefizit mit China entsprechend zurück. Es würde jedoch an anderer Stelle – insbesondere in den Handelsbilanzen mit Südkorea und Japan, die maßgebliche Komponenten für die Apple-Produkte liefern – neu auftauchen. Die Beispiele zeigen, dass im Kontext der globalisierten Fertigungs- und Handelsnetzwerke der chinesische Außenhandelsüberschuss und die Produktflut „Made in China" einer sehr differenzierten Beurteilung unterliegen müssen.

6.2 Chinas Wechselkurspolitik und die Akkumulation von Devisenreserven

Das chinesische Wechselkurs-Regime ist seit 1978 mehreren grundlegenden Änderungen unterzogen worden (Burdekin 2008, Das 2009, Goldstein/Lardy 2009, Frankel 2010). Bis Ende der 1970er Jahre war die chinesische Währung (im Chinesischen *Renminbi,* abgekürzt RMB; internationale Standardbezeichnung: *Chinese Yuan,* abgekürzt CNY) im System der sozialistischen Planwirtschaft zu einem deutlich überbewerteten Kurs fixiert. Dies sollte dem Zweck der Akquisition von Devisen aus „kapitalistischen Ländern" dienen (überwiegend durch staatlich kontrollierten Export international begehrter Produkte bzw. Rohstoffe sowie Geldtransfers von Auslandschinesen an chinesische Angehörige). Alle Deviseneinnahmen der staatlichen Außenhandelsgesellschaften mussten an die Zentralbank abgeliefert werden. Dem allgemeinen Muster in sozialistischen Volkswirtschaften folgend, war die chinesische Zentralbank dafür zuständig, Devisen dem Plan entsprechend den Staatsunternehmen zuzuteilen. Die Einfuhr ausländischer Produkte, für die Devisen eingesetzt werden mussten, unterlag deshalb wiederum zentralisierter staatlicher Kontrolle.

Von 1979 bis 1994 wurde dieses rigide Wechselkurs-Regime schrittweise durch eine Serie von Maßnahmen reformiert: Der offizielle Wechselkurs wurde abgesenkt von 1,5 CNY/USD auf 5,8 CNY/USD zum Ende des Jahres 1993. Noch bedeutsamer waren jedoch seit 1980 Experimente mit lokalen Devisen-Tauschmärkten (sogenannte „swap center"). Auf diesen Märkten konnten zunächst ausländische Firmen und ab der Mitte der 1980er Jahre auch chinesische Staatsunternehmen mit Devisen handeln. Der Wechselkurs ergab sich dabei aus Angebot und Nachfrage und wies einen Aufschlag gegenüber dem offiziellen Wechselkurs auf. In dieser Zeit hatte China dementsprechend ein duales Wechselkurssystem. Bis zum Ende 1993 wurden die lokalen Devisen-Tauschmärkte in einem komplexen evolutionären Prozess mehr und mehr reguliert und verbreiteten sich im ganzen Land, bis schließlich die Mehrheit aller Devisentransaktionen auf ihnen abgewickelt wurde.

Zu diesem Zeitpunkt, am 1. Januar 1994, wurden diese Sekundärmärkte von den chinesischen Behörden abgeschafft, und ein landesweit einheitlicher Wechselkurs wurde bei 8,7 CNY/USD eingeführt, der dem damaligen Kursverhältnis auf den Devisen-Tauschmärkten entsprach. In der Zeit von 1994 bis 1996 wurde die Konvertibilität des CNY für *handelsbezogene* Transaktionen hergestellt. Diese eingeschränkte Konvertibilität des CNY bedeutet, dass jedes im Export bzw. Import engagierte chinesische Unternehmen Fremdwährungen nur dann verkaufen bzw. kaufen kann, wenn sich eine entsprechende Handelstransaktion dokumentieren lässt.

Nach den Erfahrungen der „Asienkrise" (Finanzkrise in Ostasien 1997–1999 mit gravierenden Währungs-, Wirtschafts- und Regierungsturbulenzen in vielen Nachbarstaaten Chinas) hat sich die chinesische Regierung bis heute nicht auf eine volle Konvertibiliät in der Kapitalbilanz eingelassen und hält an Kapitalverkehrskontrollen zur Abwehr spekulativer Kapitalströme fest. Im Kontext der Asienkrise koppelten die chinesischen Behörden im Oktober 1997 den CNY im Verhältnis 8,28:1 an den US-Dollar. Dieser Kurs blieb bis zum Juli 2005 im Wesentlichen unverändert. Aufgrund der Dollarbindung wertete der CNY zwischen 1997 und 2002 im Schlepptau des US-Dollars gegenüber den meisten anderen Währungen auf. Als die amerikanische Währung aber von 2002 an abwertete, zog sie den Wert des CNY mit sich nach unten.

Im Juli 2005 beendete China die enge Kopplung an den Dollar und initiierte ein neues Wechselkurs-Regime, innerhalb dessen der CNY gegenüber dem Dollar in einer täglichen Bandbreite von zunächst 0,3 %, ab Mai 2007 0,5 % schwanken durfte. Nach einer einmaligen Aufwertung um 2,1 % am 21. Juli 2005 wertete der CNY in der Zeit von 2005 bis Mitte 2008 weiter um etwa 20 % gegenüber dem US-Dollar auf.

Im Kontext der globalen Finanz- und Wirtschaftskrise koppelte China Mitte 2008 den CNY wiederum eng an den Dollar. Der Wechselkurs verblieb über zwei Jahre lang nahezu unverändert auf einem Niveau von 6,83 CNY/USD. Erst im Juni 2010 kehrte China zu dem von 2005 bis 2008 praktizierten System der gleitenden

China in der Weltwirtschaft 69

Übersicht 6.5   Wechselkursentwicklung des CNY, 2000–2010

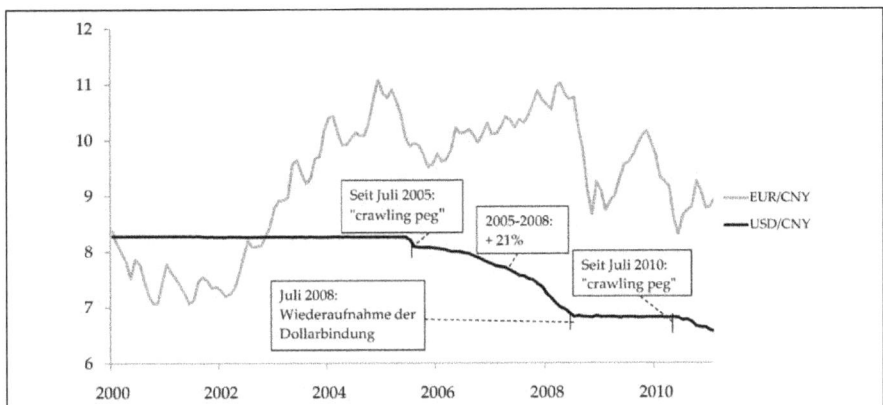

Quelle: Oanda Forex Trading and Exchange Rates Services.
© Schmidt/Heilmann 2011

Wechselkursanpassung (sog. *crawling peg*) mit einer täglich erlaubten Schwankungsbreite des CNY von 0,5 % – nun allerdings gegenüber einem Korb von Währungen – zurück. Das auf einen breiter angelegten Währungskorb bezogene – also über den US-Dollar hinausweisende – Management der nationalen Währung folgt der Praxis Singapurs. Die Zusammensetzung des Währungskorbes wird geheim gehalten, um ausländischen Spekulanten Wetten auf die Kursentwicklung des CNY zu erschweren.

Wie funktioniert das aktuelle Wechselkurs-Regime nun in der Praxis? Technisch betrachtet kann jede Einheit Fremdwährung auf den folgenden Wegen nach China gelangen: Sie kann entweder das Ergebnis von Einnahmen aus Exportgeschäften sein (der weitaus größte Teil der chinesischen Exporte wird bisher in USD abgewickelt), aus ausländischen Direktinvestitionen stammen oder letztendlich Devisenströme in den chinesischen Kapital- bzw. Immobilienmarkt widerspiegeln. Da China wie oben ausgeführt immer noch eine weitgehend geschlossene Kapitalbilanz aufweist, d. h. private Kapitalströme in CNY oder Devisen immer noch großen Restriktionen unterliegen, wird die letztgenannte Kategorie auch als „hot money" kategorisiert (vgl. Anderson 2009, Setser 2008, Yi Jingtao 2007).

Chinesische Exporteure tragen ihre Dollar-Einnahmen zu ihrer jeweiligen Geschäftsbank, die diese Dollar-Bestände dann ihrerseits entweder vollständig oder teilweise (die Vorgaben hierzu unterliegen sich wandelnden Auflagen) an die Zentralbank (*Zhongguo Renmin Yinhang,* People's Bank of China, PBoC) weiterverkaufen muss. Die PBoC kauft die Dollar zum jeweiligen von ihr festgesetzten Tageskurs auf und gibt zum entsprechenden Gegenwert CNY an die Geschäftsbanken ab. Umgekehrt verkauft die PBoC zu diesem Kurs auch Fremdwährungen an Unternehmen, die Güter aus dem Ausland importieren oder im Ausland

Investitionen tätigen wollen. Da es einen deutlichen Überschuss im Angebot an Fremdwährungen auf dem chinesischen Markt gibt, kauft die PBoC deshalb mehr Devisen (vornehmlich USD) auf als sie verkauft. Dadurch hält die PBoC den Kurs des CNY gegenüber dem USD niedrig.

Wegen der großen Summen an CNY, die die Geschäftsbanken täglich im Gegenwert für ihre Devisen erhalten, müsste normalerweise die Liquidität im Geschäftsbankensystem stark ansteigen und Inflationsgefahren hervorrufen. Um dies zu verhindern, vollzieht die PBoC Gegenmaßnahmen zum Zwecke einer so genannten Sterilisierung der überschüssigen Liquidität (Anderson 2009, Frankel 2010). Die PBoC entzieht den Geschäftsbanken Liquidität, indem sie diese zwingt, Zentralbank-Anleihen anzukaufen oder einen bestimmten Teil der Guthaben bei der Zentralbank zu deponieren (sog. Mindestreserveinlage).

Im Verlaufe des letzten Jahrzehnts hat die PBoC zwischen ein und zwei Milliarden USD *pro Tag* an Devisen akquiriert, wodurch sich der chinesische Devisenbestand dramatisch erhöhte. Ende des Jahres 2010 beliefen sich die offiziellen chinesischen Devisenreserven auf 2850 Mrd. USD. Diese Summe entsprach ca. 30 % aller globalen Devisenreserven und war größer als der Bestand, den Japan, Russland, Saudi Arabien, Taiwan und Südkorea zusammen als die fünf nächstgrößten Halter von Devisenreserven aufwiesen (US Treasury Report 2011).

Die genaue Zusammensetzung der Devisenreserven wird in China als Staatsgeheimnis behandelt. Es ist aber davon auszugehen, dass 65–70 % in US-Dollar, 20–25 % in Euro und der Rest in Yen, südkoreanischen Won, britischen Pfund und Schweizer Franken gehalten werden. Diese offiziellen Devisenreserven

Übersicht 6.6   Entwicklung weltweiter Devisenreserven, 2000–2010 (Mrd. USD)

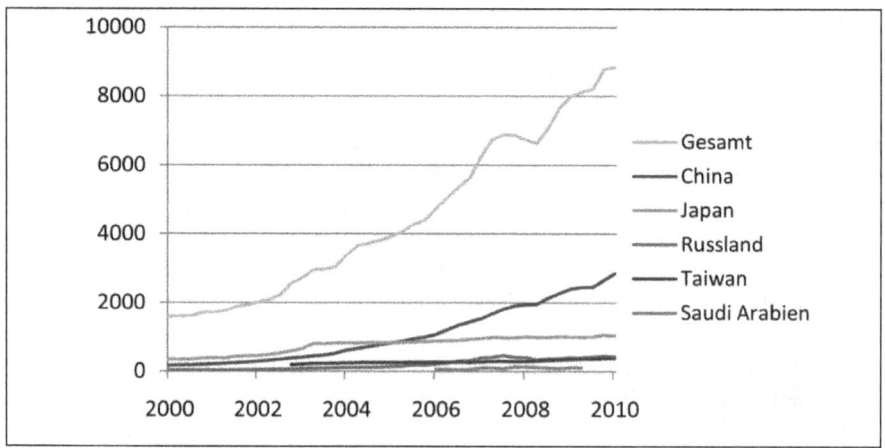

Quellen: IMF, Zentralbanken von VRCh, Russland, Saudi Arabien.
© Schmidt/Heilmann 2011

machen jedoch nur einen Teil der tatsächlich von China kontrollierten Devisenbestände aus. Denn es unterstehen noch weitere ausländische Aktiva der Verfügung der chinesischen Zentralbank, der großen staatlichen Geschäftsbanken oder des chinesischen Staatsfonds (China Investment Corporation mit 2010 mehr als 300 Mrd. USD Vermögenswerten) (Setser 2008, Setser/Pandey 2009, Heep 2008). Deshalb kam das amerikanische Finanzministerium Mitte 2010 zu dem Schluss, dass die tatsächlichen Devisenbestände Chinas die Marke von 3000 Mrd. USD bereits überschritten hatten (US Treasury Report 2010).

Die offiziellen Devisenreserven stehen unter der Verantwortung des Staatlichen Amtes für die Verwaltung von Fremdwährungen (*Guojia Waihui Guanliju; State Administration of Foreign Exchange,* kurz: SAFE). Dieses mit der Zentralbank verbundene Amt hat dafür Sorge zu tragen, dass Chinas Devisenbestände möglichst sicher, liquide und profitabel angelegt werden. Die Mehrheit der Devisen waren Anfang 2011 in amerikanischen Staatsanleihen oder Anleihen staatsnaher US-Emittenten („agency bonds" wie diejenigen von Fannie Mae oder Freddie Mac) investiert, wodurch China zum mit Abstand größten Gläubiger der USA geworden ist (für die sich daraus ergebenden Interaktionen und Spannungen mit den USA siehe Abschnitt 11.2).

Seit dem Ausbruch der globalen Finanzkrise 2007 und der drohenden Gefahr einer Inflation in den USA als Folge amerikanischer Fiskal- und Geldpolitik hat innerhalb Chinas die Kritik an dieser Investitionspraxis stetig zugenommen. Sehr lebhaft diskutierten chinesische Wirtschaftspolitiker, Ökonomen und Journalisten über Strategien zur Diversifizierung der Devisenbestände und Investitionsmöglichkeiten jenseits amerikanischer Anleihen. So wurde etwa vorgeschlagen, Investitionen in Euro oder Yen zu bevorzugen, das Kapital für die innere Entwicklung Chinas zu verwenden, einheimische Unternehmen bei deren Auslandsexpansion zu unterstützen oder aber Rohstoffe bzw. Rohstoffunternehmen im Ausland aufzukaufen. Allerdings sind diese Initiativen teilweise kaum umsetzbar (ein Verkauf von Devisen in größerem Umfang würde den Wert der verbleibenden Devisenbestände drastisch reduzieren). Sie würden unerwünschte Begleiterscheinungen nach sich ziehen (etwa Aufwertungsdruck auf den Yen oder den Euro, steigende Rohstoffpreise, Widerstand gegen Übernahme westlicher Unternehmen durch chinesische Konkurrenten) oder aber das Risiko lediglich verlagern (etwa auf Euro-Wechselkursrisiken, falls mehr Staatsanleihen europäischer Schuldner gekauft würden).

Aus diesen Gründen sah die chinesische Regierung – zumindest bis zur Herabstufung der Bonität amerikanischer Staatsanleihen durch die Rating-Agentur Standard&Poor's Anfang August 2011 – keine tragfähigen Alternativen zum weiteren Ankauf amerikanischer Staatsanleihen. Für 2010 belegten Statistiken des amerikanischen Finanzministeriums per Saldo steigende Käufe amerikanischer Staatsanleihen durch chinesische Finanzinstitutionen.

Gleichzeitig unternahm die chinesische Regierung aber eine Reihe von währungspolitischen Initiativen, die darauf zielten, den internationalen Gebrauch des CNY durch Devisentauschabkommen mit anderen Staaten (sog. *currency swap agreements*), Pilotprojekte zur Handelsabwicklung in CNY und zur Emission von Unternehmensanleihen in CNY (vorwiegend zunächst in Hongkong) zu fördern (Miller 2010). Allerdings müssten im Zuge einer umfassenden Ausweitung des CNY-Gebrauchs im internationalen Handels- und Kapitalverkehr einige gravierende Herausforderungen bewältigt werden (Chin/Helleiner 2008, Murphy/Yuan 2009). China müsste zu einer weitestgehenden Liberalisierung seiner Kapitalbilanz (volle CNY-Konvertibilität, Abschaffung von Kapitalverkehrskontrollen) bereit sein, also auf ein wesentliches Instrument der bisherigen makroökonomischen Stabilisierungspolitik verzichten. Und der chinesische Finanzmarkt müsste durch eine umfassende Neuregulierung in die Lage versetzt werden, Ausländern liquide und sichere Finanzanlagen in CNY anzubieten, um dem internationalen Bedarf an sicheren Eigentumsrechten und verlässlicher rechtlicher Infrastruktur Rechnung zu tragen. Nur im Falle derart umfassender – mit politischem Kontrollverlust einhergehender – Reformen bestünden auf längere Sicht Aussichten, dass der CNY zu einer internationalen Reservewährung werden könnte.

Die währungspolitischen Interventionen der PBoC sind Anlass für einen in den letzten Jahren zunehmend schärfer ausgetragenen Konflikt zwischen China und den USA, in dem sich auch Ökonomen im Westen teilweise unversöhnlich gegenüberstehen. Es geht um drei miteinander verwobene Fragenkomplexe:

- Ist der CNY so weit unterbewertet, dass eine Verurteilung Chinas als „Währungsmanipulator" angemessen ist?
- Was sind die Folgen der unterbewerteten chinesischen Währung für den Rest der Welt?
- Welche Strategie sollten ausländische Regierungen oder internationale Institutionen gegenüber China in dieser Frage ergreifen?

Die erste Frage entzieht sich einer einfachen Beantwortung, da in den Wirtschaftswissenschaften keine präzise oder allseits akzeptierte Definition von Unterbewertung existiert (Frankel 2010). Ökonomen verwenden stark divergierende Datengrundlagen und Berechnungsmodelle. Unterschiedliche Studien zur Unterbewertung des CNY im Verhältnis zum USD kommen zu Ergebnissen zwischen 0 % und 50 % (Das 2009). Zudem ist der Wechselkurs nur einer von vielen Faktoren, die den Preis eines Gutes auf dem Weltmarkt beeinflussen. Andere Faktoren, die über die Wettbewerbsfähigkeit der Güter eines Produktionsstandortes auf Auslandsmärkten entscheiden, sind die einheimische Inflationsrate sowie Produktivitäts- und Lohnstückkostenentwicklung. Es lässt sich nicht in einfachen Währungsrelationen beziffern, inwieweit die Währung eines bestimmten Landes tatsächlich über- oder unterbewertet ist.

„Währungsmanipulation" *(currency manipulation)* ist weder ökonomisch noch rechtlich präzise zu erfassen. Der Begriff wird zwar in Artikel IV der Charta des Internationalen Währungsfonds (Articles of Agreement) thematisiert: „manipulating exchange rates or the international monetary system ... to gain unfair competitive advantage over other members" ist IMF-Mitgliedern untersagt. Die Begriffe „Währungsmanipulation" und „unfaire Wettbewerbsvorteile" bleiben hierdurch aber unbestimmt und laden zu divergierenden Interpretationen geradezu ein. Daher verwundert es kaum, dass das Executive Board des IMF in dieser Frage uneins geblieben ist und China einer Verurteilung stets entgehen konnte. Auch der amerikanische „Omnibus Trade and Competitiveness Act" von 1988 greift auf diese vagen IMF-Regeln zurück und verpflichtet den US-Finanzminister zu einer regelmäßigen Analyse, „whether countries manipulate the rate of exchange between their currency and the United States dollar for purpose of preventing effective balance of payments adjustments or gaining unfair competitive advantage in international trade". Diese vage Formulierung gibt dem US-Finanzminister einen großen Interpretationsspielraum. In erste Linie entscheiden politisch-aktuelle sowie diplomatische Kalküle (inneramerikanischer Wahlkampfkontext, Arbeitsmarktlage, bilaterale Handelskonflikte etc.) darüber, ob der Vorwurf der Währungsmanipulation gegenüber anderen Regierungen erhoben wird (Frankel/ Wei 2007, Frankel 2010). Im Frühjahr 2010 wurde die Publikation eines ursprünglich chinakritischen „Treasury Report" monatelang aufgeschoben und schließlich entschärft, um die Unterstützung Chinas für eine Verurteilung des Irans im UN-Sicherheitsrat zu erlangen.

Aufgrund des unscharf definierten und deshalb schwer fassbaren Vorwurfs der Währungsmanipulation ist es wenig verwunderlich, dass offizielle chinesische Positionen in der Währungspolitik sich weit entfernt von chinakritischen westlichen Stellungnahmen bewegen (siehe hierzu Übersicht 6.7).

Die chinesische Regierung verteidigt ihre Wechselkurspolitik mit Verweis auf amerikakritische Stellungnahmen seitens europäischer oder japanischer Zen-

Übersicht 6.7 Typische chinesische Standpunkte zur Bewertung des CNY

- Die Kursentwicklung des CNY spiegelt seit den 1990er Jahren Marktkräfte wider. Der CNY wertete seit 1994 um mehr als 50% auf.
- Chinas Wechselkurspolitik ist nicht die Ursache globaler Ungleichgewichte. Vielmehr ist die undisziplinierte Haushalts- und Geldpolitik fortgeschrittener Staaten hierfür ursächlich.
- Die USA versuchen, China durch den Vorwurf der Währungsmanipulation zum Sündenbock für hausgemachte wirtschaftliche Schwierigkeiten zu machen.
- Die Gestaltung der Wechselkurspolitik ist das souveräne Recht Chinas. Sprunghafte Aufwertungen des CNY würden unkalkulierbare ökonomische und soziale Verwerfungen in China hervorrufen.
- China wird niemals aufgrund ausländischen Drucks seine Währung aufwerten. Die desaströsen langfristigen Auswirkungen des „Plaza-Abkommens", das 1985 Japan auferlegt wurde, sind ein abschreckendes Beispiel für China.

© Schmidt/Heilmann 2011

tralbankexperten und prominenter westlicher Ökonomen: Die US-Regierung versuche, China und dessen Währungspolitik zum Sündenbock für hausgemachte Schwierigkeiten in der amerikanischen Haushalts- und Geldpolitik zu machen. Während auf der chinesischen Seite ein hoher Grad an Homogenität in den offiziellen Verlautbarungen zur Wechselkurspolitik zu erkennen ist, ist das Meinungsbild in der westlichen Öffentlichkeit sehr uneinheitlich. Auf der chinakritischen Seite finden sich tendenziell keynesianische Ökonomen und einflussreiche Kommentatoren (Paul Krugman/New York Times; Martin Wolf/Financial Times), Interessenverbände des produzierenden Gewerbes (Alliance of American Manufacturing), Gewerkschaften, Kongressabgeordnete und einzelne Forschungsinstitute (z. B. Peterson Institute of International Economics). Diese Akteure prangern eine substanzielle Unterbewertung des CNY von bis zu 50 % gegenüber dem US-Dollar an und fordern eine durchgreifende Aufwertung (siehe Übersicht 6.8).

Chinafreundlichere Positionen vertreten in markanter Weise viele multinationale Unternehmen mit Produktionsstandorten in China (die in ihrer Exportaktivität von niedrigen chinesischen Wechselkursen profitieren), die amerikanische Handelskammer in China, das US-China Business Council sowie auch einige spendenfinanzierte „Think Tanks" wie das Cato Institute, die Heritage Foundation oder das Carnegie Endowment. Diese Akteure bewerten die chinesische Währungspolitik deutlich wohlwollender und unterstützen eine vorsichtige, graduelle Wechselkursrefom (siehe Übersicht 6.9).

Die europäische Seite fehlt in dieser Auseinandersetzung sehr weitgehend (siehe auch Abschnitt 12.1). Dies liegt einerseits in der Tatsache begründet, dass der CNY/EUR-Wechselkurs nur eine abgeleitete Variable des CNY/USD-Kurs ist. Als beispielsweise der Euro gegenüber dem US-Dollar im Frühjahr 2010 (nach Manifestation der südeuropäischen Verschuldungskrise) kurzzeitig sprunghaft an Wert einbüßte, verstummte die Kritik aus der Euro-Zone an einem im Verhält-

Übersicht 6.8 Die Kritik an der chinesischen Währungspolitik

- Chinas Währungspolitik ist eine der wesentlichen Ursachen für die Entstehung globaler Ungleichgewichte und für die globale Finanzkrise seit 2007.
- Die Anhäufung von mehr als 3000 Mrd. USD an Devisenreserven belegt systematische und dauerhafte Manipulationen des Wechselkurses.
- Negative Folgen der chinesischen Währungsmanipulation treffen insbesondere auch Entwicklungs- und Schwellenländer, die mit Chinas Exporten zu gegenwärtigen Wechselkursen nicht konkurrieren können.
- Die US-Regierung und die EU müssen notfalls mit Sanktionen eine Anpassung der Wechselkurse durchsetzen. Ein Handelskrieg mit China wöge weitaus weniger schwer als die Investitions- und Beschäftigungsverluste, die durch chinesische Währungsmanipulationen in anderen Ländern hervorgerufen werden.
- China steht mit einer Aufwertung des CNY keineswegs ein „japanisches Szenario" ins Haus. Japans wirtschaftliche Krise ist durch strukturelle Probleme der Binnenwirtschaft verursacht, nicht durch die Währungspolitik.

© Schmidt/Heilmann 2011

Übersicht 6.9   Argumente für eine graduelle Wechselkursreform

- Der Ausgleich globaler Ungleichgewichte wird nicht allein und nicht kurzfristig durch China zu leisten sein.
- Eine Aufwertung des CNY würde an Leistungsbilanzdefiziten der USA und anderer westlicher Ökonomien wenig ändern. Es würde lediglich zu einer Umlenkung von Handelsströmen hin zu anderen asiatischen Produzenten kommen. Eine einseitige chinesische Aufwertung würde deshalb auch keinen bedeutenden Beschäftigungseffekt in westlichen Ökonomien auslösen.
- Chinas Währungspolitik ist nicht durch Druck von außen zu verändern. Handelskriege mit China könnten katastrophale Folgen für die globale Wirtschaft nach sich ziehen.
- Chinas Sorge um die sozialen Kosten einer schnellen Aufwertung sind nachvollziehbar. Der Übergang zu einer Stärkung der Binnennachfrage wird längere Zeit erfordern.
- China hat bereits indirekt über die Exportpreise aufgewertet, da im Exportsektor die Mindestlöhne in den letzten Jahren massiv gestiegen sind.
- Eine Reform des chinesischen Währungssystems hin zur vollen Konvertibilität muss in gradueller Weise vollzogen werden, um China und dessen Handelspartnern sukzessive Anpassungen u. a. in Lieferbeziehungen, Produktionsorganisation und Güterpreisen zu ermöglichen.

© Schmidt/Heilmann 2011

nis zum Euro unterbewerteten CNY. Zum zweiten haben maßgebliche Staaten der Eurozone (darunter Deutschland) zwar ein Handelsbilanzdefizit mit China, weisen aber in ihrem Gesamthandel eine positive Handelsbilanz auf. Andere Regierungen (insbesondere Brasilien und Indien) äußerten sich seit Sommer 2010 kritisch gegenüber Chinas Wechselkurspolitik und thematisierten ihre Kritik auch in diplomatischen Begegnungen, hielten jedoch Distanz zu amerikanischen Positionen.

Die meisten chinesischen wie auch nichtchinesischen Währungsfachleute stimmen darin überein, dass eine CNY-Aufwertung auf längere Sicht positive Folgen für Chinas Wirtschaft mit sich brächte (Goldstein/Lardy 2009). Würden durch eine Aufwertung des CNY Chinas Exporte verteuert und die Importe verbilligt, wäre dies ein zentraler Beitrag zur Neuausrichtung der chinesischen Wirtschaft weg von der bisherigen – vorwiegend auf Investitionen und Exportwachstum beruhenden – Wachstumsstrategie hin zu einer Entwicklung, die sich stärker auf die Binnennachfrage stützen könnte. Dies ist ein zentrales Ziel der chinesischen Entwicklungsplanung seit Ende der 1990er Jahre. Eine flexiblere chinesische Wechselkurspolitik könnte womöglich einen Beitrag leisten zum Abbau globaler Ungleichgewichte. Sie wäre einer Geldpolitik zuträglich, die mehr auf Zinssätze als Steuerungsinstrument setzen könnte (und weniger auf Kreditquoten und andere administrative Eingriffe). Die Zentralbank könnte die Geschäftsbanken durch geringere Mindestreserveanforderungen entlasten und damit Spielraum für höhere Guthabenzinsen bieten. Insgesamt könnten privater Wohlstand und Konsum gefördert wie auch Anreize für private Spekulationsgeschäfte im Immobilien- und Kapitalmarkt reduziert werden.

Wenn also eine ganze Reihe von Gründen auch im chinesischen Interesse für einen nachhaltig aufwertenden CNY sprechen, weshalb erleben wir dann eine so hartnäckige Verteidigung des Status quo durch die chinesische Währungspolitik? Sehr häufig seit 2009 haben Repräsentanten der Zentralbank sich für eine größere Flexibilität in der Wechselkursgestaltung ausgesprochen. Diese ist durchaus im Interesse der Zentralbank (bzw. von SAFE), da sie am meisten zu verlieren hat bei einem Festhalten an der gegenwärtigen Wechselkurpolitik. Je länger die Zentralbank Fremdwährungen (d.h. vorwiegend USD) ankauft, desto größer werden die Verluste in ihrer Bilanz sein, wenn zu einem späteren Zeitpunkt doch der CNY gegenüber dem Dollar aufwertet.

Diese Kalküle auf Seiten der PBoC wurden bisher jedoch stets konterkariert durch das chinesische Handelsministerium, das sich als machtvoller Vertreter der Interessen all derjenigen versteht, die von einer schnellen, umfassenden Aufwertung negativ betroffen wären: die Küstenprovinzen, die die Mehrheit der chinesischen Exportunternehmen beherbergen, und die großen Staatsunternehmen, die gezwungen sind, ihre Überschuss-Kapazitäten auf den Weltmärkten abzusetzen.

Angesichts dieser Herausforderung, die Interessen unterschiedlicher Akteure, langfristige und kurzfristige Gewinne bzw. Verluste miteinander in Einklang zu bringen, hat die Partei- und Staatsführung bisher eine überaus vorsichtige, auf inkrementelle Liberalisierung setzende Wechselkurspolitik betrieben (Yi Jingtao 2007).

6.3 China als Empfänger und Quelle ausländischer Direktinvestitionen

In der chinesischen Öffnungspolitik haben ausländische Direktinvestitionen eine zweifache Rolle gespielt: China hat einerseits bereits seit 1979 aktiv versucht, Direktinvestitionen des Auslandes anzuziehen *(yinjinlai),* und seit den späten 1990er Jahren andererseits die Auslandsexpansion chinesischer Unternehmen *(zouchuqu)* gezielt gefördert. Ähnlich wie im Falle des Außenhandels hat sich auch Chinas Rolle als Empfänger und Quelle von ausländischen Direktinvestitionen (FDI, Foreign Direct Investments) in den letzten 30 Jahren dramatisch verändert. China ist seit Jahren nach den USA der zweitwichtigste Empfänger von FDI (UNCTAD World Investment Report 2010). Nach einem Rückgang der empfangenen FDI im Jahre 2009 bei global einbrechenden FDI-Strömen stiegen im Jahre 2010 die FDI nach China bereits wieder um mehr als 17% auf rund 106 Mrd. USD an. Damit sind zum Ende des Jahres 2010 mehr als 1000 Mrd. USD aus dem Ausland in China investiert worden.

Noch dramatischer ist die Entwicklung bei den ausländischen Direktinvestitionen, die von China ins Ausland gingen (OFDI, Outward Foreign Direct Investment). Diese wuchsen von 2002 bis 2009 um jährlich 50%. Und selbst im Jahr 2009, als die globalen OFDI-Ströme um 43% sanken, verzeichnete China noch ein leichtes Anwachsen (UNCTAD World Investment Report 2010). Im Jahre 2010

Übersicht 6.10 Ausländische Direktinvestitionen nach
bzw. aus China (Mrd. USD)

	1985	1990	1995	2000	2005	2008	2009	2010
Inward Foreign Direct Investment (IFDI)								
IFDI (jährlich)	1,9	3,5	37,5	40,7	60,3	92,4	90,0	105,7
IFDI (Anteil BIP)	0,6%	0,9%	5,2%	3,4%	2,7%	2,1%	1,8%	1,8%
IFDI (Ges.bestand)	6,0	20,7	134,9	348,3	654,5	852,6	942,6	k.A.
Outward Foreign Direct Investment (OFDI)								
OFDI (jährlich)	k.A.	0,9	2,0	1,0	12,3	55,9	56,5	59
OFDI (Ges.bestand)	0,9	4,4	10,0	20,3	57,2	184,0	245,7	k.A.

Quellen: Statistical Bulletin of China's Outward Foreign Direct Investment. (Aufgrund von Wechselkursanpassungen stimmt die Summe der jährlichen Ströme teilweise nicht mit den Angaben für die Gesamtbestände überein.)
© Schmidt/Heilmann 2011

stiegen die sog. „non-financial OFDI" bereits wieder um fast 40% auf 59 Mrd. USD an. Das chinesische Handelsministerium erwartet für 2013 einen jährlichen OFDI-Strom aus China in Höhe von 100 Mrd. USD und eine bis dahin akkumulierte Summe von 500 Mrd. USD aus chinesischen FDI. Kumulativ war China nach Berechnungen der UNCTAD aber noch ein relativ unbedeutender Akteur in den globalen OFDI-Beständen. So betrug 2009 Chinas Anteil an den akkumulierten OFDI gerade einmal 5% des Wertes der USA (UNCTAD World Investment Report 2010).

China als Empfänger ausländischer Direktinvestitionen

Die Öffnung für und Förderung von FDI war ein zentrales Element von Chinas Reformpolitik seit 1979 und ging mit der Expansion des Außenhandels einher, für den ausländische Unternehmen und chinesisch-ausländische Gemeinschaftsunternehmen *(Joint Ventures)* eine zentrale Rolle spielten (Naughton 2007, Branstetter/Lardy 2008). Die zunächst vornehmlich in Sonderwirtschaftszonen den ausländischen Investoren eingeräumten Privilegien (niedrige Unternehmensabgaben, vereinfachte administrative Verfahren etc.) wurden seit Mitte der 1980er Jahre ausgeweitet auf eine größere Zahl von Küstenstädten sowie spezielle Technologie- und Exportzonen.

Nach 1992 wurde für Unternehmen mit ausländischer Beteiligung – über die zuvor etablierten speziellen Entwicklungszonen hinaus – der Zugang zum chinesischen Markt und zu vielen weiteren Branchen erleichtert. Das seit der Mitte der 1990er Jahre bestehende FDI-Regime wird generell als für ausländische Investoren attraktiv bewertet, da es diesen niedrige Steuern, Investitionsschutzabkommen, Leistungsbilanzkonvertibilität und Repatriierungsregelungen für Gewinne anbietet. Daraus resultierend ist der Anteil von FDI am chinesischen BIP – ein allgemein akzeptierter Gradmesser für die Offenheit einer Volkswirtschaft – über viele Jahre hinweg (mit Werten von bis zu 6% Mitte der 1990er

Jahre) deutlich höher gewesen als dies für Japan, Südkorea oder Taiwan der Fall war (Naughton 2007).

Die chinesische Regierung hat eine Serie von Regulierungen verabschiedet, um die FDI-Flüsse nach China zu steuern. Typischer Weise werden in diesen Richtlinien Branchen oder Technologien aufgelistet, für die FDI erwünscht, beschränkt oder untersagt sind. Die jüngsten Richtlinien zum Beispiel zielen darauf ab, FDI zur Unterstützung eigener Hochtechnologie-Unternehmen oder für arbeitsintensive Industrien in Westchina zu gewinnen. Diese Richtlinien verfügen über eine mittel- bis langfristige Perspektive und sind abgeleitet von Prioritäten nationaler Mehrjahresplanungen insbesondere für die industrielle Restrukturierung, Technologieförderung und regionale Strukturpolitik. An der Umsetzung der Pläne und Richtlinien sind insgesamt 16 staatliche Organe auf Ministerialebene beteiligt.

Trotz einer Vielzahl nationaler Programme und Priorisierungen ist die Dezentralisierung der Förderung und Akquirierung von FDI ein markantes Kennzeichen des chinesischen FDI-Regimes. Lokale Regierungen verfügen über einen großen Handlungsspielraum im Hinblick auf die Gestaltung von Produktionskosten (Infrastruktur, Strom- und Wasserpreise), Steuerbefreiungen oder Bodennutzungsrechte. Da die administrative Leistungsfähigkeit und Verlässlichkeit lokaler Regierungen in China je nach Standort äußerst unterschiedlich ausfällt, sind westliche Klagen über mangelnde Transparenz, unklare Zuständigkeitsverteilungen, willkürliche Entscheidungen, zeitraubende bürokratische Verfahren oder eindeutige Benachteiligungen ausländischer Investoren an der Tagesordnung.

Konfrontiert mit zunehmend schärferer Kritik großer ausländischer Firmen (z.B. General Electric, Siemens, BASF) oder Interessenverbände (z.B. Europäische Handelskammer in China), sahen sich im Jahre 2010 Premier Wen Jiabao und der stellvertretende Staatspräsident Xi Jinping wiederholt dazu veranlasst, ausländischen Investoren zu versichern, dass China an einem offenen und fairen FDI-Regime festhalte. Regierungsstellen und Unternehmen haben ein großes Interesse daran, den unverminderten Zustrom von FDI ins Land zu sichern. Denn Unternehmen mit ausländischer Beteiligung tragen Anteile von 22% zu Chinas Steueraufkommen, 28% zur industriellen Wertschöpfung, 54% zum Außenhandel bei und stellen 45 Mio. Arbeitsplätze bereit (Xi Jinping 2010).

Schaut man auf Ursprungsökonomien für chinesische FDI, Vertragsformen sowie bevorzugte Branchen, so zeigen sich einige bemerkenswerte Trends (Naughton 2007, Branstatter/Lardy 2008). Hongkong (mehr als 60%), Taiwan (7%) und Macao (1%) stellen zusammen einen Anteil von mehr als zwei Dritteln (siehe Übersicht 6.11/6.12). Taiwans Anteil erhöhte sich von 2008 auf 2010 um das Dreifache (von 2,1% auf 6,3%) und spiegelt damit die deutlich verbesserte Verfassung der Beziehungen in der Taiwan-Straße seit 2008 wider. Der hohe Anteil von FDI aus „Greater China" ist zurückzuführen auf geographische Nähe, gemeinsame Sprache und insgesamt niedrige Transaktionskosten. Hongkong und Taiwan

Übersicht 6.11 IFDI-Herkunftsländer 2005

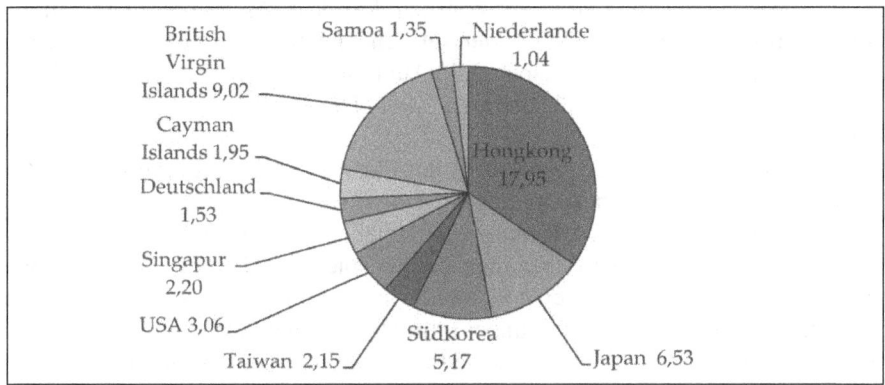

Angaben in Mrd. USD. Quelle: Handelsministerium VRCh.
© Schmidt/Heilmann 2011

wurden dadurch in die Lage versetzt, eigene arbeitsintensive Industrien (zuerst Schuhe und Bekleidung, später Elektronik) fast vollständig auf das chinesische Festland zu verlagern und sich auf Dienstleistungen sowie höher qualifizierte Tätigkeiten (Forschung und Entwicklung, Produktdesign etc.) zu spezialisieren.

Steueroasen wie die British Virgin Islands, die Cayman Islands oder Western Samoa, die lange Zeit als führende FDI-Quellen für China in den Statistiken auftauchten, verloren im letzten Jahrzehnt an Bedeutung. Die chinesische Wirtschaftsgesetzgebung reduzierte in diesem Zeitraum die steuerliche Vorzugsbehandlung ausländischer Investoren, sodass sogenannte „round tripping investments" (d. h. chinesische Unternehmen transferieren Exporterträge zu

Übersicht 6.12 IFDI-Herkunftsländer 2010

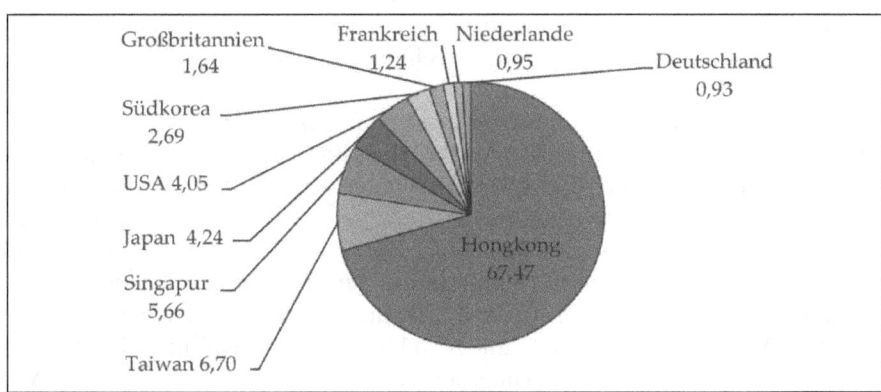

Angaben in Mrd. USD. Quelle: Handelsministerium VRCh.
© Schmidt/Heilmann 2011

Offshore-Finanzzentren, um dieses Kapital von dort – als steuerbegünstigte „FDI" – wieder in China zu investieren) an Attraktivität verloren. Die Anteile fortgeschrittener Industrieökonomien an den FDI-Strömen nach China lagen 2010 teilweise noch hinter Singapur (5,4%) und Südkorea (2,4%) (zum Vergleich: Japan 4%, USA 3,8%, Großbritannien 1,6%, Deutschland 0,9%) (Yao Shujie/ Zhang Jing 2011).

Betrachtet man die Vertragsformen der FDI seit 2000, so dominieren Unternehmen, die sich vollständig in ausländischem Besitz befinden (im Jahre 2010 mit rund 80%). Gemeinschaftsunternehmen haben demgegenüber an Bedeutung verloren. In der sektoralen Zusammensetzung spielt vor allem die verarbeitende Industrie mit mehr als 50% eine weitaus wichtigere Rolle als Dienstleistungen (Großhandel, Banken, Versicherungen). Im Unterschied zu den meisten anderen Schwellenländern machen ausländische Investitionen in Chinas Immobilienmarkt einen signifikanten Anteil von rund 20% aus, was auf die sehr hohen Gewinn- und Spekulationspotenziale in diesem Teil der chinesischen Wirtschaft hinweist. Trotz vieljähriger Bemühungen der Regierung, ausländische Investitionen verstärkt in die Zentral- und Westprovinzen Chinas zu lenken, bleiben diese Regionen als Investitionsstandorte weiterhin sehr deutlich hinter den Küstenprovinzen zurück. Es ist möglich, dass steigende Lohnkosten und Arbeitskräftemangel in den Küstenregionen zu einer Veränderung dieses Befundes beitragen werden.

Ausländische Direktinvestitionen haben eine essentielle Rolle gespielt für Chinas Zugang zu Hochtechnologie, industriellen Strukturwandel und Ausweitung des Außenhandels. FDI wurde zur vorherrschenden Form ausländischen Kapitals. Kurzfristige Portfolioinvestitionen oder Bankkredite aus dem Ausland spielten quantitativ nahezu keine Rolle. Das Gewicht von FDI als Anteil an der rasant gewachsenen chinesischen Wertschöpfung hat sich seit den 1990er Jahren deutlich vermindert. Für die Investitionsfinanzierung kann die chinesische Wirtschaft auf eine außergewöhnlich hohe inländische Sparrate zurückgreifen. Unternehmen mit ausländischer Beteiligung dominieren aber weiterhin große Teile der Forschung und Entwicklung im Bereich von Hochtechnologien.

China als Quelle ausländischer Direktinvestitionen

Die aktive Förderung chinesischer Auslandsinvestitionen (OFDI) ist ein jüngeres Phänomen. In den 1980er und frühen 1990er Jahren wurde OFDI in erster Linie von Staatsunternehmen durchgeführt; die geringen Kapitalströme richteten sich primär auf Hongkong. Erst im Gefolge der asiatischen Finanzkrise 1997–99 und des WTO-Beitritts 2001 ermunterte die Zentralregierung die eigenen Unternehmen zur Expansion im Ausland (Cheung/Qian 2009). Seitdem haben die OFDI-Ströme sprunghaft zugenommen und im Ausland den Eindruck entstehen lassen, als folgten chinesische Unternehmen – wie Agenten einer „China AG" oder „China Inc." – diszipliniert den Direktiven der Parteiführung, überall auf der Welt lukrative Vermögenswerte zu erwerben, Beteiligungen an ausländischen

Firmen einzugehen oder sich Abbaurechte an fossilen oder mineralischen Rohstoffen einzuverleiben.

Trotz lückenhafter Informationen und Daten lassen sich einige zentrale Trends erfassen. Der größte Teil der chinesischen Auslandsinvestitionen wird über Hongkong auf die jeweiligen Zielmärkte geleitet. In den chinesischen Medien wird immer wieder über grenzüberschreitende Milliardentransaktionen – gleich nach Unterzeichnung noch vorläufiger und sehr allgemein gehaltener *Memoranda of Understanding* (MOU) – berichtet; das Volumen vieler dieser Investitionspläne aber wird nach Verhandlungen über die konkrete Ausgestaltung des Engagements oft sehr drastisch (wiederholt um bis zu 90%) nach unten revidiert. Auch in westlichen Medien werden *Absichtserklärungen* von chinesischen Staatsbanken über Kreditengagements oder von chinesischen Großunternehmen über ausländische Großprojekte so dargestellt, als gehe es um bereits getätigte Investitionen.

Wegen der gewaltigen finanziellen Mittel chinesischer Staatsunternehmen, des autoritären Charakters des politischen Systems und des Mangels an Transparenz im Zusammenhang mit chinesischen OFDI werden viele Beobachter im Westen dazu verleitet, hinter der Auslandsexpansion chinesischer Unternehmen stets *politische Ziele,* nicht aber *betriebswirtschaftliche Kalküle* zu erkennen. Entgegen dieser Annahme ist festzustellen, dass die Auslandsengagements chinesischer Unternehmen und Banken von sehr stark variierenden Interessen angetrieben werden – je nach Akteurstypus (von kleinen Privatunternehmern bis hin zu gigantischen Staatskonzernen), Sektoren (Rohstoffe, Industrieproduktion, Dienstleistungen) oder Zielland (autoritär regierte Entwicklungsländer, demokratische Schwellenländer, hoch entwickelte Industriestaaten) (Zweig 2010, Brandt/Rawski/Zhu 2007, Ohashi 2005, Pan Chengxin 2009, Brautigam 2009; Cernat/Parplies 2010, Friedberg 2006, Wu 2005a, b).

Ohne Zweifel besteht ein zentrales Interesse in der Sicherung des Zugangs zu Energie- und Rohstoffträgern (Öl, Gas, Erze, Holz in Ländern wie Australien, Brasilien, Kanada, den zentralasiatischen Staaten, Russland, Iran sowie afrikanischen Ländern). Zweitens spiegeln OFDI die Versuche chinesischer Unternehmen wider, im Ausland Zugang zu fortschrittlichen Technologien oder Marketing-Know-how zu erhalten sowie etablierte Marken zu übernehmen, anstatt diese mühsam selbst aufbauen zu müssen.

Oft erscheint die Auslandsexpansion aber weniger als Zeichen wirtschaftlicher Stärke (wie dies bei japanischen Firmen in den 1960er und 1970er Jahren der Fall war). Sondern sie ist eher Resultat von Überkapazitäten in Folge jahrelanger Rekordinvestitionen, gnadenlosen Wettbewerbs und sinkender Erträge im chinesischen Heimatmarkt. Dies gilt vor allem für kleine und mittlere Unternehmen der Textilbranche, die durch ein Engagement in Afrika (Mauritius, Sambia) ihr Überleben zu sichern suchen (Brautigam 2009).

Eine eingehende Untersuchung chinesischer Auslandsinvestitionen in Europa (Cernat/Parplies 2010) hat belegt, dass das Verhalten der meisten chinesischen

Unternehmen mit den Parametern erklärt werden könne, die auch für westliche Konkurrenten gelten: Die Auswahl der Investitionsziele ist bestimmt durch das Marktpotenzial (deshalb vorrangig Investitionen in den bevölkerungsstärksten Ländern wie Deutschland, Frankreich, Italien und England), Zugang zu etablierten Distributionsnetzwerken und moderner Technologie.

Unzweifelhaft ist der hohe Grad staatlicher Beteiligung in chinesischen OFDI. Dies beginnt mit den Plandokumenten und Richtlinien, die OFDI anleiten und fördern. In den Jahren 2004 und 2009 veröffentlichten NDRC, Handels- und Außenministerium zwecks Vermeidung von Duplizierungen einen Katalog mit bevorzugten Zielländern (darunter Staaten in Südostasien, Saudi Arabien, Südafrika, Russland, Kanada, Australien) und bevorzugten Industrien (Gewinnung und Weiterverarbeitung von Öl, Landwirtschaft, Industrieproduktion, Dienstleistungen im Baugewerbe oder Schifffahrt, Forschung und Entwicklung) für die Auslandsengagements chinesischer Unternehmen und Banken.

Detaillierte Informationen zu Geschäftsmöglichkeiten und -risiken im Ausland werden zur Verfügung gestellt vom Handelsministerium und den chinesischen Botschaften überall auf der Welt. Eine überaus wichtige Rolle spielen die staatseigenen Geschäftsbanken (v. a. China Development Bank, Export-Import Bank). Diese können für Auslandsaktivitäten chinesischer Unternehmen finanzielle Bedingungen bereit stellen, von denen internationale Konkurrenten nur träumen können. Deshalb sind insbesondere bei der Gewinnung von mineralischen Rohstoffen oder im Falle großer Infrastrukturprojekte chinesische Firmen in der Lage, konkurrenzlos günstige Angebote vorzulegen, die von Mitbewerbern als unfaire staatliche Subventionen und Preisverzerrung angeprangert werden. Typisch für die Anbahnung besonders großer Auslandsengagements ist ein Kreislauf, wie er sich beispielsweise 2010 in Brasilien manifestierte: Chinesische Staatsbanken vergaben einen großzügigen Kredit an den brasilianischen Eisenerzkonzern Vale, um diesem den Kauf chinesischer Schiffe zu ermöglichen, die dann wiederum brasilianisches Erz nach China transportieren sollten.

Die chinesische Regierung unterstützt mit Nachdruck einige ihrer größten Staatskonzerne als „Nationale Champions" (im Chinesischen *longtou qiye*: „Drachenkopf"- oder „Flaggschiff"-Unternehmen), um diese in die Lage zu versetzen, auf den Weltmärkten mit führenden – meist westlichen – Konzernen zu konkurrieren. Allerdings sind mehrere der heute international erfolgreichsten chinesischen Konzerne (z. B. Huawei oder TCL) von der Regierung ursprünglich gar nicht als „Nationale Champions" in Betracht gezogen worden. Auch wurden einige markante Fälle bekannt, in denen Staatsunternehmen dem politischen Auftrag zur Auslandsexpansion nicht nachkamen. Mit Verweis auf unkalkulierbare Risiken weigerte sich etwa 2010 das Staatsunternehmen Sinochem, am Bieterprozess um den kanadischen Düngemittelproduzenten Potash mitzuwirken, obwohl dies von der Zentralregierung ausdrücklich gewünscht worden war.

Die Vorstellung einer in sich geschlossenen „China AG" wird grundsätzlich dadurch in Frage gestellt, dass chinesische Staatsunternehmen unterschiedlichen regionalen oder städtischen Regierungen unterstehen und sich auch auf Auslandsmärkten in harter Konkurrenz begegnen. Als es 2009 um ein Übernahmeangebot für das GM-Tochterunternehmen OPEL in Deutschland ging, verhinderte die Shanghai Automotive Industry Corporation (SAIC) durch politisches Lobbying und gezielte Indiskretionen die Bemühungen eines Konkurrenzunternehmens (Beijing Automotive Industry Corporation, BAIC), in die Automobilproduktion in Europa einzusteigen. Chinesische Regierungsstellen können die Aktivitäten chinesischer Staatsunternehmen nicht mehr ohne Weiteres unter Kontrolle halten. Aus chinesischen Botschaften, von Italien bis Kongo, dringen immer wieder Klagen über rücksichtslose – diplomatische Interessen Chinas beschädigende – Verhaltensweisen chinesischer Staatskonzerne im Gastland an die Öffentlichkeit.

Chinesische Übernahmeversuche, die am Widerstand oder Protektionismus westlicher Regierungen scheitern (etwa die gescheiterte Übernahme der kalifornischen Unocal durch den chinesischen Ölkonzern CNOOC im Jahre 2005), treffen weltweit und auch in China auf große Medienaufmerksamkeit. Weniger beachtet, aber sehr aufschlussreich sind hingegen die vielen Übernahmeversuche, für deren Scheitern chinesische Institutionen selbst verantwortlich sind (beispielsweise die vordergründig an „Umweltbedenken" der Regierung gescheiterte Absicht von Sichuan Tengzhong, die GM-Tochter „Hummer" zu übernehmen; oder das zwischenzeitlich avisierte, aus politischen Risikoabwägungen aber aufgegebene Angebot der China Development Bank, die Dresdner Bank zu übernehmen).

Ein zentraler Aspekt von Staatseingriffen in chinesische OFDI sind Genehmigungsverfahren, in die eine Vielzahl staatlicher Stellen involviert ist (Luo/Xue/Han 2010). Chinas „Inneres Kabinett" (die Ständige Konferenz des Staatsrats) muss die größten Investitionsprojekte genehmigen (im Rohstoffsektor Projekte mit einem Volumen von mehr als 200 Mio. USD; ansonsten Projekte mit einem Volumen von mehr als 50 Mio. USD sowie alle Projekte, die mit Taiwan zu tun haben). Alle OFDI-Projekte sind der Begutachtung durch die staatlichen Entwicklungsplaner der NDRC unterworfen. Darüber hinaus sind stets Genehmigungen des Handelsministeriums bzw. regionaler Handelsbehörden einzuholen. Potenzielle Investoren, die diese Genehmigungen erlangt haben, müssen sich sodann an die staatliche Devisenverwaltung SAFE wenden, um die notwendigen Kapitalmittel in Fremdwährung zu erhalten. Sofern es sich um Staatsunternehmen handelt, ist auch noch die Aufsichtskommission für Staatsfirmen SASAC auf der zentralstaatlichen bzw. auf der jeweiligen regionalen Ebene einzuschalten. In Abhängigkeit von der Beschaffenheit und Sensibilität des betreffenden Projektes können auch noch die Ministerien für Finanzen oder Äußeres wie auch die Bankenaufsicht tangiert sein.

Vor diesem Hintergrund ist es wenig verwunderlich, dass chinesische Unternehmen sich immer wieder öffentlich über langwierige OFDI-Genehmigungsverfahren und fehlende administrative Koordinierung beschweren. Deshalb wird ein beträchtlicher Teil chinesischer Auslandsinvestitionen entweder ohne formale Vorabgenehmigung (also über technisch illegale Wege) oder mit verspäteter Einholung von Genehmigungen (indem die innerchinesischen Behörden vor vollendete Tatsachen gestellt werden) getätigt. Angesichts des Befundes einer überaus lückenhaften und oftmals ineffektiven zentralstaatlichen Steuerung sowie vielfältiger Eigeninteressen und Ausweichmanöver großer Staatsfirmen kann von einer „China AG" als einheitlichem Akteur nicht die Rede sein.

Ein Blick auf die Zusammensetzung der OFDI im Einzelnen lässt – ebenso wie im Falle der IFDI – einige signifikante Trends erkennen. Bezüglich der Verteilung der Zielregionen für chinesische OFDI kann man einen Rückgang in der Bedeutung Nordamerikas und Ozeaniens in den letzten Jahren erkennen. Umgekehrt sind Asien, Lateinamerika und Europa immer wichtiger geworden (Cheung/Qian 2009). Mit Blick auf den Anteil wichtiger Zielländer an den OFDI-Strömen des Jahres 2009 fallen die Dominanz Hongkongs mit über 60 %, die weiterhin gewichtige Rolle von Offshore-Steueroasen sowie die Bedeutung Australiens und Singapurs auf. Von Jahr zu Jahr aber können sich insbesondere aufgrund einzelner Großprojekte gravierende Verschiebungen auf der Liste wichtiger Zielländer ergeben: Beispielsweise flossen nach Südafrika 2008 4,8 Mrd. USD, im Jahr 2009 aber nur noch 42 Mio. USD. In Luxemburg investierten chinesische Investoren 2008 nur bescheidene 42 Mio. USD, im Jahr 2009 aber gewaltige 2,3 Mrd. USD.

Deshalb ist ein Blick auf die akkumulierten chinesischen OFDI aussagekräftiger. Auch hier dominiert Hongkong als Zielökonomie bei weitem und zieht mehr als zwei Drittel der Investitionen auf sich. Die Steueroasen Cayman Islands und British Virgin Islands folgen mit zusammen rund 12 % vor Singapur und Austra-

Übersicht 6.13 Zielländer chinesischer OFDI 2009 (Mrd. USD)

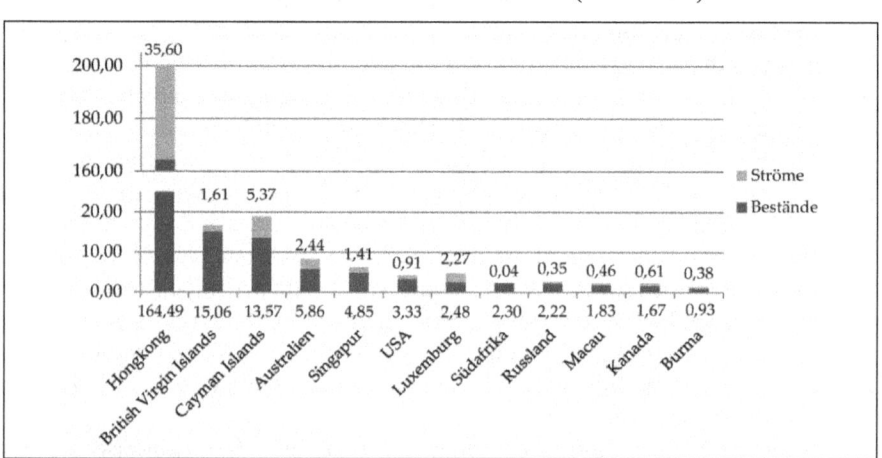

Quelle: Handelsministerium der VRCh.
© Schmidt/Heilmann 2011

lien. Deutschland und die USA haben zumindest bis 2009 nur relativ geringe chinesische Auslandsinvestitionen angezogen (2009 Statistical Bulletin of China's Outward Foreign Direct Investment).

In der sektoralen Verteilung der OFDI-Ströme und -Bestände spielten – durchaus im Gegensatz zur öffentlichen Wahrnehmung – vor 2010 die Branchen Geschäftsdienstleistungen, Großhandel und Finanzen eine dominierende Rolle. Investitionen in Bergwerke und Rohstoffgewinnung traten den offiziellen Statistiken zufolge erstmals 2009 in den Vordergrund. Staatsunternehmen leisteten die mit Abstand größten und international für Aufsehen sorgenden Projekteinzelinvestitionen. Die Anzahl der von Staatsunternehmen betreuten Projekte aber ist sehr gering im Verhältnis zur Mehrzahl der Investitionsprojekte, die von kleineren privaten oder lokalstaatlichen chinesischen Unternehmen im Ausland betrieben werden (2009 Statistical Bulletin of China's Outward Foreign Direct Investment).

6.4 Konsequenzen von Chinas weltwirtschaftlicher Integration und Expansion

Chinas weltwirtschaftliche Integration und Expansion ziehen weitreichende globale Folgen nach sich. Dies betrifft die Richtung und Größe von Handels- und Investitionsströmen, die Entwicklung der globalen Finanz- und Rohstoffmärkte sowie ingesamt die internationale Wirtschaftspolitik etwa im Kontext von G-20, IMF oder Weltbank. Entwicklungschancen und Wachstum vieler anderer Ökonomien hängen inzwischen davon ab, ob sie von chinesischer Nachfrage profitieren können oder aber chinesischer Konkurrenz direkt ausgesetzt sind. Umgekehrt übt Chinas globale Integration erheblichen Anpassungsdruck auf das politisch-administrative System und die Gestaltung der chinesischen Außenpolitik aus.

Konsequenzen für das Ausland
Chinas Rolle in der Weltwirtschaft hat sich in den letzten Jahren stark gewandelt. Seit Ausbruch der globalen Finanz- und Wirtschaftskrise 2007 wird China einerseits als Wachstumslokomotive anerkannt, die Asien und den Rest der Welt aus der tiefsten Rezession der Nachkriegszeit herauszog. Andererseits wird China als Verursacher weltwirtschaftlicher Ungleichgewichtige und als potenzielle Bedrohung für den westlichen Wohlstand identifiziert.

China ist es – trotz eines 2009 erstmals seit dem II.Weltkrieg eingebrochenen Welthandels – während der globalen Finanz- und Wirtschaftskrise gelungen, seine Welthandelsanteile auszubauen und für eine Reihe höchst unterschiedlicher Staaten zum wichtigsten Handelspartner aufzusteigen (siehe Übersicht 6.14, S. 86). China wurde zum wichtigsten Handelspartner für Japan, Australien, Südkorea, Taiwan, Vietnam, Südafrika und Singapur. Es wurde zum zweitwichtigsten Partner für die USA (nach Kanada), Russland (nach Deutschland), Argentinien (nach Brasilien) und Brasilien (nach Argentinien).

Die geringere Rolle, die China als Handelspartner für die EU-Mitgliedstaaten spielt, erklärt sich aus dem hohen Anteil des Handels, den die EU-Staaten untereinander abwickeln. Aber selbst für einzelne EU-Staaten hat sich die Bedeutung des Chinahandels binnen kurzer Zeit sprunghaft erhöht, wie das deutsche Beispiel illustriert (siehe hierzu vertiefend Abschnitt 12.3).

Übersicht 6.14 Chinas wachsendes Gewicht als Handelspartner

	1980	1990	2000	2009
USA	1,0	2,3	6,1	14,2
Japan	3,5	3,5	10,0	20,5
Deutschland	0,5	1,0	2,4	5,6
Großbritannien	0,3	0,5	1,6	6,0
Russland	n. a.	n. a.	4,6	7,6
Argentinien	1,2	1,5	3,8	10,5
Brasilien	0,8	1,1	2,0	12,4
Australien	2,4	2,6	6,8	19,8
Indien	0,5	0,1	2,4	8,9
Südkorea	n. a.	n. a.	9,4	20,4
Philippinen	1,9	1,1	4,7	11,8
Vietnam	n. a.	0,2	9,8	13,9
Hongkong	13,4	30,7	38,8	48,7
Taiwan	1,1 (1984)	4,2	10,7	22,9

Angegeben ist der Anteil des Chinahandels am Gesamthandel des jeweiligen Landes in Prozent.
Quelle: IMF Direction of Trade Statistics Quarterly, June 2010; Taiwan Mainland Affairs Council.
© Schmidt/Heilmann 2011

Verallgemeinernd lässt sich sagen, dass Chinas Integration in Weltwirtschaft und globale Arbeitsteilung bislang für die entwickelten Industriestaaten (USA, EU, Japan, Südkorea) überwiegend positive Folgen hatte. Diese Industriestaaten profitierten von einem rasch wachsenden chinesischen Absatzmarkt für hochpreisige Produkte (Luxuskonsumartikel, Premium-Automobile, Industriemaschinen etc.) sowie von den aus China importierten kostengünstigen Konsumgütern (Bekleidung, Spielwaren, Haushaltsgeräte, Elektronik-Produkte etc.). Positive Auswirkungen können auch belegt werden für einige ostasiatische Länder, die als Lieferanten in Chinas Weiterverarbeitungshandel eingebunden sind (Malaysia, Singapur) oder China mit einer breiten Palette von Rohstoffen versorgen (Australien, Kanada, Angola, Kongo, Saudi Arabien, Peru, Chile, Brasilien). Andererseits bildet China eine immer größere Herausforderung für diejenigen Staaten, die direkt mit China bei arbeitsintensiven Gütern im Wettbewerb stehen (etwa Mexiko, Pakistan, Vietnam oder Bangladesh) (Bergsten/Gill/Lardy/Mitchell 2006, Branstetter/Lardy 2008, Zweig 2010, Park/Shin 2009, Arora/Vamvakidis 2010).

Wenn es chinesischen Unternehmen gelingt, die Wertschöpfungsleiter emporzusteigen und immer mehr technologisch anspruchsvolle Produkte selbst zu entwickeln und zu vermarkten, gerieten chinesische Unternehmen in direkte Konkurrenz zu etablierten westlichen Herstellern. Bislang dominierende Lieferanten von Infrastrukturtechnologie oder Kraftwerksausrüstungen (etwa Siemens, General Electric, Kawasaki Heavy Industries) artikulieren die Sorge, dass chinesische Regierungsstellen einheimische Unternehmen in der Vergabe staatlicher Großaufträge systematisch bevorzugen und dass chinesische Wettbewerber – auch dank großzügiger, von chinesischen Staatsbanken offerierter Finanzierungskonditionen – einen wachsenden Anteil an Großaufträgen in Schwellen- und Entwicklungsländern akquirieren werden.

Darüber hinaus wirkt Chinas Nachfragemacht für wichtige Rohstoffe (etwa Kupfer, Eisenerz, Bauxit) und Produkte (etwa Eisen und Stahl) auf den Weltmärkten preisbestimmend bzw. preistreibend. Die staatliche Kontrolle über Produktion, Preise und Ausfuhr von „Seltenen Erden", die für die Herstellung vieler Hochtechnologieprodukte benötigt und zurzeit vornehmlich in China gewonnen werden, sorgt ebenfalls für erhebliches Konfliktpotenzial in den Beziehungen zu wichtigen Wirtschaftspartnern. Angesichts der Vielzahl von Konkurrenz- und Spannungsverhältnissen, die sich zwischen etablierten Industriemächten und China aufgebaut haben, könnte die Häufigkeit von Handelskonflikten mit China in naher Zukunft deutlich zunehmen.

Konsequenzen für China

Chinas weltwirtschaftliche Expansion wird in der westlichen Öffentlichkeit ganz überwiegend unter dem Gesichtspunkt der Konsequenzen für die Außenwelt diskutiert. Negative Begleiterscheinungen des chinesischen Aufstiegs für die Handelspartner (Verlagerung von Industriearbeitsplätzen, Produkt- und Markenpiraterie, mangelnde Produktsicherheit etc.) nähren in vielen – nicht nur westlichen – Gesellschaften das Misstrauen gegenüber der neuen chinesischen Wirtschaftsmacht.

Weniger beachtet werden hingegen die weitreichenden Konsequenzen der weltwirtschaftlichen Integration für das politische System Chinas. Die Einbeziehung der VR China in transnationale Handels- und Kapitalströme zog gesellschaftlich-politische Kräfteverschiebungen, Lernprozesse und Regelveränderungen nach sich, die von der chinesischen Führung keinesfalls vorhergesehen oder intendiert wurden. Mit der außenwirtschaftlichen Öffnung nach 1979 verfolgte die chinesische Führung beispielsweise nicht die Absicht, die Staatsunternehmen unter Konkurrenzdruck zu setzen. Im rasch wachsenden Exportsektor aber entstanden neue Unternehmensformen (meist mit ausländischer bzw. auslandschinesischer Beteiligung), deren Aufstieg einen immensen Veränderungsdruck auf den staatlichen Wirtschaftssektor ausübte.

Durch die Einbindung der chinesischen Küstenwirtschaft in transnationale

Fertigungsnetzwerke veränderte sich die Autorität der Zentralregierung in unvorhergesehener Weise: Die dezentralen Interessengeflechte, die sich zwischen lokalen Regierungen und Funktionären einerseits sowie nichtchinesischen Unternehmen und Investoren andererseits bildeten, entzogen sich zunehmend zentralstaatlichen politischen Vorgaben und schwächten die Durchsetzungsfähigkeit der Zentrale (Wang Hongying 2001).

Die Vervielfachung internationaler Kontakte im Laufe der Reformperiode hat das Akteursfeld in den chinesischen Außenbeziehungen wesentlich komplexer werden lassen. So stehen die meisten staatlichen Stellen inzwischen in regelmäßigem und zum Teil sehr intensivem Kontakt mit internationalen staatlichen und nichtstaatlichen Organisationen sowie global operierenden Konzernen. Die transnationalen Netzwerke zwischen politischen, bürokratischen, wirtschaftlichen und wissenschaftlichen Akteuren spielen heute eine wichtige Rolle für den Transfer von administrativem, rechtlichem und technischem Wissen wie auch in der Interessenartikulierung im Kontext von Gesetzgebungsverfahren und Wirtschaftsregulierung. Ein erheblicher Teil der neueren chinesischen Wirtschaftsgesetzgebung wurde durch ausländische juristische Berater mitgestaltet.

Die mit den außenwirtschaftlichen Verflechtungen zunehmenden administrativen Kooperationserfordernisse führten schließlich sogar zu Veränderungen in der Binnenorganisation, Finanzierung und Tätigkeit chinesischer Staatsorgane. Reorganisationsmaßnahmen etwa im Handelsministerium oder in der Zollhauptverwaltung wurden durch Kooperationsprogramme mit – überwiegend amerikanischen, japanischen, europäischen, singapurischen oder südkoreanischen – Partnerorganisationen unterstützt. Manche politischen Programme und die damit betrauten staatlichen Stellen, markant etwa im Falle des Umwelt- und Klimaschutzes, sind von ausländischer Kofinanzierung und Beratung in hohem Maße geprägt. Regionale Regierungsstellen sind häufig in symbiotischen Beziehungsgeflechten mit ausländischen Investoren verbunden. Innerhalb Chinas sind somit neue transnationale Interessengruppen und ganz neue Interessenkonstellationen entstanden, deren Schicksal aufs Engste mit der internationalen Öffnung und Weltmarktintegration Chinas verbunden ist.

7 China in der internationalen Umwelt- und Klimapolitik

China sieht sich einer Vielzahl gravierender Umweltprobleme ausgesetzt, die zum Teil bereits heute globale Auswirkungen nach sich ziehen. Chinas expansive industrielle Entwicklung wird als maßgeblicher beschleunigender Faktor für den Klimawandel identifiziert.

7.1 Chinas Umweltprobleme und deren transnationale Auswirkungen

Im Zeitraum 1980–2000 verzeichnete China den weltweit größten Zuwachs von Kohlendioxid-Emissionen und überholte 2006 die USA als bis dahin größten Emittenten. Der Status Chinas als größter Produzent von Treibhausgasen ist darauf zurückzuführen, dass der nationale Energiebedarf zu zwei Dritteln durch Kohle gedeckt wird. Bezogen auf CO_2-Emissionen pro Kopf übertrifft China seit 2008 den globalen Durchschnittswert, ohne allerdings bislang die Werte der fortgeschrittenen Industriestaaten erreicht zu haben (siehe Übersicht 7.1).

Bei der Verbrennung von Kohle entsteht nicht nur das Treibhausgas CO_2, son-

Übersicht 7.1 Kohlendioxid-Emissionen pro Kopf, 1992–2009

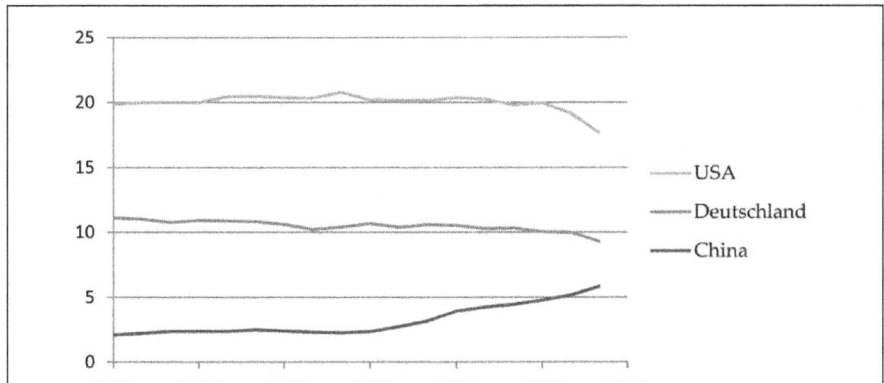

Angaben in metrischen Tonnen.
Quelle: U.S. Energy Information Administration
© Schmidt/Heilmann 2011

dern auch Schwefeldioxid (SO_2), das maßgeblich zur Luftverschmutzung und Entstehung sauren Regens beiträgt. 30 % der Landfläche Chinas gelten als von saurem Regen betroffen, vornehmlich Gebiete südlich des Changjiang (Yangtzekiang). Mehrere Nachbarländer – inbesondere Südkorea und Japan – haben den Niederschlag von saurem Regen aus China gegenüber der chinesischen Regierung thematisiert.

China selbst ist mit gravierenden Auswirkungen des Klimawandels konfrontiert. Seit 1950 ist nach Angaben des chinesischen Umweltministeriums die jährliche Durchschnittstemperatur auf dem chinesischen Staatsgebiet um rund zwei Grad angestiegen. Infolgedessen haben extreme Wetterbedingungen zugenommen: Seit den 1990er Jahren treten Phänomene wie Hochwasser, schwere Regen- und Schneefälle, tropische Stürme und Dürren in immer kürzeren Abständen auf. Gravierende Folgen könnte der Anstieg des Meeresspiegels an chinesischen Küsten (aktuell 1,4–3,2 mm jährlich) nach sich ziehen, da die Küstenregionen die höchste Bevölkerungsdichte des Landes aufweisen und hier ein Großteil des chinesischen BIP erwirtschaftet wird. Das Landesinnere ist von Gletscherschmelze betroffen. Rund ein Fünftel der Gletscherfläche in West- und Nordchina (Himalaya, Qinghai-Tibet-Plateau, Tianshan- und Altai-Gebirge) ist seit Beginn des 20. Jahrhunderts abgeschmolzen.

In der Versorgung mit Wasser sind viele Regionen Chinas mit Knappheit und Verschmutzung konfrontiert. Die Wasserverfügbarkeit pro Kopf liegt bei nur einem Viertel des globalen Durchschnitts. Besonders ernst ist die Lage im trockenen Norden Chinas, wo die Wasserversorgung historisch stets prekär war und durch Klimawandel bzw. Desertifizierung weiter verschärft worden ist.

7.2 Umweltpolitische Institutionen und Ambitionen

Erst Ende der 1970er Jahre begann die chinesische Zentralregierung damit, die ökologischen Nebenwirkungen der Industrialisierung zum Gegenstand systematischerer Beboachtung und Regulierung zu machen. In den 1980er Jahren wurden Umweltverschmutzungen erstmals selektiv statistisch erfasst und in Einzelfällen auch Sanktionen verhängt. Ein der Zentralregierung zugeordnetes, zunächst weitgehend einflussloses Umweltschutzamt wurde im Laufe der 1990er Jahre zu einer Staatlichen Umweltschutzverwaltung (SEPA) ausgebaut. Zugleich stiegen die staatlichen Ausgaben zur Vermeidung oder Behebung von Umweltzerstörungen.

Eine Neuorientierung brachte die Hu-Wen-Administration seit 2003. Der sparsamere Umgang mit Umwelt- und Energieressourcen wurde zu einem zentralen Element der nationalen Entwicklungsstrategie erhoben. Die politisch schwache SEPA wurde zu einem regulären Ministerium für Umweltschutz aufgewertet. Auf einer Nationalen Konferenz zum Umweltschutz im Jahre 2006 konstatierte der chinesische Premierminister gravierende Fehlentwicklungen in Chinas Wachstumspfad, die entschlossener Korrektur durch administrative, rechtliche, wirtschaftliche sowie technische Maßnahmen bedürften, um wirtschaftlichen Fortschritt und Umweltschutz dauerhaft in Einklang zu bringen. Im Gefolge leitete die Zentralregierung eine Serie von Programmen ein, die unter anderem auf Emissionsreduktionen und Regeneration von Ökosystemen zielten. Seit 2006 vollzog sich auch eine grundlegende Wende von der zuvor skeptischen Haltung gegenüber Befunden des globalen Klimawandels hin zu einer aktiven Klimapolitik (Conrad 2011).

Im Rahmen eines Nationalen Programms zum Klimawandel (2007) wurde festgelegt, den Anteil nicht-fossiler Energieträger am Energiemix bis 2020 auf 15 % anzuheben. China produzierte 2009 wesentlich mehr Elektrizität aus erneuerbaren Energiequellen (einschließlich Wasserkraft) als die USA oder Deutschland (siehe Übersicht 7.2). Zugleich wurde ein Aktionsplan für die Forstwirtschaft initiiert, der mit gewaltigen Aufforstungsprogrammen dem Klimawandel entgegenwirken soll. Tatsächlich ist der Anteil von bewaldeten Gebieten an der Gesamtfläche Chinas – belegt durch satellitengestützte Analysen und gegen den Trend in anderen ostasiatischen Ländern – im letzten Jahrzehnt gewachsen.

Die Fünfjahrpläne für die Perioden 2001–2005, 2006–2010 sowie 2011–2015 legten eine Reihe strenger Zielvorgaben zur Reduktion von Schadstoffemissionen bzw. zur Senkung des Energieverbrauchs fest. Eine Vielzahl von Umsetzungsprogrammen sorgte in manchen Branchen und Regionen für signifikante Fortschritte. Die aggregierten nationalen Werte für Emissionen und Energieverbrauch aber

Übersicht 7.2   Elektrizität aus erneuerbaren Energiequellen im Vergleich

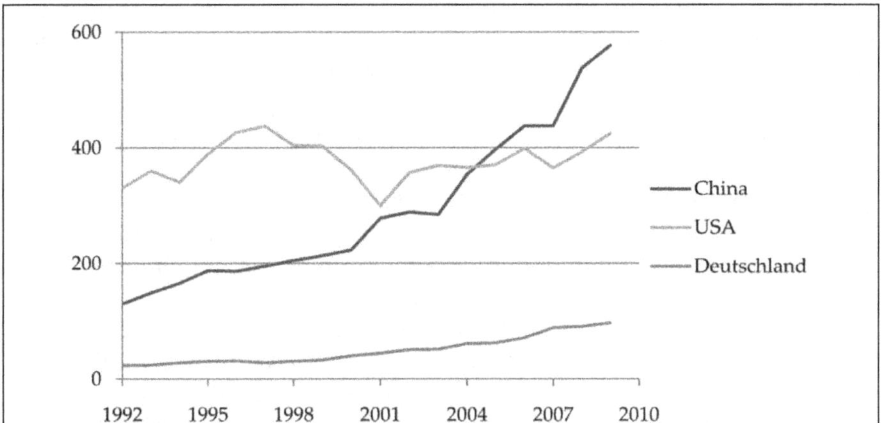

Angaben in Mrd. KWh
Quelle: U.S. Energy Information Administration.
© Schmidt/Heilmann 2011

bewegten sich aufgrund der anhaltend sehr schnellen industriellen Expansion auf einem weiterhin hohen Niveau. Die ambitionierten Ziele der chinesischen Umweltpolitik stehen also in grundsätzlicher und schwer aufzulösender Spannung zu dem industriellen Wachstumsimperativ.

7.3 Chinas Integration in die internationale Klimapolitik

Bilaterale und multilaterale Zusammenarbeit
Die VR China unterhält eine rege klimapolitische Zusammenarbeit mit den USA, insbesondere mit dem Department of Energy, das eine eigene Zweigstelle in Beijing betreibt. Im Kontext dieser Kooperation wurden Standards für Energieeffizienz bei Haushaltsgeräten erarbeitet und ein US-China Clean Energy Research Center etabliert. Die chinesische Regierung bekennt sich dazu, den umwelt- und klimapolitischen Austausch mit anderen Nationen weiter zu institutionalisieren, beispielsweise durch gemeinsame Forschungsinitiativen und regelmäßige Dialogformate.

Bilaterale Beziehungen zu Schwellen- und Entwicklungsländern haben in der chinesischen Klimapolitik an Bedeutung gewonnnen. Mit Brasilien, Südafrika und Indien (sog. „BASIC"-Initiative) wurden eine engere Abstimmung vor UN-Klimakonferenzen sowie ein Austausch in den Bereichen Klimawissenschaft und Umwelttechnologie vereinbart.

Kyoto-Protokoll (1997)
Zwar hat China das Kyoto-Protokoll unterzeichnet und im Jahre 2002 ratifiziert. China wurde – wie alle Entwicklungsländer – allerdings nicht zur Erfüllung bestimmter Emissionsreduktionen verpflichtet. Es gilt das Prinzip der „common but differentiated responsibilities": Die Hauptbürde der Reduktionen wird den seit langem etablierten „alten" Industriestaaten auferlegt, die über die vergangenen 150 Jahre hinweg den Großteil der Konzentration von Treibhausgasen in der Atmosphäre verursachten.

Die nationale Umsetzung der Vereinbarungen im Kyoto-Protokoll wurde durch zusätzliche multilaterale Mechanismen flankiert, von denen sich der Clean Development Mechanism (CDM) als von besonderer Relevanz für China erwies. Im Rahmen des CDM sind Entwicklungsländer berechtigt, durch Emissionseinsparungen (die in Relation zu einem „business as usual"-Szenario gesetzt werden) so genannte „certified emission reduction credits" (CER) zu erlangen. Diese können dann an diejenigen Industrieländer veräußert werden, die durch das Kyoto-Protokoll zu Emissionsreduktionen verpflichtet sind und durch den Erwerb der CERs der Erfüllung ihrer Reduktionsvorgaben näher kommen können. Durch diese Transfers werden Entwicklungsländer für emissionsreduzierende Maßnahmen monetär belohnt. China wurde – mit einem Anteil von 44 % aller unter dem Dach des CDM durchgeführten Projekte – weltweit zum größten Nutznießer dieses Mechanismus (UNFCCC 2011, UNFCCC 1997a, UNFCCC 1997b).

UN-Klimakonferenzen in Kopenhagen (2009) und Cancún (2010)
Das Abschlussdokument der konfliktgeprägten UN-Klimakonferenz von Kopenhagen ist die Kopenhagener Vereinbarung („Copenhagen Accord") (UNFCCC 2009). Dieses Dokument wurde von den teilnehmenden Staaten nicht formell verabschiedet, sondern lediglich zur Kenntnis genommen, ist also völkerrechtlich nicht bindend. Ein wichtiges Ergebnis der Kopenhagener Konferenz aber waren Absichtserklärungen darüber, Maßnahmen zur Reduktion des Ausstoßes von Treibhausgasen zu treffen, um den globalen Temperaturanstieg auf zwei Grad Celsius gegenüber der vorindustriellen Zeit zu begrenzen. Zu diesem Zwecke werden in Anhang I und II der Kopenhagener Vereinbarung Absichtserklärungen zur Emissionsreduktion durch die Vertragsstaaten aufgelistet. China bekannte sich zu drei freiwilligen nationalen Maßnahmen (UNFCCC 2010):

- Reduktion der Kohlendioxid-Intensität (d. h. CO_2-Ausstoß pro BIP-Einheit) um 40–45 % bis 2020 (Vergleichsjahr 2005);
- Erhöhung des Anteils nicht-fossiler Energieträger am nationalen Energiemix auf 15 % bis 2020 (Vergleichsjahr 2005);
- Vergrößerung bewaldeter Flächen um 40 Mio. Hektar und des Wald-Bestandsvolumens um 1,3 Mrd. Kubikmeter bis 2020 (Vergleichsjahr 2005).

Obwohl China völkerrechtlich nicht zur Durchführung dieser Maßnahmen verpflichtet war, hielt die chinesische Regierung nach der Kopenhagener Konferenz in diplomatischen Verhandlungen und auch in ihren innenpolitischen Programmen an diesen drei Zielen fest.

Zweifel am Willen zur Umsetzung der Absichtserklärungen wurden durch den 12. Fünfjahrplan für den Zeitraum 2011–2015 ausgeräumt. Das Planungsdokument sieht – im Einklang mit den Kopenhagener Zugeständnissen – vor, bis 2015 die Kohlendioxid-Intensität um 17 % zu verringern (Vergleichsjahr 2010), den Anteil nicht-fossiler Energieträger am nationalen Energiemix auf rund 11 % zu erhöhen, die bewaldeten Flächen auf rund 22 % der Gesamtfläche Chinas auszudehnen und das Wald-Bestandsvolumen um 600 Mio. m³ zu vergrößern.

Die UN-Klimakonferenz im mexikanischen Cancún verabschiedete 2010 ein formelles Abkommen („Cancún Agreements") mit völkerrechtlicher Geltung. Insgesamt 42 Industriestaaten verpflichteten sich zu verbindlichen, national unterschiedlich ausgewiesenen Emissionsreduktionen. Die Entwicklungsländer kündigten „national angemessene" Maßnahmen auf freiwilliger Basis an. Die chinesische Regierung bekräftigte die drei in Kopenhagen formulierten Absichtserklärungen, betonte aber durchweg die Freiwilligkeit ihrer nationalen Maßnahmenprogramme.

7.4 Chinesische Haltungen zur Klimadiplomatie

Traditionelles Verhalten
Chinesische Delegationen lehnten auf internationalen Klimakonferenzen der Jahre 1992 bis 2008 völkerrechtliche Verpflichtungen auf verbindliche Emissionsreduktionen für China kategorisch ab. Chinas Verhandlungsführer verwiesen auf die historische Verantwortung der westlichen Industriestaaten und Japans. China sei als Entwicklungsland Opfer, nicht Verursacher des Klimawandels und weise nach wie vor geringe Werte an Kohlendioxid-Emissionen pro Kopf auf. Die Industriestaaten müssten demzufolge die Hauptlast der Emissionsreduktionen tragen. Entwicklungsländer könnten nur beitragen, was im Rahmen ihrer wirtschaftlichen Entwicklung möglich sei. Ihr Recht auf nachholende wirtschaftliche Entwicklung aber sei unumstößlich.

Die chinesische Regierung trat als Verteidigerin der Souveränität und Interessen der Entwicklungsländer auf. Eine Einmischung in innere Angelegenheiten auf dem Wege der Klimapolitik sollte zurückgewiesen werden. Anderseits aber vermied es die chinesische Regierung auch auf dem Feld der Klimapolitik, in eine aktive, offene und deshalb angreifbare Führungsrolle auf internationaler Bühne gedrängt zu werden.

Diese auf Deng Xiaoping zurückgehende außenpolitische Doktrin prägte bis 2009 das Auftreten chinesischer Delegationen auf Klimakonferenzen. Trotz des rasch zunehmenden globalen Gewichts und des Aufstiegs zum größten Emittenten von Treibhausgasen nahm die chinesische Regierung lange Zeit eine passive oder ausweichende Haltung in internationalen Klimaverhandlungen ein.

Veränderungen in Chinas Haltung zur Klimapolitik
Mit der internationalen Erforschung und Diskussion der Ursachen und Auswirkungen des globalen Klimawandels sowie korrespondierenden Forschungsberichten aus China selbst wuchs seit Beginn des 21.Jahrhunderts auch in der chinesischen Regierung die Sorge um Konsequenzen für die Stabilität und Zukunft des eigenen Landes: Die Verwundbarkeit durch Klimawandel wurde chinesischen Führungskräften in immer stärkerem Maße bewusst. Darüber hinaus übte eine Revision der nationalen wirtschaftlichen Entwicklungsstrategie unmittelbaren Einfluss auf die Klimapolitik aus: Nach zwei Dekaden extensiven Wachstums mit hohem Ressourceneinsatz und massiven Umweltschäden wurde die Einleitung einer ressourcenschonenden, energiesparenden, effizienz- und technologiegetriebenen wirtschaftlichen Entwicklung zur zentralen politischen Aufgabe erhoben.

Die internationalen Klimaverhandlungen wurden in diese neuen strategischen Erwägungen einbezogen. Die chinesische Führung trat beispielsweise immer wieder dezidiert für die Etablierung von Mechanismen zum Transfer von Umwelttechnologie in Entwicklungsländer ein. Nationale Entwicklungsziele könnten so von außen zusätzlich gefördert werden. Das Vorbild für ein solches Technologietransfer-Regime ist der Clean Development Mechanism (CDM), von dem China im Energie- und Umweltsektor besonders stark profitiert hat, indem es fast die Hälfte aller über CDM finanzierten Projekte akquirieren konnte.

Gewicht und Eigeninteressen Chinas in der internationalen Klimapolitik stießen jedoch auf wachsende Kritik unter anderen Entwicklungsländern. Während sich die chinesische Regierung jahrzehntelang komfortabel als Advokat der Dritten Welt – ohne konkrete Verantwortlichkeit oder Verpflichtung – profilieren konnte, wird Chinas Rolle in diesem traditionellen Adressatenkreis zunehmend als ambivalent oder unglaubwürdig eingeschätzt. Der Status als weltweit größter industrieller Verursacher von CO_2-Emissionen passt nicht zum Selbstverständnis der VR China als Entwicklungsland und ruft generelle Zweifel an der Glaubwürdigkeit chinesischer Solidaritätsbekundungen mit den ärmeren Ländern der Welt hervor. Chinas wirtschaftlicher Aufstieg und dessen klimabezogene Folgen unterminieren das traditionelle außenpolitische Gebaren der chinesischen Regierung.

Dilemmata der Klimapolitik Chinas

Der Wandel der chinesischen Interessen in der internationalen Klimapolitik läuft den traditionellen außenpolitischen Präferenzen und Verhaltensmustern zuwider. Die Volksrepublik sieht sich einer Reihe von Zielkonflikten ausgesetzt, die im Umfeld der Klimakonferenz von Kopenhagen besonders deutlich zu Tage traten.

Dilemma 1: Klimawandel vs. Wachstumsziele

Mittel- bis langfristig erscheinen die nationalen wirtschafts- und umweltpolitischen Zielsetzungen der VR China in zentralen Punkten kompatibel mit den Zielvorstellungen der Klimarahmenkonvention der Vereinten Nationen.

Jedoch basiert die Herrschaftslegitimition der KPCh weiterhin primär auf der Verbesserung der Lebensverhältnisse politisch maßgeblicher Bevölkerungsteile binnen *kurzer* Frist. Verbindliche Emissionsreduktionen würden – auch wenn sie sich mittelfristig rentierten – mit einiger Wahrscheinlichkeit das kurzfristige Wirtschaftswachstum beeinträchtigen (Conrad 2011). China verwahrt sich weiterhin gegen die Auferlegung verbindlicher Ziele durch internationale Abkommen und beharrt auf der Freiwilligkeit der eigenen nationalen Anstrengungen. Zugleich aber fordert die chinesische Regierung nach dem klimapolitischen Prinzip der „common but differentiated responsibilities" von den Industriestaaten Emissionsreduktionen von 40% bis 2020. Weil die chinesische Regierung sich selbst aber von bindenden Zusagen ausnimmt, verfügt sie nicht über effektive Verhandlungshebel, um die USA oder EU zu derart drastischen Zugeständnissen zu bewegen.

Tatsächlich gab es innerhalb der chinesischen Delegation in Kopenhagen offenbar Unstimmigkeiten über mögliche Kompromissoptionen. Während die Klimapolitik-Spezialisten in der Delegation für eine Verpflichtung auch auf quantitative Zielvorgaben eintraten, setzten sich Völkerrechts-Generalisten durch, die von einer solchen Verpflichtung strikt abrieten. Im Ergebnis stellte die chinesische Delegation das traditionelle außenpolitische Prinzip der Ablehnung von bindenden Verpflichtungen über das neue Interesse an einer signifikanten und kooperativen Reduktion globaler Treibhausgas-Emissionen. Das Interesse an wirtschafts- und umweltpolitischer Flexibilität wie auch die Meidung völkerrechtlich begründeter internationaler Rechenschaftspflichten wirkten in Kopenhagen dringlicher als die Bedrohung durch den Klimawandel.

Dilemma 2: Selbstverständnis als Entwicklungsland vs. Status als faktische Großmacht

Das zweite Dilemma dreht sich um das Selbstverständnis Chinas in der Welt (siehe Kapitel 2). Die außenpolitische Debatte erweist sich als zutiefst zerrissen in der Frage, ob China sich entsprechend jahrzehntelanger außenpolitischer Praxis weiterhin als Entwicklungsland definieren oder die Rolle der Großmacht akzeptieren und aktiv einnehmen soll, die vom faktischen Gewicht her naheliegt. Besondere Brisanz birgt diese Fragestellung, da sie nicht nur von westlichen Beobachtern aufgeworfen wird, sondern auch eine zunehmend große Anzahl von Entwicklungsländern die Selbstdarstellung Chinas als Teil der „Dritten Welt" für unglaubwürdig hält.

Dieser Sachverhalt lässt sich an folgendem Beispiel illustrieren: Im Vorfeld der Kopenhagener Klimakonferenz forderten die so genannten Least Developed Countries (LDCs) und die Association of Small Island States (AOSIS) ein Klimaabkommen mit dem Ziel einer Begrenzung der CO_2-Konzentration in der Atmosphäre auf höchstens 350 ppm und einer Begrenzung der globalen Erwärmung auf 1,5° Celsius. China reagierte mit sofortiger Ablehnung auf diese Initiative und verspielte viel Kredit unter den betroffenen Ländern. Die thailändische Delegation bemängelte, China solle endlich mehr Verantwortung übernehmen. Einige afrikanische Länder kritisierten, dass China bereits überproportional vom CDM profitiert habe und dass daraus eine Verpflichtung gegenüber anderen Entwicklungsländern erwachse (Economy 2010).

Die chinesische Delegation versuchte den diplomatischen Schaden einzugrenzen, indem sie sich für Transferleistungen der Industriestaaten an die Entwicklungsländer einsetzte. Es wurden letztlich Zahlungen in Höhe von jährlich 30 Mrd. USD vereinbart, durch welche die Entwicklungsländer Waldrodungen reduzieren, Umwelttechnologie erwerben und die negativen Folgen des Klimawandels abfedern sollten. Bis 2020 wurde eine Zielmarke von jährlichen Transferleistungen in Höhe von 100 Mrd. USD anvisiert. Chinesische Abgesandte betonten bei jeder Gelegenheit, dass in erster Linie afrikanische Entwicklungsländer sowie kleine Inselstaaten, die sich einer besonders großen Bedrohung durch steigende Meeresspiegel gegenüber sähen, von den Zahlungen profitieren sollten. Trotz faktisch veränderter Rahmenbedingungen und offenkundiger Glaubwürdigkeitsprobleme suchte sich die VR China weiter als Anwalt der Dritten Welt zu profilieren.

Dilemma 3: Souveränität vs. Transparenz

Die Verteidigung der Souveränität von Nationalstaaten gehört zu den Leitprinzipien chinesischer Außenpolitik. Eine ausländische Einmischung in die inneren Angelegenheiten eines Staates wurde stets kategorisch abgelehnt. Diese außenpolitische Doktrin aber gerät bei der Umsetzung globaler Klimaabkommen in Widerspruch zu der Notwendigkeit, nationale Maßnahmen zur Emissionsreduzierung von außen und im Sinne der anderen Vertragsstaaten zu verifizieren. Insbesondere die USA machten es auf der Kopenhagener Klimakonferenz zur Bedingung für die Akzeptanz verbindlicher Emissionsziele, dass eine institutionalisierte Überprüfung der Umsetzung und Einhaltung dieser Ziele stattzufinden habe. Zu diesem Zwecke sollte ein System von „Measuring, Reporting, Verification" (MRV) etabliert werden.

Dem Aufbau eines solchen Systems standen die chinesischen Delegierten äußerst skeptisch gegenüber. Einerseits wurde eine Einmischung in die inneren Angelegenheiten Chinas befürchtet. Andererseits sind auch der nationalen Regierung die vielfältigen Defizite in der lokalen Umsetzung umweltbezogener Richtlinien im eigenen Land bewusst. Ein MRV-Mechanismus besäße deshalb das Potenzial, Chinas Handlungsfähigkeit und Glaubwürdigkeit international bloßzustellen.

Zusätzlicher Druck wurde noch dadurch aufgebaut, dass die USA Transparenz zur Bedingung für eine Aufstockung der Finanzhilfen an die Entwicklungsländer machten, damit eine zielgerichtete Verwendung der Gelder gewährleistet werden könne. Auch Technologietransfer war für die USA nur unter der Bedingung von umfassender Transparenz vorstellbar.

Tatsächlich gelang es der chinesischen Delegation, dieses Dilemma in Kopenhagen zu entkräften. Die Volksrepublik erklärte sich mit einem Mechanismus einverstanden, der regelmäßige Berichterstattung durch *nationale* Behörden über den Stand der Umsetzung vereinbarter Maßnahmen vorsieht. Messungen und Kontrollen durch *supranationale* Behörden sollten lediglich innerhalb von solchen Projekten durchgeführt werden, die mit internationalen Geldern bezuschusst oder mit technologischer Unterstützung einhergingen. Prinzipiell bleiben Mess- und Kontrollvorgänge so unter der Kontrolle der Nationalstaaten. Nur in begrenzten Bereichen müssen sich die chinesischen Behörden supranationalen Kontrollen unterziehen.

Gleichzeitig schaffen diese Mechanismen einen positiven Anreiz für Industrieländer, finanzielle Unterstützung zu leisten oder Technologie zu transferieren, da auf diesem Wege möglicherweise eine größere Transparenz – auch in Chinas Umweltpolitik – herbeigeführt werden kann.

7.5 Anforderungen an die chinesische Klimapolitik

Insbesondere die Kopenhagener Klimakonferenz hat viele Unstimmigkeiten und innere Widersprüche chinesischer Außenpolitik zu Tage gefördert. Herkömmliche Verhaltensmuster der Volksrepublik auf internationaler Bühne haben sich vielfach als hinderlich für das Erreichen sich wandelnder oder bereits neu definierter Ziele und Interessen erwiesen. Letztendlich wird eine Revision der Doktrin außenpolitischer Selbstbeschränkung unumgänglich sein. China wird zum Erreichen seiner mittelfristigen Ziele Führungsqualität entwickeln und Vorbehalte gegenüber internationalen Verbindlichkeiten, internationaler Kooperation sowie Transparenz ablegen müssen – auch um den Preis einer Aufweichung der eigenen staatlichen Souveränität. Um andere Staaten zu Zugeständnissen zu bewegen, wird China selbst Zugeständnisse machen müssen. Denn nur durch aktive Mitgestaltung des internationalen Klimaregimes wird China auch seine eigenen Interessen effektiv wahrnehmen können.

Die Abwägung zwischen Wachstumszielen und Klimarisiken ist unausweichlich mit Inkonsistenzen und Nachjustierungen verbunden. Allerdings kann China diplomatisch, wirtschaftlich und ökologisch in besonderem Maße zum Nutznießer verstärkter Initiative und Kooperation in der globalen Klimapolitik werden. Eine Reihe von Anpassungen hat die chinesische Klimapolitik seit 2009 durchlaufen. Innenpolitisch hat sich die chinesische Regierung mit dem 12. Fünfjahrplan äußerst ambitionierten Umwelt- und Energiezielen verschrieben, die – im Falle erfolgreicher Umsetzung – auch Chinas Glaubwürdigkeit und Aktivität in der internationalen Klimadiplomatie Auftrieb verleihen können.

8 China und die internationale Menschenrechtspolitik

Beijings selektive Kooperation und taktische Flexibilität in der internationalen Politik zeigen sich besonders deutlich in Menschenrechtsangelegenheiten. Im Mittelpunkt der chinesischen Strategie zur Behandlung der Menschenrechtsfrage steht die völkerrechtliche Einbindung im Rahmen der Vereinten Nationen. Zwar hatte die chinesische Regierung mit der Aufnahme in die Vereinten Nationen 1971 die allgemeine Verpflichtung auf die Menschenrechte übernommen, die in der UN-Charta enthalten ist. Bis Anfang der 1980er Jahre aber lehnte die chinesische Führung das Konzept universeller Menschenrechte als „bourgeoise" Ideologie ab und wich der Einbeziehung in internationale Menschenrechtsaktivitäten aus.

Bereits wenige Jahre nach Beginn der Reform- und Öffnungspolitik aber wurde die VR China 1982 Mitglied der UN-Menschenrechtskommission, bekannte sich zur Achtung der Menschenrechte und begann, eine Reihe spezieller Menschenrechtskonventionen zu ratifizieren. Seit 2006 ist die VR China gewähltes Gründungsmitglied des UN-Menschenrechtsrates (siehe Übersicht 8.1, S. 100).

Bis Anfang 2011 trat die VR China insgesamt mehr als 20 UN-Menschenrechtskonventionen bei und hat durch den Nationalen Volkskongress auch viele dieser Konventionen bereits ratifiziert. Zuletzt wurden im Jahr 2008 die „Konvention über die Rechte von Menschen mit Behinderungen" und das „Zusatzprotokoll zur UN-Kinderrechtskonvention zu Kindersoldaten" ratifiziert. Während der umfassende „Sozialpakt" (Konvention über ökonomische, soziale und kulturelle Rechte) bereits im Jahr 2001 ratifiziert wurde, lässt die Ratifizierung des aus westlicher Sicht zentralen „Zivilpakts" (Konvention über bürgerliche und politische Rechte) weiterhin auf sich warten. Die VR China begründet die Verzögerung damit, dass zuerst eine Reihe von Reformen im Rechtssystem des Landes erfolgreich durchgeführt werden müsse.

Über die multilaterale Mitwirkung im Rahmen der Vereinten Nationen hinaus arbeitet die chinesische Regierung seit den 1990er Jahren an einer theoretisch fundierten, spezifisch chinesischen Position in der Menschenrechtsdebatte, die differierende Wertvorstellungen und politische Prioritäten mit Rücksicht auf unterschiedliche kulturelle Traditionen und sozioökonomische Entwicklungsniveaus betont.

In Reaktion auf scharfe westliche Kritik an politischer Repression in China (insbesondere im Gefolge der gewaltsamen Unterdrückung der städtischen Protestbewegungen im Juni 1989) versuchte die chinesische Regierung, westlichen Vorhaltungen mit einer eigenen Interpretation der Menschenrechtsidee ent-

Übersicht 8.1 China und das internationale Menschenrechtsregime

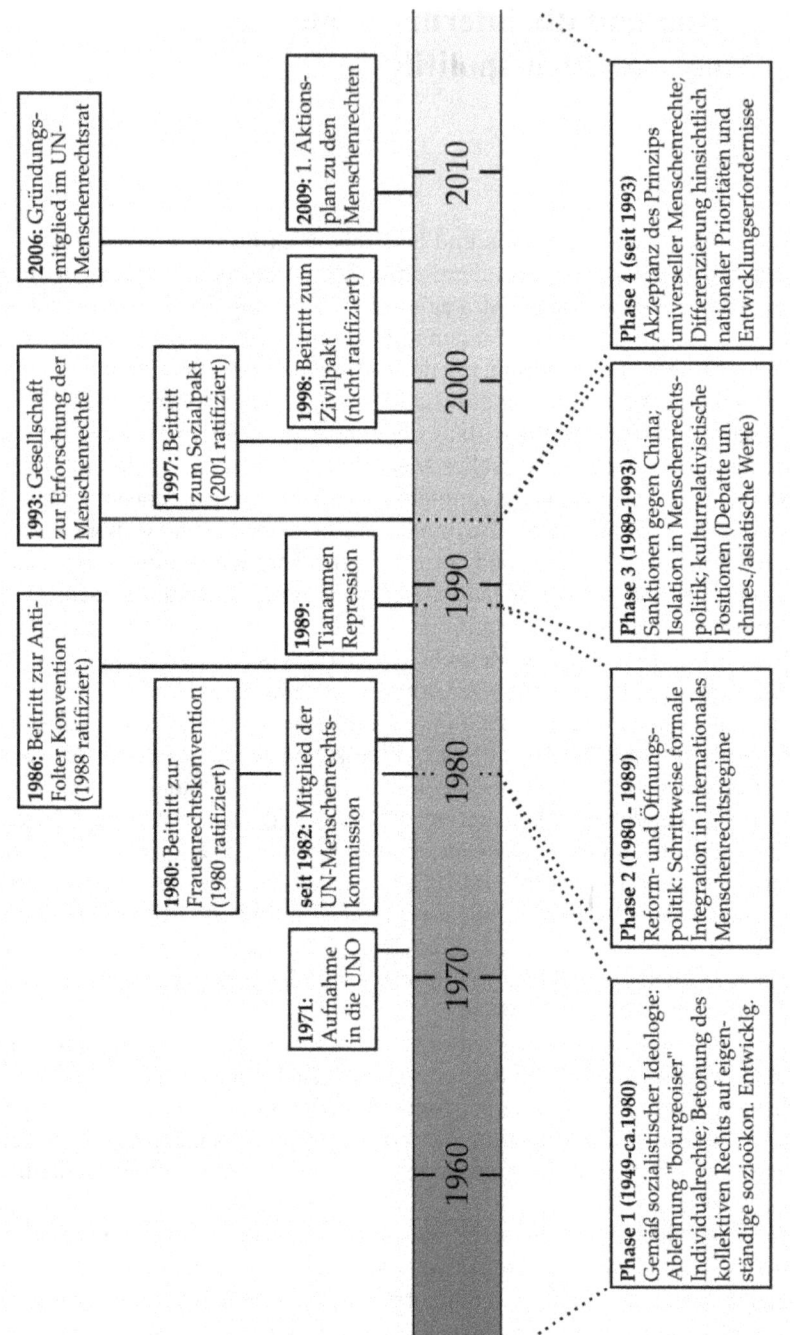

© Schmidt/Heilmann 2011

gegenzutreten. Das angebliche „Monopol" des Westens auf Formulierung und Auslegung der Menschenrechte sollte durch eine eigenständige, differenzierende Positionierung gebrochen werden. 1993 wurde die Chinesische Gesellschaft zur Erforschung der Menschenrechte geschaffen. Seit 1991 wurden mehrere programmatische Stellungnahmen der Regierung („Weißbücher") zur Entwicklung der Menschenrechte publiziert.

Auf die verstärkte internationale Kritik im Jahre 2008 – anlässlich gewaltsamer Unruhen und Unterdrückungsmaßnahmen in Tibet im Vorfeld der in Beijing abgehaltenen Olympiade – reagierte die chinesische Regierung 2009 mit der Verabschiedung eines zweijährigen staatlichen Aktionsplans zu den Menschenrechten. Während die in diesem Aktionsplan enthaltenen konkreten Verbesserungsziele hinsichtlich Haftbedingungen und Verhörmethoden auf verhaltene Anerkennung im Ausland trafen, zeigte sich weiterhin eine deutliche inhaltliche Fokussierung auf kollektive, nicht-politische und nicht-einklagbare Menschenrechte (Recht auf Entwicklung sowie soziale und wirtschaftliche Rechte) in einer modernisierten sozialistischen und kulturalistischen Interpretation, die seit den 1990er Jahren die Menschenrechtspositionen der chinesischen Regierung kennzeichnet.

Übersicht 8.2 Offizielle chinesische Positionen in der internationalen Menschenrechtsdebatte

Grundsätze	• Das Prinzip der Universalität der Menschenrechte wird anerkannt – mit folgenden Differenzierungen: • National unterschiedliche menschenrechtliche Prioritäten und Erfordernisse (Recht auf Entwicklung; soziale und wirtschaftliche Rechte; bürgerliche und politische Rechte) sind legitim und orientieren sich an unterschiedlichen kulturellen Traditionen und politischen Ordnungsvorstellungen. • Menschenrechtsstandards sind – abhängig vom sozioökonomischen Entwicklungsstand – schrittweise und langfristig anzuheben.
Situation Chinas	• China war historisch ein Opfer schwerer Menschenrechtsverletzungen durch westliche Mächte und Japan. • Mit einer historisch beispiellosen Armutsreduzierung hat China seit 1978 einen gewaltigen Beitrag zur Freiheit von Hunger und Armut geleistet. • Die Situation der Menschenrechte war in China zu keiner Zeit besser als heute. • Die Regierung bemüht sich um weitere Verbesserungen auch im Bereich bürgerlicher und politischer Rechte.
Internationale Kooperation	• Den Vereinten Nationen kommt die zentrale Rolle in der weltweiten Förderung der Menschenrechte zu. • Internationale Menschenrechtspolitik ist nicht durch Konfrontation und Sanktionen, sondern nur durch gleichberechtigten, konstruktiven Dialog zu betreiben. • Westliche Mäche können aufgrund eigener historischer und aktueller menschenrechtlicher Verfehlungen nicht die moralisch-politische Hoheit in Menschenrechtsfragen beanspruchen.

Quellen: Weißbuch Menschenrechte 2005; Yang Jiechi 2006; Dong Yunhu 2007.
© Schmidt/Heilmann 2011

Die in Übersicht 8.2 (S. 101) aufgeführten Positionen vertrat die chinesische Regierung in den relevanten Institutionen der UN seit Ende der 1990er Jahre nicht mehr nur passiv zum Schutz der nationalen Souveränität und zur Abwehr westlicher „Einmischung in die inneren Angelegenheiten Chinas". Vielmehr warben chinesische Diplomaten zunehmend aktiv um Zustimmung unter Entwicklungs- und Schwellenländern (Chen T. 2010). Die chinesische Regierung war maßgeblich an der Etablierung des UN-Menschenrechtsrats im Jahre 2006 beteiligt und verstärkte ihre Anstrengungen, das eigene Verständnis von Menschenrechten zu legitimieren und zu popularisieren (Freeman/Geeraerts 2011).

Neben den Bemühungen auf der UN-Bühne unterhält Beijing eine Vielzahl von bi- und multilateralen Menschenrechtsdialogen mit wichtigen internationalen Akteuren (darunter USA, EU, Deutschland). Institutionalisierte Gesprächsrunden finden seit Mitte der 1990er Jahre je nach Partner in unterschiedlichem Turnus unter Ausschluss der Öffentlichkeit statt und gehen meist auf Initiative Chinas zurück (zu Einzelheiten siehe Krumbein 2007). Sie sind zugleich das heute dominierende Instrument der westlichen Menschenrechtspolitik.

Konfrontative westliche Maßnahmen gehören im Wesentlichen der Vergangenheit an. Von 1990 bis 2004 wurde in der Menschenrechtskommission der Vereinten Nationen insgesamt elf Mal der Antrag gestellt, China wegen Menschenrechtsverletzungen zu verurteilen. Nur 1995 gelangte der Antrag überhaupt auf die Tagesordnung; damals fand eine Abstimmung statt, die schließlich zu Chinas Gunsten ausfiel. 1997 traten zwischen europäischen Staaten Meinungsunterschiede im Hinblick auf die Behandlung Chinas in der Menschenrechtskommission offen zu Tage. Als Konsequenz unterstützen die Europäer (wie auch Australier und Kanadier) seit 1998 keine Initiativen zur Verurteilung Chinas mehr.

Im Gegenzug erklärte sich China bereit, einen Menschenrechtsdialog mit der EU zu unterhalten, der akademischen und technischen Austausch in Rechtsfragen beinhaltet. So wurde auch während der Unruhen in Tibet 2008 seitens westlicher Staaten nur am Rande einer Sitzung des UN-Menschenrechtsrats Kritik am chinesischen Vorgehen geäußert, die aber nicht in eine Erklärung oder gar eine Resolution des Rates mündete. Von staatlicher Seite üben bis heute lediglich die USA – durch Dokumentationen und Verurteilungen in regelmäßigen Menschenrechtsberichten des Außenministeriums – eine systematische und offene Kritik an China. Die übrigen westlichen Staaten verweisen auf die in den Menschenrechtsdialogen hinter verschlossenen Türen geäußerte Kritik an der Menschenrechtssituation und auf punktuelle Erfolge wie die Freilassung einzelner politischer Gefangener oder die Verbesserung von Haftbedingungen.

Die Bewertung der westlichen Menschenrechtsstrategie fällt ambivalent aus. Kritiker (Krumbein 2007) verweisen auf die bestenfalls rudimentären Verbesserungen innerhalb Chinas und bemängeln den gegenwärtigen westlichen Verzicht auf chinakritische Resolutionen in den Vereinten Nationen, mit dem der Westen einen wichtigen Einflusshebel leichtfertig aus der Hand gegeben habe. Der Menschenrechtsdialog zwischen der EU und China zeichne sich durch einen Mangel an konkreten Ergebnissen aus und sei nur etabliert worden, um unbequeme Diskussionen auf hochrangiger politischer Ebene vermeiden und bei Kritik aus bestimmten Gesellschaftsteilen auf den Rechtsdialog verweisen zu können (Kinzelbach/Thelle 2011). Andere Beobachter (Chan 2006, Sandschneider 2007) verweisen auf die Alternativlosigkeit der westlichen Praxis von Menschenrechtsdialogen, da die zuvor praktizierte konfrontative Strategie gescheitert sei. Dritte argumentieren, dass Wandel in der chinesischen Menschenrechtspolitik in erster Linie durch innergesellschaftliche Dynamiken induziert werde. Sanktionen oder Anreize von außen seien deshalb kaum erfolgversprechend (Chen 2009). Vielmehr müsse es darum gehen, jene internen Prozesse zu analysieren und gezielt zu beeinflussen, die zu konkreten Verbesserungen etwa in Justiz und Strafvollzug beitragen könnten.

Betrachtet man zusammenfassend die offiziellen Positionen der chinesischen Regierung in der Menschenrechtspolitik, so finden sich Änderungen weitgehend auf der deklaratorischen und prozedural-organisatorischen Ebene. China erfüllt seine im Rahmen der Vereinten Nationen eingegangenen Verpflichtungen, indem es – nach der Ratifizierung von Menschenrechtskonventionen – die entsprechenden internationalen Normen in das nationale Rechtssystem einführt, den jeweiligen Berichtspflichten nachkommt, UN-Sonderberichterstatter zu Erkundungsreisen ins Land lässt oder mit dem UN-Hochkommissar für Menschenrechte zusammenarbeitet. Im Außenministerium wurde eigens ein Referat für Menschenrechte mit einem Sonderbeauftragten eingerichtet, der für internationale Menschenrechtsdialoge zuständig ist.

Diese Kooperationsoffenheit in der internationalen Menschenrechtspolitik steht jedoch im Kontrast zu einer vielfach repressiven innerchinesischen Menschenrechtspraxis und einer unnachgiebigen Haltung gegenüber westlicher Kritik. Scharfe diplomatische Attacken nach außen und repressive Maßnahmen nach innen löste der Fall des seit Ende 2008 wegen Gefährdung der „Staatssicherheit" in Haft befindlichen Dissidenten Liu Xiaobo aus, der im Dezember 2010 – in Abwesenheit – mit dem Friedensnobelpreis ausgezeichnet wurde.

Nach innen reagierte die Regierung auf die unwillkommene Ehrung mit zusätzlichen Repressalien gegen Regimekritiker und Schikanen gegen in China akkreditierte ausländische Journalisten. Nach außen verurteilte die Regierung die Preisverleihung aufs Schärfste als politische Provokation und nationale Ehrverletzung. In einer vehementen diplomatischen Kampagne drängte China andere – überwiegend nicht-demokratische oder von chinesischer Wirtschaftshilfe abhängige – Staaten dazu, die Preisverleihung zu boykottieren. Von 58 geladenen Staaten blieben daraufhin 19 der Veranstaltung fern. Darunter waren mit Russland, Kuba, Vietnam, Sudan oder Iran überwiegend solche Länder, die in internationalen Menschenrechtsgremien traditionell zu den Unterstützern chinesischer Menschenrechtspolitik zählten. Der Konflikt um Liu Xiaobo zeigt exemplarisch, in welchem Maße in der chinesischen Außenpolitik Rücksichten auf das internationale Ansehen und Wohlverhalten in den Hintergrund treten, sobald politische Kerninteressen wie die Bekämpfung innerchinesischer Opposition gegen die Herrschaft der KPCh berührt werden.

Für eine politische Einflussnahme von außen – im Dienste von Freiheits-, Abwehr- und Mitwirkungsrechten – ist China nicht nur wegen der Intransigenz der politischen Führung ein äußerst schwieriger Fall. Denn neueren Forschungsergebnissen zufolge sind auch in der chinesischen Bevölkerung Unverständnis und sogar Gleichgültigkeit gegenüber dem Thema politischer Freiheits- und Mitwirkungsrechte verbreitet (Shi/Lou 2010). Daten des global durchgeführten, kulturelle Besonderheiten berücksichtigenden *World Values Survey* deuten darauf hin, dass selbst junge und gebildete Chinesinnen und Chinesen wirtschaftlicher Entwicklung und gesellschaftlicher Stabilität eine deutlich höhere Prioriät zuweisen als ihre europäischen Altersgenossen, für die Meinungsfreiheit und demokratische Teilhabe wichtiger sind. Repräsentative und stichprobenartige Befragungen (selbst wenn deren Aussagekraft durch politische Meinungsbeschränkungen bzw. Selbstbeschränkungen und taktische Antworten der Befragten in China verzerrt sein sollte) lassen darauf schließen, dass weitreichende Unterschiede in Verständnis und Gewichtung politischer Freiheits-, Abwehr- und Mitwirkungsrechte zwischen Amerikanern und Westeuropäern einerseits und Chinesen andererseits bestehen.

Dieser Befund hat konkrete Folgen für die Chinapolitik des Westens: In diplomatischen Konfrontationen über Verletzungen der politischen Rechte chinesischer Bürger oder ethnischer Minderheiten wird der größere Teil der chinesischen Bevölkerung mit Unverständnis oder Ablehnung auf westliche Vorhaltungen reagieren und sich womöglich stärker mit der Position der chinesischen Regierung identifizieren. Ein konfrontatives Vorgehen in der Thematik der politischen und bürgerlichen Rechte kann westlichen Regierungen zwar kurzzeitig den Beifall der eigenen Medien und Öffentlichkeit sichern, wird aber in China selbst – auf dem gegenwärtigen Stand der Entwicklung – keine breite Unterstützung in der Bevölkerung finden oder könnte sich sogar kontraproduktiv auswirken, indem eine Solidarisierung mit den Positionen der chinesischen Regierung gegenüber auswärtiger Kritik hervorgerufen wird.

9 Die Taiwan-Frage

Die Taiwan-Frage ist ein aus dem chinesischen Bürgerkrieg und dem „Kalten Krieg" entstandenes Kernproblem der chinesischen Politik (zur geschichtlichen Entwicklung siehe Bush 2005, Kindermann 2007) und aufs Engste mit dem sicherheitspolitischen Gesamtgefüge im asiatisch-pazifischen Raum sowie mit der Rolle der USA in der Region verknüpft.

Die heutige Situation in der Taiwan-Straße ist zutreffend als ein „dynamischer Status quo" (Schubert 2006/2007) charakterisiert worden: Während es in den beiderseitigen politischen und völkerrechtlichen Auffassungen zum Status quo sowie zur Lösung des Konflikts kaum substanzielle Abweichungen von teils jahrzehntealten Grundsatzpositionen gibt, führen Handel und Investitionen zunehmend zu einer – allerdings stark asymmetrischen – ökonomischen Interdependenz. Die politische Distanz zwischen beiden Seiten – bestärkt durch einen unter Präsident Chen Shuibian (2000–2008) intensivierten taiwanischen Nationalismus – erscheint in den Kernfragen nationaler Einheit/Identität und Regierungsform unüberbrückbar.

An diesem grundsätzlichen Befund haben auch die vielfältigen Verbesserungen in den bilateralen Beziehungen seit der Amtsübernahme des Präsidenten Ma Yingjiu im Mai 2008 wenig geändert. Das gegenseitige Misstrauen wird immer wieder genährt von Kontroversen um Taiwans Anspruch auf eine substanzielle Partizipation in internationalen Angelegenheiten und eigenständige Mitgliedschaft in multilateralen Organisationen.

9.1 Die gegensätzlichen Positionen zum Status quo und zur Zukunft

Die Bedeutung Taiwans für die VR China ist nicht zu unterschätzen. Der Insel kommt im chinesischen sicherheitspolitischen Denken eine große symbolische und geostrategische Bedeutung zu (Wachman 2007), die durch Chinas maritime Ambitionen im Wettbewerb mit den USA und Japan verstärkt wird. Vor allem aber steht die Taiwan-Problematik im Mittelpunkt des chinesischen Nationalismus. So wird die Rückgewinnung und Reintegration der Insel in das „Mutterland" als Voraussetzung dafür angesehen, das „Jahrhundert der Erniedrigungen" als historische Episode abzuschließen, die Rückkehr in den Kreis der Großmächte zu ermöglichen und damit die „großartige Wiedererstehung der chinesischen Nation" *(Zhonghua minzu weida fuxing)* (Hu Jintao 2008) zu verwirklichen. Taiwan ist also nicht nur ein territoriales Problem, sondern gilt als Frage der nationalen

Ehre wie auch als zentrale politische Mission und als Prüfstein für das Ansehen der chinesischen Staatsführung. Vor diesem Hintergrund erhalten die Positionen zur Gestaltung der Beziehungen in der Taiwan-Straße eine besondere Brisanz.

Die Grundpositionen beider Seiten zu zentralen Aspekten des Konflikts sind in Übersicht 9.1 zusammengefasst – unter Reduzierung des breiten Spektrums an Positionen, die sich in Politik und Gesellschaft Taiwans finden.

Übersicht 9.1   Gegenüberstellung von chinesischen und taiwanischen Grundsatzpositionen

	VR China	Taiwan
Ursprung des Konflikts	• Nach Ende japanischer Besatzung 1945 fiel Taiwan an China zurück • Regierung der VR China ist alleinige Regierung Chinas seit 1949	• 1949 Übersiedlung der Regierung der Republik China nach Taiwan • Territoriale Kontrolle über Taiwan, Jinmen, Matsu, Penghu
Gegenwärtiger Status	• Alleinvertretungsanspruch der Regierung der VR China („Ein-China-Prinzip") • Anerkennung des „Ein-China-Prinzips" ist Voraussetzung aller Verhandlungen • Stärkung von Austausch und Kooperation, Bildung gegenseitigen Vertrauens	• Taiwan wird seit 1949 als von der VR China getrenntes Territorium regiert • Basis für Austausch mit VRCh ist die Verfassung der Republik China • Keine Vereinigung, keine Unabhängigkeit, keine Gewaltanwendung
Lösung des Konflikts	• Friedliche Wiedervereinigung Chinas zum Nutzen aller Chinesen, einschließlich der Landsleute auf Taiwan • Wiedervereinigung auf Basis der (Hongkong-)Formel „Ein Land, zwei Systeme" • Unabhängigkeitsbestrebungen sind Resultat der Manipulationen sezessionistischer, nicht-repräsentativer politischer Kräfte	• Normalisierung der Beziehungen, Demokratisierung der VR China • Formel „Ein Land, zwei Systeme" beinhaltet Unterordnung Taiwans • Über Zukunft der Beziehungen muss durch demokratische und freie Abstimmungen entschieden werden

Eigene Zusammenstellung nach Hu Jintao 2008, Hu Jintao 2007, Hu Jintao 2005b, Taiwan Weißbuch 2000; Ma Yingjiu 2010, Ma Yingjiu 2008, Lai Xingyuan 2010a, 2010b.
© Schmidt/Heilmann 2011

Der Kern der Auseinandersetzung zwischen beiden Seiten besteht also zum einen im Status Taiwans. In dieser unter dem Schlagwort des „Ein-China-Prinzips" geführten Kontroverse hat sich die VR China in den letzten Jahren durchaus flexibel gezeigt. Die jahrzehntelang von Beijing genutzte Sprachregelung – Taiwan gehöre zu den Provinzen der VR China – wurde rhetorisch abgemildert, um die taiwanische Seite wieder an einen Verhandlungstisch zu bringen. Zwar wird weiterhin wie im „Antisezessionsgesetz" von 2005 ein unbedingtes Festhalten am „Ein-China"-Grundsatz proklamiert. Die konkrete Ausgestaltung des „Einen Chinas"

Die Taiwan-Frage

wird aber nun offener gehalten; lediglich die gemeinsame Anerkennung einer „Ein-China-Architektur" *(yige zhongguo jiagou)* wird eingefordert (Hu Jintao 2007, 2008).

Die innenpolitische Dynamik in Taiwan im Zeichen des „taiwanischen Nationbuilding" (Schubert 2006) hat während der Amtszeit von Präsident Chen Shuibian (2000–2008) zu einer kaum zu überblickenden Vielfalt von Vorschlägen zum Umgang mit dem „Ein-China-Prinzip" geführt. Mit Formeln wie „Ein Land an jeder Küste" (2002) und der Befürwortung eines Namenswechsels unter Wegfall der Bezeichnung „Republik China" (2007) wurden Schritte in Richtung Zweistaatlichkeit vorbereitet.

Der *Modus Vivendi* zwischen der VR China unter Hu Jintao und der taiwanischen Regierung unter Ma Yingjiu fand sich in beiderseitiger Akzeptanz des „Konsensus von 1992". Unter dieser Formel, die während inoffizieller Gespräche in Hongkong 1992 thematisiert worden war, stimmen beide Seiten darin überein, dass es nur ein einziges China gebe, jede Seite aber auf einer anderen Interpretation dieses „Einen Chinas" bestehe (zur Entwicklung des „Ein-China-Prinzips" und des „Konsensus von 1992" siehe Kan 2011, Chen Qimao 2011, Lin Chong-pin 2008, Chu Shulong 2006). Die Regierung der VR China bemühte sich um einen differenzierten Blick auf die innenpolitischen Realitäten Taiwans und konzedierte, dass die Verteidigung einer eigenen taiwanischen Identität keineswegs gleichbedeutend mit dem Eintreten für eine Unabhängigkeit Taiwans sei.

Während sich die Führung der VR China rhetorisch und in Einzelfragen flexibel präsentierte, gibt die Formel „Ein Land, zwei Systeme" seit zwei Jahrzehnten unverändert die Marschrichtung für die zukünftige Lösung der Taiwan-Frage vor. Hongkong demonstriere, dass „Ein Land, zwei Systeme" auch für Taiwan eine glaubwürdige und praktikable Strategie sei. Taiwan könne sogar noch wesentlich weiter gehende Autonomierechte erwarten als Hongkong: Neben der Beibehaltung eines separaten Wirtschafts-, Währungs- und Zollterritoriums sowie einer eigenständigen Regierungsstruktur seien sogar separate Streitkräfte denkbar.

Die taiwanische Bevölkerung sieht dieses Angebot, Taiwan den Status einer Sonderverwaltungszone unter kommunistischer Herrschaft zuzugestehen, als Unterwerfungsstrategie an und misstraut den Autonomieversprechungen Beijings grundsätzlich. Nach parteiübergreifender taiwanischer Auffassung ist die Zukunft der Taiwan-Frage offen und hängt allein vom Willen der taiwanischen Bevölkerung ab. Eine Wiedervereinigung komme nur im Rahmen eines demokratischen, freien und wohlhabenden Chinas in Frage. In der Tat lehnen 70–80% der Bevölkerung Taiwans regelmäßig in Umfragen die chinesische „Ein Land, zwei Systeme"-Formel ab. Eine große Mehrheit von über 60% befürwortet das Festhalten am Status quo. Eine substanzielle Minderheit von mehr als 20% spricht sich für eine Unabhängigkeit aus. Die Zahl der Befürworter einer Vereinigung mit der VR China schrumpfte im letzten Jahrzehnt weiter. An diesem Meinungsbild haben auch die atmosphärischen Verbesserungen zwischen beiden Regierungen

Übersicht 9.2 Positionen der taiwanischen Bevölkerung zur Taiwan-Frage

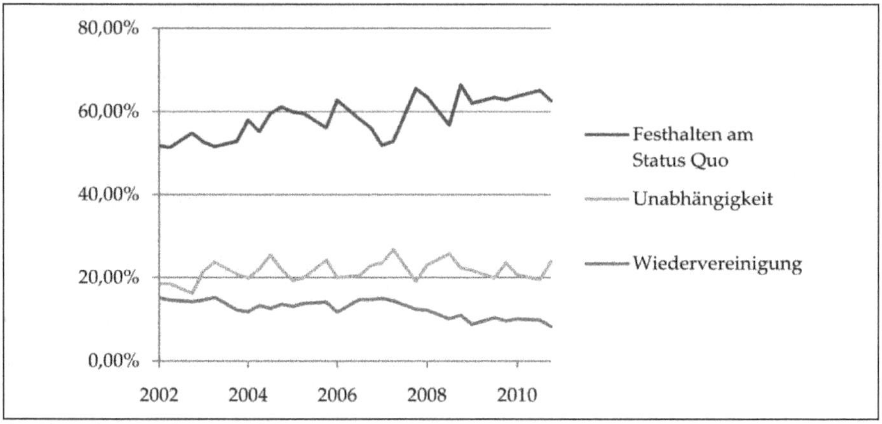

Quelle: Taiwan Mainland Affairs Council.
© Schmidt/Heilmann 2011

seit 2008 und ein immer größerer wechselseitiger Besucherverkehr nichts geändert (siehe Übersicht 9.2).

Zur Verwirklichung des längerfristigen Ziels der Wiedervereinigung sowie zur Eindämmung der Unabhängigkeitsbestrebungen auf Taiwan greift die VR China auf eine Reihe typischer Instrumente zurück. Hierzu zählen der Ausbau der ökonomischen Abhängigkeit der Insel vom Festland, die Intensivierung des gesellschaftlichen Austauschs und der administrativ-technischen Kooperation, die diplomatische Eingrenzung Taiwans, die Schaffung einer militärischen Drohkulisse und schließlich die aktive Beeinflussung des wichtigsten Partners Taiwans: der USA.

9.2 Ökonomische Konvergenz und administrative Kooperation

Trotz aller politischen Gegensätze ist zwischen dem Festland und Taiwan seit den frühen 1990er Jahren ein wirtschaftlicher Austausch in den Bereichen Handel und Investitionen in Gang gekommen, der einer „wirtschaftlichen Vereinigung" und tiefen Integration gleichkommt. Übersicht 9.3 gibt Aufschluss über zentrale Aspekte dieser wirtschaftlichen Dynamik.

Taiwan generiert im Handel mit der VR China einen hohen Außenhandelsüberschuss und ist auf der Exportseite stark von den Lieferbeziehungen zum Festland abhängig. Umgekehrt hat das Gewicht Taiwans für den gesamten Außenhandel der VR China tendenziell abgenommen. Der erstmalige Rückgang des Handels 2009 (im Kontext der globalen Finanz- und Wirtschaftskrise) wurde bereits 2010 mit einem neuen Handelsrekord wettgemacht.

Übersicht 9.3 Handel zwischen VR China und Taiwan

Jahr	Gesamthandel*	Exporte VRCh*	Importe VRCh*	Anteil am Handel der VRCh**	Anteil am Handel Taiwans **
1990	2,6	0,3	2,3	4,5 %	4,2 %
1994	16,3	2,3	14,0	7,6 %	9,9 %
1998	20,5	3,9	16,6	7,4 %	11 %
2000	30,5	5,0	25,5	6,6 %	10,7 %
2002	44,6	6,6	38,0	6,4 %	15,9 %
2004	78,3	13,5	64,8	5,7 %	18,7 %
2006	107,8	20,7	87,1	5,0 %	20,6 %
2007	124,5	23,5	101,0	4,7 %	22 %
2008	129,2	25,9	103,3	4,1 %	21,2 %
2009	106,2	20,5	85,7	3,9 %	22,9 %
2010	145,4	29,7	115,7	4,9 %	23,0 %

Angaben in Mrd. USD; *Handelsministerium VRCh; **Mainland Affairs Council, Taiwan.
© Schmidt/Heilmann 2011

Ein ähnliches Bild wachsender taiwanischer Abhängigkeit ergibt sich auch bei den Investitionen. Nach den offiziellen taiwanischen Zahlen (Lai Xingyuan 2010b) haben Unternehmen der Inselrepublik bis Ende 2010 Investitionen in der VR China mit einem Gesamtvolumen von mehr als 200 Mrd. USD getätigt. Demnach beschäftigen ca. 100 000 taiwanische Unternehmen auf dem Festland (konzentriert vor allem in den Küstenregionen Guangdong, Shanghai, Jiangsu und Fujian) über 14 Millionen chinesische Arbeiter. Etwa eine Million taiwanischer Geschäftsleute lebt mit ihren Familien dauerhaft auf dem Festland. Die Asymmetrie wird auch darin ersichtlich, dass das Festland Ziel von rund 60 % aller taiwanischen ausländischen Direktinvestitionen ist, umgekehrt aber Taiwans Anteil an den von China empfangenen FDI-Strömen gerade einmal bei rund 5 % aller seit 1979 erhaltenen FDI liegt.

Ein großer Teil der IT-Produktion Taiwans ist mittlerweile auf das Festland verlagert worden. Angesichts der stürmisch verlaufenen, privatwirtschaftlich vorangetriebenen „Netzwerk-Integration" (Herrmann-Pillath 1994) sind die vielfältigen Bemühungen mehrerer aufeinander folgender taiwanischer Regierungen um Diversifizierung der Investitionsströme und Begrenzung der wirtschaftlichen Ausrichtung auf das chinesische Festland wirkungslos geblieben.

Im Hintergrund dieser Entwicklung stehen auf Seiten Beijings langfristige politische Erwägungen. Die Regierung der VR China förderte seit den 1980er Jahren eine enge wirtschaftliche Verflechtung mit Taiwan durch Sonderkonditionen für taiwanische Privatinvestoren. Ziel war und ist es, Taiwan in ein Netz von ökonomischen Abhängigkeiten zu verwickeln, um damit einen Hebel für die politische Einflussnahme zu schaffen. Zahlreiche Untersuchungen (Schubert 2010, Lee Chun-yi 2010, Tanner 2007, Tung Chen-yuan 2007) weisen aber nach, dass dieses Kalkül bisher nicht aufgegangen ist. Taiwanische Geschäftsleute in China (sog. *Taishang*) sind nahezu ausschließlich am geschäftlichen Erfolg vor Ort interessiert und entziehen sich den Wünschen Beijings, in der taiwanischen Politik für eine politische Wiedervereinigung oder andere Ziele der Regierung der VR China einzutreten. Auch die taiwanische Bevölkerung hat sich bislang in ihren skeptischen Haltungen zur Wiedervereinigungsfrage nicht durch die wachsende wirtschaftliche Abhängigkeit vom Festland oder durch Drohgebärden bzw. Versprechungen Beijings beeinflussen lassen.

Mit der Zunahme des wirtschaftlichen und touristischen Austausches seit den 1990er Jahren entstand die Notwendigkeit einer Koordinierung in technischen und administrativen Fragen. Hierzu wurden seit 1992 inoffizielle Gespräche zwischen halbamtlichen Organisationen (für die VR China nach der englischen Abkürzung ARATS – Association for Relations Across the Taiwan Straits; für Taiwan SEF – Straits Exchange Foundation) durchgeführt, die zwischenzeitlich zu einer Verbesserung des politischen Klimas und zur Lösung konkreter Sachfragen führten (Regelung von Post-, Telekommunikationsverkehr, Tourismus, Flug- und Schiffsverbindungen). 1999 wurden diese Gespräche im Zuge einer sich damals abrupt verschlechternden Gesamtlage in den Beziehungen abgebrochen.

Erst im Juni 2008, nach der Amtseinführung des neuen taiwanischen Präsidenten Ma Yingjiu und der beiderseitigen Berufung auf den „Konsensus von 1992", wurden die Gespräche zwischen ARATS und SEF wieder aufgenommen. Seitdem fanden bis zum Jahresende 2010 fünf weitere Treffen statt (abwechselnd auf dem Festland bzw. auf Taiwan). Mehr als ein Dutzend Vereinbarungen zu direkten Flug- und Schiffsverbindungen, Post- und Telekommunikationsdienstleistungen, Lebensmittelsicherheit, Finanzen, Fischereiangelegenheiten, Produktstandards und Schutz geistigen Eigentums wurden getroffen.

Sehr dynamisch verläuft auch der Tourismusaustausch, der bis 2008 durch Sicherheitsbedenken Taiwans (Furcht vor festländischen Spionen, Arbeitsflüchtlingen etc.) restriktiven Auflagen für die Einreise aus China unterlag. Die Zahl der Besuche von Festländern auf Taiwan hat sich deshalb stark erhöht (siehe Übersicht 9.4).

Höhepunkt der intensivierten Zusammenarbeit war das im Juni 2010 nach ARATS-SEF-Verhandlungen in Chongqing unterzeichnete „Rahmenabkommen über die wirtschaftliche Zusammenarbeit" (*Jingji hezuo jiagou xieyi,* Economic Cooperation Framework Agreement, ECFA). Darin verpflichten sich beide Seiten, Schritt für Schritt die Importzölle zu reduzieren – mit dem langfristigen Ziel der Bildung einer Freihandelszone. Wie wichtig der Regierung der VR China die Unterzeichnung dieses Abkommens war, zeigen die für Taiwan sehr vorteilhaften Konditionen: Die ersten Schritte zu Zollsenkungen entlasteten taiwanische Lieferungen auf das Festland weitaus stärker als umgekehrt. Auch muss Taiwan seinen Markt vorerst nicht für Agrarprodukte und Arbeitskräfte vom Festland öffnen (Lai Xingyuan 2010b).

Übersicht 9.4   Besucherverkehr zwischen Festland und Taiwan

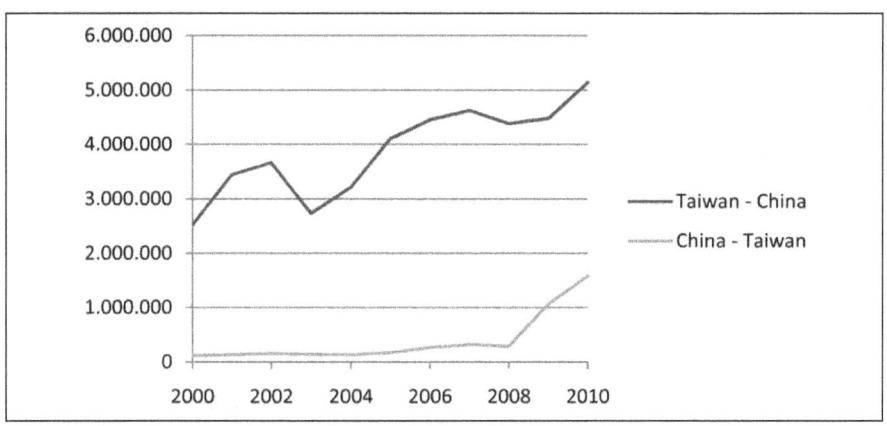

Quelle: Taiwan Mainland Affairs Council
© Schmidt/Heilmann 2011

Beijing wollte einen konkreten Fortschritt hin zu institutionalisierter Kooperation *(zhiduhua hezuo)* mit Taiwan signalisieren und zugleich die Position des – gegenüber Beijing deutlich konzilianter als sein Vorgänger auftretenden – taiwanischen Präsidenten Ma Yingjiu durch die Aussicht auf eine Belebung des Festlandhandels stärken. Die taiwanische Regierung stand in den Verhandlungen unter dem Druck einer kritischen Opposition und Öffentlichkeit, die einen Ausverkauf taiwanischer Interessen anprangerten. Vor diesem Hintergrund rechtfertigte Taiwans Führung ECFA als zwingend für die Aufrechterhaltung der Wettbewerbsfähigkeit taiwanischer Unternehmen im Festlandhandel. Denn bereits im Januar 2010 war ein Freihandelsabkommen zwischen China und ASEAN in Kraft getreten, das südostasiatische Konkurrenten Taiwans (inbesondere singapurische und malaysische Unternehmen) im Chinageschäft zu bevorteilen drohte. Zugleich wurde ECFA als Startschuss für den Abschluss einer ganzen Reihe weiterer Freihandelsabkommen zwischen Taiwan und anderen Staaten der asiatisch-pazifischen Region präsentiert.

Über die unmittelbaren ökonomischen Wirkungen hinaus wird das chinesisch-taiwanische Rahmenabkommen zur Festigung des regelmäßigen Austausches beitragen durch die Einrichtung eines Rats für die wirtschaftliche Kooperation *(Jingji hezuo weiyuanhui,* englische Abkürzung: CECC) mit einer Reihe permanenter Arbeitskreise.

Insgesamt hat sich also die administrative und technische Kooperation zwischen 2008 und 2010 rasch vertieft (Qiang Xin 2010):

- *Erweiterung der Kooperationsfelder:* Über viele Jahre hinweg waren die Austauschbeziehungen auf wenige wirtschaftliche und soziale Spezialthemen beschränkt. Seit 2008 gehen die Vereinbarungen darüber hinaus und umfassen nun auch bisher heikle Aspekte wie etwa Verbrechensbekämpfung und Justizkooperation.

- *Verstärkung des Austauschs in beide Richtungen:* Vor 2008 war der Austausch vor allem durch taiwanische Güter-, Investitions- und Besucherströme in Richtung Festland gekennzeichnet. Seitdem aber sind auch die Ströme in Richtung Taiwan stark angewachsen. Die Zahl hochrangiger politischer und wirtschaftlicher Delegationen, die aus der VR China kommend Taiwan besuchen, ist kaum mehr zu überschauen. 2010 öffneten erste Banken aus der VR China in Taiwan Niederlassungen.

- *Etablierung neuer Kommunikationskanäle:* Neben den halbjährlich stattfindenden „inoffiziellen" Gesprächsrunden zwischen ARATS und SEF gibt es seit 2005 auch regelmäßige Kontakte zwischen der KPCh und der taiwanischen Guomindang (Kuomintang, KMT). Die Regierung der VR China hat sogar das strikte Kontaktverbot zu Politikern der taiwanischen Demokratischen Fortschrittspartei (englische Abkürzung: DPP) aufgehoben. Reisen von prominenten DPP-Politikern auf das Festland sind keine Seltenheit mehr.

Offizielle „staatliche" Verhandlungen zwischen Regierungsvertretern sind wegen der ungeklärten Statusfrage Taiwans und wegen Sensibilitäten auf taiwanischer Seite („Trennung der wirtschaftlichen von den politischen Beziehungen") weiterhin nicht möglich. Auf inoffizieller Ebene („Track Two") hingegen wird mittels „Expertengesprächen" eine Vielzahl von Abstimmungsnotwendigkeiten hinter verschlossenen Türen bearbeitet.

Am Rande von APEC-Gipfeltreffen wurden Konsultationen zwischen dem chinesischen Präsidenten Hu Jintao und dem Leiter der Delegation Taiwans, Lian Zhan, abgehalten. Die Handels- bzw. Wirtschaftsminister beider Seiten tauschten sich bei APEC-Ministertreffen aus.

Der wichtigste neue institutionalisierte Kommunikationsmechanismus wurde 2011 mit dem Rat für die wirtschaftliche Kooperation etabliert. Auf der Ebene von stellvertretenden Ministern sollen dort – unter dem Schirm von ARATS und SEF – zentrale Fragen der bilateralen Zusammenarbeit behandelt werden.

Trotz dieser konkreten Fortschritte gibt es weiterhin ein großes Rückschlagpotenzial in der wirtschaftlichen und administrativen Kooperation zwischen Beijing und Taibei (Chen Qimao 2011). Die atmosphärische Entwicklung der Beziehungen unterliegt einerseits der innenpolitischen Konstellation in Taiwan, wo Unabhängigkeitsbefürworter weiterhin beachtlichen politischen Einfluss ausüben und künftige Regierungswechsel zu einer abrupten Verschlechterung der Beziehungen zur VR China führen könnten. Andererseits wird die gegenwärtige Flexibilität Beijings auf eine harte Probe gestellt werden, wenn auf taiwanischer Seite weitere Schritte – inbesondere die Bereitschaft zur Aufnahme politischer Gespräche mit dem Ziel einer formellen Konfliktbeilegung und Klärung der Taiwanfrage – auf Dauer ausbleiben sollten.

9.3 Politische Divergenz und diplomatischer Wettbewerb

Trotz der immer stärkeren wirtschaftlichen Verflechtung und der seit 2008 wieder aufgenommenen Gesprächsrunden ist es in politisch strittigen Fragen, die sich um den völkerrechtlichen und diplomatischen Status Taiwans drehen, zwischen beiden Seiten nicht zu einer Annäherung oder Klärung gekommen. Die von allen aufeinanderfolgenden taiwanischen Regierungen angestrebten größeren Handlungsmöglichkeiten in den internationalen Beziehungen haben sich nicht durchsetzen lassen.

Für Taiwan, das an seinem Status als alternativer Staatsordnung festhält, sind die Beziehungen zum Festland von existenzieller Bedeutung. Erschwert wird eine kohärente und auch für die VR China dauerhaft verlässliche Festlandpolitik durch widerstreitende Interessen im Parteiensystem sowie in der Bevölkerung Taiwans.

Insbesondere die innenpolitischen und diplomatischen Aktivitäten des Staatspräsidenten Chen Shuibian führten zwischen 2000 bis 2008 in den Beziehungen zur VR China immer wieder zu offenen Spannungen und Animositäten. Zur Mobilisierung seiner Wählerbasis griff Chen zu – für Beijing nicht akzeptablen – symbolischen Akten wie etwa der Tilgung des Begriffes „China" aus offiziellen Bezeichnungen (z. B. „Taiwan Post" statt „China Post"). Während seiner zweiten Amtsperiode unternahm Chen weitergehende Schritte, die Beijing als Anzeichen für eine bevorstehende Änderung des Status quo oder gar als Vorbereitung der staatlichen Unabhängigkeit Taiwans deuten musste. 2006 schaffte Chen den seit 1991 bestehenden Rat für nationale Wiedervereinigung ab. Und er kündigte an, dass Taiwan auf dem Wege von Referenden und Verfassungsänderungen zu einem „normalen Land" oder einer „zweiten Republik" umgewandelt werden solle.

Die seit 2008 wieder regierende KMT machte zwar einige Initiativen Chens rückgängig und bezog sich wieder stärker auf gesamtchinesische Traditionen (Ma Yingjiu 2011). Zugleich aber bekräftigte der neue Präsident Ma die Eigenständigkeit Taiwans, den Vorrang von Interessen der taiwanischen Bevölkerung wie auch den Schutz der demokratischen Ordnung und freiheitlichen Werte Taiwans. Keine künftige Regierung Taiwans wird in der Lage oder dazu bereit sein, Taiwans Status als *de facto* eigenständiger Staat preiszugeben. Beijing wird in dieser Grundsatzfrage nicht mit dem Entgegenkommen von Politik und Öffentlichkeit Taiwans rechnen können.

Die Bevölkerung Taiwans erwartet symbolische und diplomatische Erfolge hinsichtlich einer Aufwertung des internationalen Status der Inselrepublik sowie praktische Verbesserungen für Auslands- und Geschäftsreisen. Erst seit 2009 zeigte sich Beijing in diesen Fragen kompromissbereiter, wohl vor allem motiviert von der Einsicht, dass harte Positionen Beijings der chinakritischen DPP auf Taiwan weitere Wähler zutreiben.

Die Führung der VR China hält daran fest, dass Taiwan nicht in solchen internationalen bzw. regionalen Organisationen Mitglied sein kann, in denen aus Beijings Sicht ein völkerrechtlicher Status als unabhängiger Staat Voraussetzung für die Aufnahme ist. Unterhalb dieser Schwelle aber kann Taiwan unter der Bezeichnung „Chinese Taibei" *(Zhonghua Taibei)* in Spezialorganisationen wie etwa der Asian Development Bank und dem Internationalen Olympischen Komitee oder auch an hochrangigen Wirtschaftsforen wie der APEC teilnehmen. Nie aber darf Taiwan die Bezeichnung „Republic of China" (ROC) in internationalen Organisationen oder Foren nutzen. Kompromisslos unterbindet Beijing alle internationalen Aktivitäten Taiwans, die den Eindruck der Existenz von „zwei Chinas" oder von „einem China und einem Taiwan" erwecken könnten.

Die taiwanische Seite empfindet die Beschränkungen durch die Beijinger Diplomatie als unfreundlichen Akt zur Beschneidung des überlebensnotwendigen internationalen Spielraums. Während Präsident Chen in den Jahren 2006–2008 – begleitet von scharfen Warnungen aus Beijing – auf dem Wege eines Referendums die Aufnahme Taiwans in die Vereinten Nationen bewirken wollte, wählt die Administration von Präsident Ma einen anderen Weg. 2008 wurde erstmal seit 15 Jahren kein neuer Antrag auf Mitgliedschaft bei der UN eingereicht. Statt dessen strebte die Regierung nun verstärkt die Aufnahme in Fachorgane unter dem UN-Dach (UN specialized agencies) an. Dank der Tolerierung durch Beijing wurde Taiwan als Beobachter 2009 in die Weltgesundheitsversammlung (World Health Assembly: Entscheidungsgremium der Weltgesundheitsorganisation) aufgenommen. Die chinesische Führung bekannte sich dazu, Taiwan „gerechte und vernünftige Arrangements" mit Blick auf internationale Mitwirkungsmöglichkeiten einzuräumen (Hu Jintao 2008). Andererseits ging die VR China bisher nicht auf das Bestreben Taiwans ein, Mitglied in der United Nations Framework Convention on Climate Change (UNFCCC) und in der International Civil Aviation Organization (ICAO) zu werden.

Spannungen bestehen auch im diplomatischen Umgang von Drittstaaten mit Taiwan. Die meisten Staaten folgen der Ein-China-Politik zugunsten der VR China und unterhalten in Taiwan lediglich informelle Vertretungen, die häufig als Wirtschaftsförderungsstellen deklariert sind. Die bis Anfang 2008 von Beijing praktizierte „chinesische Hallstein-Doktrin" (Alleinvertretungsanspruch Chinas und Abbruch der diplomatischen Beziehungen zu solchen Staaten, die zu Taibei diplomatische Beziehungen aufnehmen) wurde durch einen von Ma Yingjiu angeregten inoffiziellen „diplomatischen Waffenstillstand" abgelöst. Demzufolge streben beide Seiten nicht länger danach, der jeweils anderen Seite diplomatische Partner durch finanzielle Anreize oder sonstige Vergünstigungen abzuwerben.

Die Zahl von 23 Staaten, die diplomatische Beziehungen zu Taiwan unterhalten (vor allem kleinere Länder in Ozeanien, Mittel- und Südamerika), hat sich unter diesem Arrangement – trotz des erheblich gewachsenen diplomatischen Einflusses der VR China – seit 2008 nicht mehr verringert. Als Paraguay, das mit Taiwan diplomatische Beziehungen unterhält, im August 2008 gegenüber Beijing Avancen zur Aufnahme zwischenstaatlicher Beziehungen machte, wies die chinesische Regierung dieses Ansinnen hinter verschlossenen Türen zurück. Beide Seiten bemühen sich darum, den feindseligen diplomatischen Wettbewerb der Vergangenheit nicht mehr aufkommen zu lassen (Qiang Xin 2010).

9.4 Das Konfliktpotenzial in der Taiwan-Straße

Die Taiwan-Frage ist neben dem Konflikt auf der koreanischen Halbinsel die größte sicherheitspolitische Herausforderung in Asien und könnte womöglich sogar eine bewaffnete Auseinandersetzung zwischen China und den USA auslösen (Bush/O'Hanlon 2007, Carpenter 2006). Die Führung der VR China zeigt sich weiterhin nicht dazu bereit, die militärische Option in der Taiwan-Frage aufzugeben und hat in offiziellen Stellungnahmen (Taiwan-Weißbuch 2000) wie auch in einem Gesetz (Antisezessionsgesetz 2005) die Anlässe für die Anwendung militärischer Gewalt festgelegt: (1) Nukleare Aufrüstung Taiwans; (2) Zusammenbruch der inneren Ordnung Taiwans; (3) formelle Sezession Taiwans; (4) konkrete Schritte der taiwanischen Regierenden zur Herbeiführung der Unabhängigkeit Taiwans; (5) ein erfolgloses Ausschöpfen aller friedlichen Versuche zur Gewinnung der Wiedervereinigung.

Insbesondere die sehr vage formulierten letzten beiden Punkte bieten der Führung der VR China einen weiten Interpretationsspielraum. Diese Flexibilität muss aber nicht das Risiko eines bewaffneten Konfliktes erhöhen, sondern kann auch dazu genutzt werden, um innerparteilichen oder gesellschaftlichen Forderungen nach einer harten Haltung gegenüber Taiwan gegebenenfalls auszuweichen (Shirk 2007).

Wie in Abschnitt 5.3 bereits ausgeführt, richten sich Neuorganisation, Doktrin und taktische Ausrichtung der chinesischen Armee ganz wesentlich auf ein Taiwan-Szenario. Insbesondere die Stationierung von inzwischen schätzungsweise um die 1200 Kurzstreckenraketen an der Taiwan gegenüberliegenden Küste sowie das moderne chinesische Arsenal an Unterseebooten und Kampfflugzeugen haben die lange Zeit gegebene militärische Balance in der Taiwan-Straße zu Gunsten der VR China verändert.

Die militärischen Kapazitäten Taiwans zur Abwehr eines chinesischen Angriffs (insbesondere im Falle einer amphibischen Invasion) gelten zwar immer noch als ausreichend. Der Trend verläuft aber eindeutig zu Chinas Gunsten. Taiwans Militärhaushalt ist seit vielen Jahren rückläufig. Selbst dem amerikanischen Drängen nach dem Ankauf modernen militärischen Großgeräts (z. B. zur Raketen-

Übersicht 9.5   Militärische Kräfteverhältnisse in der Taiwan-Straße

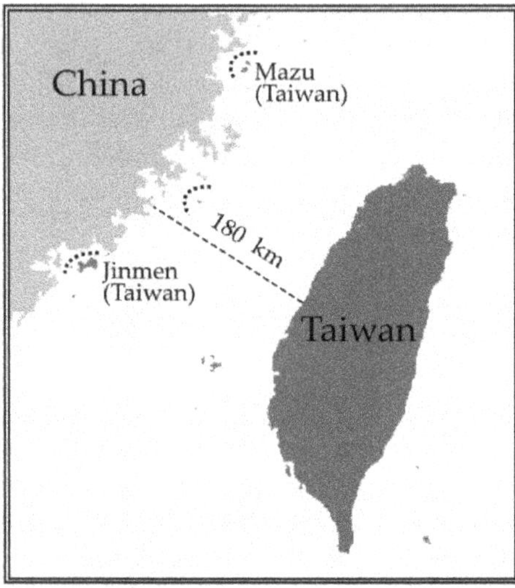

	China	Taiwan
Heer		
Soldaten	400000	130000
Panzer	3100	1100
Artillerie	3400	1600
Luftwaffe		
Kampfflugzeuge	490/2300*	410
Marine		
U-Boote	34/60*	4
Zerstörer	15/25*	4
Fregatten	40/49*	22
Raketen		
Kurz- und Mittelstrecke (300 - 1750 km)	1385 - 1745	k.A.

*Anzahl der im Umfeld der Taiwan-Straße stationierten Einheiten/im Verhältnis zur Gesamtzahl der landesweit verfügbaren Einheiten.
Quelle: United States Department of Defense.
© Schmidt/Heilmann 2011

oder U-Boot-Abwehr) ist von Seiten Taiwans wegen innenpolitischer Auseinandersetzungen und der schwierigen ökonomischen Lage des Landes in den Jahren 2008 und 2009 nur in begrenztem Umfang nachgegeben worden.

Dass die militärische Option weiterhin ernst zu nehmen ist, zeigen wiederkehrende Manöver der VBA, in denen die Eroberung Taiwans simuliert wird. Zwar blieben diese Übungen unterhalb der Schwelle der Raketentests, die von der VR China 1995 und 1996 als Drohgebärde eingesetzt worden waren. Sie dienen aber eindeutig dem Zweck, politischen Druck auf die Führung und Öffentlichkeit Taiwans auszuüben.

Die schablonenhafte Sicht, dass die Taiwan-Politik der VR China geprägt sei durch interne Auseinandersetzungen zwischen „Falken" in der Armee und „gemäßigten" Kräften in der zivilen Parteiführung, ist nach neueren Forschungsergebnissen unhaltbar. Über die grundsätzliche Strategie in der Taiwan-Frage besteht ein breiter Konsens in der chinesischen zivilen und militärischen Führung: Gegenüber taiwanischen Schritten hin zur Unabhängigkeit gibt es keinerlei Raum für Kompromisse. Trotz des Bekenntnisses zum Vorrang einer friedlichen Lösung werden militärische Aktionen grundsätzlich nicht ausgeschlossen (Bush/O'Hanlon 2007).

Die Entwicklung der Beziehungen zwischen dem Festland und Taiwan ist beeinträchtigt durch historisch und emotional aufgeladene Identitäts- und Statusfragen, eine ausgeprägte innenpolitische Instrumentalisierung auf beiden Seiten und fragile – bislang nur schwach institutionalisierte und in Spannungsphasen mit hoher Wahrscheinlichkeit nicht tragfähige – Mechanismen der Kommunikation und Konfliktbeilegung (Qiang Xin 2010). Das Risiko gegenseitiger Fehlperzeptionen und Fehlinterpretationen ist deshalb groß.

Beijing neigt dazu, die gesamte taiwanische Innenpolitik durch das Prisma der Wiedervereinigung zu sehen, und wittert dementsprechend oft selbst in wenig bedeutsamen Politikinitiativen einen Verrat an der nationalen Sache. Die Verantwortlichen auf Taiwan ihrerseits neigen dazu, die Rationalität der Interessenabwägungen auf Seiten Beijings zu überschätzen, die Entschlossenheit der VR China zur Herbeiführung der Wiedervereinigung aber zu unterschätzen. Beide Seiten schließlich sind sich nicht sicher hinsichtlich des möglichen Verhaltens der USA in der Zukunft und im Spannungsfall. Sicherheitspolitische Kreise in Beijing zweifeln zunehmend an der amerikanischen Bereitschaft zu militärischem Eingreifen. Sicherheitspolitiker in Taibei aber vertrauen zumindest in ihren öffentlichen Stellungnahmen weiterhin auf ein amerikanisches Eingreifen, zumindest in ähnlicher Weise wie 1995/96, als der US-Präsident angesichts chinesischer Raketentests und Manöver zwei Flugzeugträgerverbände in die Nähe der Taiwan-Straße beorderte, um gegenüber Beijing ein eindeutiges Signal der Abschreckung auszusenden. Die sehr unterschiedlichen Perzeptionen und Erwartungen im Hinblick auf die gegenwärtigen und künftigen Kräftekonstellationen bergen – in Verbindung mit den auf allen Seiten massierten militärischen Kräften – beträchtliche Risiken.

Zugleich wurden seit 2008 neue Möglichkeiten zur Ausgestaltung einvernehmlicher oder zumindest nichtmilitärischer Lösungen eröffnet. Beide Seiten haben sich für die absehbare Zukunft mit dem gegenwärtigen Modus Vivendi arrangiert: Konzentration auf die Bearbeitung konkreter Sachfragen und den Ausbau der ökonomischen Beziehungen unter Hintanstellung von heiklen Souveränitätsfragen. Für die mittel- bis längerfristigen Chancen auf eine friedliche Bearbeitung des Konfliktes werden die innenpolitischen Entwicklungen auf beiden Seiten letztlich ausschlaggebend sein. Das Jahr 2012 mit dem Führungswechsel an der Spitze der chinesischen Parteiführung und Präsidentschaftswahlen auf Taiwan wird hierfür neue Orientierungspunkte liefern.

9.5 Die Rolle der USA in der Taiwan-Frage

Den USA kommen in der Taiwan-Frage eine Schlüsselrolle zu. Seit der Aufnahme diplomatischer Beziehungen zur VR China 1979 bekennen sich die Vereinigten Staaten zu einer Ein-China-Politik zugunsten der VR China. Andererseits unterhalten die USA aber breit gefächerte Sonderbeziehungen unterhalb der diplomatischen Ebene zu Taiwan, die sich auf den vom amerikanischen Kongress verabschiedeten „Taiwan Relations Act" (TRA, 1979) stützen. Dieser ist nicht ein

Verteidigungsvertrag im völkerrechtlichen Sinne, sondern wird in Washington als „political commitment" zur Unterstützung Taiwans verstanden. Das Hauptinteresse der USA liegt in der Beibehaltung des Status quo, also der Sicherung von „Frieden und Stabilität" in der Taiwan-Straße (van Vranken Hickey 2011, Christensen 2007, Kelly 2004).

Zur Umsetzung dieses Zieles praktizieren die USA eine „strategische Ambiguität", die in neueren amerikanischen Studien auch als Strategie der „doppelten Abschreckung" *(dual deterrence)* charakterisiert wird, da sie sowohl Warnungen als auch Rückversicherungen gegenüber Beijing und Taibei beinhaltet (Bush/O'Hanlon 2007). So warnt die US-Regierung etwa die VR China davor, Gewalt gegen Taiwan einzusetzen; zugleich versichert Washington aber, eine völkerrechtliche Eigenstaatlichkeit Taiwans nicht zu unterstützen. In Richtung Taibei warnt Washington davor, einseitige politische Schritte zu unternehmen, die von Beijing als Provokation interpretiert und zum Anlass für einen Angriff genommen werden könnten; zugleich sagt Washington aber zu, bei der Ausgestaltung der Beziehungen zur VR China die Interessen Taiwans stets zu berücksichtigen.

Die praktischen Auswirkungen dieser Doppelstrategie lassen sich gut belegen. Angesichts der chinesischen militärischen Bedrohung der Sicherheit Taiwans setzten die USA mehrmals Lieferungen modernster Defensivwaffen an Taiwan – unter Verweis auf den TRA – gegen heftige Einwände und diplomatische Interventionen Beijings durch. Andererseits unterstützten die USA in den Jahren 2003 und 2008 Positionen Beijings, indem sie politische Vorstöße des taiwanischen Präsidenten Chen Shuibians zur Änderung des Status quo scharf kritisierten (Dumbaugh 2008).

Die Herausforderung für die USA besteht darin festzustellen, inwiefern von einer der beiden Seiten eine Änderung des Status quo betrieben wird und wie darauf zu reagieren ist. Hierbei ist die Grenze zwischen akzeptablen und inakzeptablen Maßnahmen, die durch die innenpolitische Dynamik Taiwans hervorgebracht werden, nur selten eindeutig zu ziehen. Dementsprechend versuchen sowohl die VR China als auch Taiwan die USA von ihren jeweiligen Positionen und Vorstößen zu überzeugen. In dieser Hinsicht schaffen enge historisch-politische Verbindungen, die Verpflichtung zum Beistand für eine bedrohte junge Demokratie, eine einflussreiche pro-taiwanische Lobby im US-Kongress und die Ausrichtung des amerikanischen Allianzsystems in der asiatisch-pazifischen Region Taiwan einen deutlichen Vorteil gegenüber der VR China.

10 Chinas Beziehungen zu Japan und den koreanischen Staaten

China ist nach eigenem Verständnis zumindest gegenwärtig noch in erster Linie eine asiatische Regionalmacht. Die Beziehungen zu Japan und zu den beiden koreanischen Staaten nehmen für China einen besonderen Rang ein. Die Wichtigkeit Nordostasiens für China erwächst aus der geographischen Nähe, einer Tradition regen kulturellen Austauschs, aber auch aus historischen Belastungen (China-Japan) und Bündnissen (China-Nordkorea), dichten wirtschaftlichen Verflechtungen sowie der starken Präsenz der USA in der Region.

10.1 Die chinesisch-japanischen Beziehungen

Nach dem verheerenden Konflikt im II. Weltkrieg wurde die Wiederaufnahme der Kontakte zwischen China und Japan von strategischen Erwägungen angetrieben. Die von beiden Seiten gleichermaßen gefürchtete sowjetische Bedrohung legte eine engere chinesisch-japanische Abstimmung nahe. Seit Mitte der 1960er Jahre kam es zunächst zu informellen Besuchen politischer Delegationen und zu einem noch eng begrenzten wirtschaftlichen Austausch. Die Aufnahme diplomatischer Beziehungen im September 1972 wurde durch die vorangegangene chinesisch-amerikanische Annäherung seit 1971 ermöglicht. Die amerikanisch-japanische Allianz wurde von der chinesischen Regierung einerseits als Beitrag zur Einhegung des japanischen „Militarismus" anerkannt. Nach dem Untergang der Sowjetunion aber wurde die Allianz zunehmend als gegen China gerichtete Institution aus Zeiten des „Kalten Krieges" kritisiert.

Chinas Beziehungen zu Japan werden in besonderer Weise geprägt durch heftige Reaktionen auf innenpolitische Ereignisse in Japan, die vor dem Hintergrund der blutigen historischen Auseinandersetzungen als nationalistische Provokation, Missachtung der Opfer des Krieges und mangelndes historisches Verantwortungs- und Reuebewusstsein angeprangert werden können. Nach weithin vertretener chinesischer Auffassung hat sich Japan bis heute nicht angemessen für die Gräueltaten der Kriegszeit beim chinesischen Volk entschuldigt und hat auch keine konsequente Vergangenheitsbewältigung mittels Forschung, Bildung und Aufklärung betrieben (in diesem Zusammenhang werden in China die deutschen Bemühungen um offene Thematisierung und intensive Erforschung von Nazi- und Kriegsverbrechen häufig als positives Referenzmodell angeführt). Wiederkehrende Krisen in den bilateralen Beziehungen wurden durch Äußerungen einzelner japanischer Politiker, Aktivitäten radikalnationalistischer Randgruppierungen oder auch durch Schulbuchtexte ausgelöst, die nach chinesischer Lesart die Rolle Japans im Krieg und speziell in China verharmlosten oder rechtfertigten. Japanische Politiker der Liberaldemokratischen Partei unternahmen gelegentlich symbolische Akte, die auf chinesischer Seite als Würdigung verurteilter japanischer Kriegsverbrecher und als antichinesische Provokation aufgenommen wurden. Nationalistische Organisationen wie etwa die japanische Jugendföderation provozierten in Territorialkonflikten heftige Reaktionen Beijings (siehe unten zum Streit um die Diaoyu-/Senkaku-Inseln). Umgekehrt bestimmten in China seit den 1990er Jahren nicht nur Regierungsakteure, sondern auch politisch geduldete Bürgerinitiativen und Internet-Kampagnen die Dynamik der chinesisch-japanischen Beziehungen. Sie reichten bei japanischen Gerichten Klagen auf Entschädigung chinesischer Opfer der japanischen Besatzungszeit ein oder mobilisierten die Öffentlichkeit zur Verteidigung der Diaoyu-Inseln gegen japanische Ansprüche (Reilly 2009).

Im Kern wird das bilaterale Verhältnis geprägt durch eine virulente machtpolitische Rivalität zwischen Japan und China um die Führungsrolle in Asien. Durch die jüngsten Verschiebungen von ökonomischen und militärischen Kräfteverhältnissen zu Chinas Gunsten ist diese Rivalität in eine neue Phase eingetreten.

Zentrale Faktoren, die gegenseitiges Misstrauen und politische Spannungen immer wieder nähren (Sutter 2010a, Mochizuki 2005, Roy 2005, Hilpert/Wacker 2004), werden im Folgenden kurz erörtert.

Die Schatten der Geschichte

Das sogenannte „Jahrhundert der Erniedrigungen" (1842–1949) stellt bis zum heutigen Tag einen zentralen Bezugspunkt des kollektiven chinesischen Gedächtnisses dar und beeinflusst auch das außenpolitische Verhalten Chinas. Nach chinesischer Auffassung (z. B. Hu Shaohua 2006) hat kein anderes Land dem Reich der Mitte größeres Leid zugefügt als Japan: Die erzwungene Abtretung Taiwans an Japan durch den Vertrag von Shimonoseki 1895, die japanische Übernahme der ehemals deutschen Territorien in Shandong nach dem I. Weltkrieg, das Eindringen zunächst 1931 in der Mandschurei, dann nach 1937 der äußerst opferreiche chinesisch-japanische Krieg werden als Belege für japanische Aggression und Dominanzstreben gegenüber China angeführt. Mangelnde Bereitschaft, sich der Verantwortung für die eigene Geschichte zu stellen, zeigt sich aus chinesischer Perpektive in: japanischen Schulbüchern, in denen die Schuld an Kriegsverbrechen in China relativiert wird; wiederkehrenden Besuchen japanischer Ministerpräsidenten am Yasukuni-Schrein (dort wird auch hingerichteter japanischer Kriegsverbrecher gedacht); unzureichenden symbolischen Entschuldigungsgesten der japanischen Regierung während wechselseitiger Staatsbesuche.

Die Kommunistische Partei Chinas feiert den „Sieg im antijapanischen Widerstandskrieg" bis zum heutigen Tag als ein Fundament ihrer Herrschaftsberechtigung und nutzt verbreitete antijapanische Haltungen in der Bevölkerung, um sich als Verteidigerin der nationalen Würde Chinas zu präsentieren. Dabei bewegt sich die chinesische Führung jedoch auf einem schmalen Grat. Denn sie gerät selbst immer wieder unter den Druck nationalistischer Bewegungen aus der eigenen Bevölkerung, die ein härteres Vorgehen der chinesischen Regierung gegenüber Japan fordern. Im Jahre 2005 etwa entwickelten sich anlässlich der japanischen Bemühungen um einen Ständigen Sitz im UN-Sicherheitsrat aus Online-Protestaufrufen heraus handfeste Straßenproteste gegen japanische Geschäfte und diplomatische Vertretungen, die schließlich von chinesischen Sicherheitskräften niedergeschlagen werden mussten (Reilly 2009, Wan 2006).

Territorialstreitigkeiten
Zwischen China und Japan schwelt im Ostchinesischen Meer einer der brisantesten maritimen Territorialkonflikte der asiatisch-pazifischen Region. Neben Ansprüchen auf die Ausbeutung umfangreicher Ressourcen (v. a. Öl- und Gasfelder) im Festlandsockel östlich von Shanghai geht es um die Kontrolle der Diaoyu-Inseln (japanisch: Senkaku- Inseln) (siehe Übersicht 10.1).

Diese ungefähr 180 km nordöstlich von Taiwan gelegenen unbewohnten acht

Übersicht 10.1 Territorialstreitigkeiten im Ostchinesischen Meer

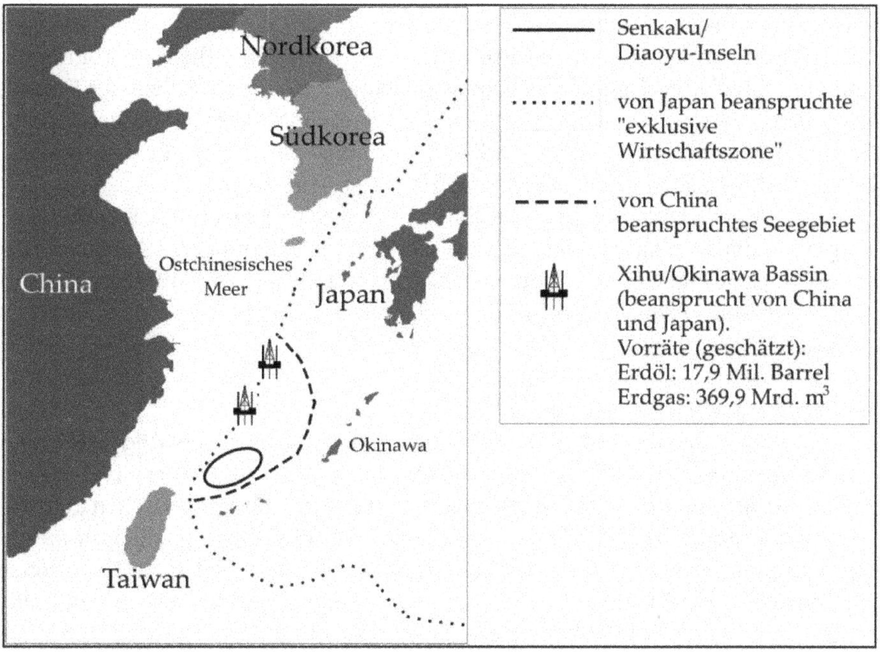

© Schmidt/Heilmann 2011

Inseln und Riffe mit nur etwas mehr als sechs Quadratkilometern Größe waren als Teil Taiwans 1895 nach dem chinesisch-japanischen Krieg an Japan gefallen und von den USA nach 1945 zusammen mit Okinawa besetzt worden. Seit der Rückgabe durch die USA im Jahre 1972 übt Japan die Kontrolle über die Inseln aus. Die chinesische Regierung (wie auch die taiwanische) bestreitet diese Kontrolle unter Verweis auf den Vertrag von San Francisco von 1945 (der das Gebiet zusammen mit Taiwan der Republik China zusprach) und hat den eigenen Anspruch auf die Diaoyu-Inseln im Gesetz der VR China über das Küstenmeer (1992) verankert.

Der Konflikt wird nicht nur mittels historisch-völkerrechtlicher Kontroversen ausgetragen. Vielmehr ist die Inselgruppe insbesondere 1990, 1996, 2004/2005 und 2010 zum Schauplatz direkter Konfrontationen geworden (Beukel 2011, Reilly 2009). Chinesische Fischfang- oder Forschungsschiffe (deren Aktivität wohl der Exploration von Rohstoffvorkommen in dieser Meeresregion diente) wurden von der japanischen Küstenwache gewaltsam gestoppt. Auch kam es mehrfach zu Zwischenfällen, in denen japanische, taiwanische oder chinesische Aktivisten Hoheitszeichen oder Leuchtfeuer auf den Riffen anbrachten.

Wie schnell solche kleinen Vorfälle außer Kontrolle geraten und das Gesamtgefüge der chinesisch-japanischen Beziehungen ernsthaft gefährden können, zeigte sich zuletzt im September 2010, als der Kapitän eines chinesischen Fischerbootes nach der Kollision mit einem Schiff der japanischen Küstenwache von den japanischen Behörden festgenommen wurde. Unmittelbar danach kam es zu antijapanischen Protesten in China, zur Absage offizieller Besuchsprogramme und Unterbrechung chinesischer Exporte wichtiger Rohstoffe („Seltener Erden") nach Japan. Die Spannungen wurden erst nach einigen Wochen mit der von chinesischen Internet-Aktivisten als „Sieg über Japan" gefeierten Rückkehr des Kapitäns nach China entschärft (Przystup 2011, Przystup 2010).

Die jüngeren Zwischenfälle belegen, dass bisherige Schritte zur Konfliktregelung (u. a. eine Verständigung von 2001 zur Benachrichtigung vor Schiffsfahrten in das umstrittene Gebiet sowie eine Absichtserklärung von 2008 zur gemeinsamen Ressourcenausbeutung) neuerliche Vorfälle nicht verhindern konnten (Beukel 2011).

Sicherheitspolitische Gegensätze

Das japanische Bündnis mit den USA wurde von China nach dem Endes des „Kalten Krieges" und verstärkt seit dem letzten Jahrzehnt kritisch bewertet. Grund hierfür ist die amerikanische Aufforderung an Japan zum militärischen „burden sharing". Eine aktivere Rolle der japanischen Streitkräfte zeigte sich in mehreren Auslandseinsätzen (z. B. Bereitstellung von Marine-Einheiten zu Operationen im Indischen Ozean oder Entsendung von Bodentruppen – ohne Kampfauftrag – in den Irak 2003). Japanische Diskussionen über Revisionen der „Friedensverfassung" von 1947 oder über die Einbeziehung Australiens und Indiens in die japanisch-amerikanische Sicherheitskooperation wurden in chinesischen Medien als Indikatoren für ein „Wiederaufleben des japanischen Militarismus" wiedergegeben.

Einen wichtigen Gegenstand chinesischen Misstrauens bildet der von Japan und den USA seit 1998 gemeinsam betriebene Aufbau eines regionalen Raketenschutzschirmes, der nordkoreanische Angriffe oder Provokationen verhindern soll. China beharrt darauf, dass ein solcher Verteidigungsschirm unter keinen Umständen Taiwan einschließen dürfe. Japan seinerseits betrachtet die forcierte Modernisierung der chinesischen Luftwaffe und Marine als Herausforderung für die Offenheit der Seewege im Umfeld Japans.

Japan und die Taiwan-Frage
Die Taiwan-Frage hat nicht nur für das chinesisch-amerikanische, sondern auch für das chinesisch-japanische Verhältnis eine kritische Bedeutung. Dies liegt zum einen begründet in der Vergangenheit Taiwans als Kolonie Japans (1895–1945). Aus dieser geschichtlichen Phase leiten sich bis heute besondere Verbindungen ab. Prominente taiwanische Politiker (z. B. der ehemalige Präsident Li Denghui) unternehmen trotz des Fehlens zwischenstaatlicher diplomatischer Beziehungen viele als „privat" deklarierte Reisen nach Japan. Dort treffen sie oft hochrangige japanische Politiker, die im Allgemeinen große Sympathien für die taiwanische Demokratie, aber Skepsis gegenüber der VR China hegen. Entsprechend werden diese Kontakte seitens der chinesischen Regierung mit Misstrauen beobachtet, da sie taiwanischen Ansprüchen auf staatliche und diplomatische Eigenständigkeit Vorschub leisten könnten.

Ökonomische Interdependenz
Konfliktiven Aspekten der chinesisch-japanischen Beziehungen stehen wichtige gemeinsame Interessen und Bemühungen – inbesondere im wirtschaftlichen Austausch – entgegen, die immer wieder für eine Stabilisierung des Verhältnisses sorgten (Sutter 2010a, Möller 2005, Mochizuki 2005, Hilpert/Wacker 2004).

Bereits vor der Aufnahme diplomatischer Beziehungen 1972 war Japan zum wichtigsten Handelspartner Chinas aufgestiegen. Die wirtschaftliche Komplementarität beider Länder, die geographische Nähe und die chinesische Orientierung am japanischen Entwicklungsmodell nach Einleitung der Öffnungspolitik wurden von japanischen Konzernen gezielt zur Erschließung des chinesischen Wirtschaftsraums genutzt. Der Ausbau der Wirtschaftsbeziehungen hatte Priorität gegenüber historischen und politischen Spannungen. So hatte beispielsweise die gewaltsame Unterdrückung der städtischen Protestbewegung des Jahres 1989 in China koordinierte Sanktionen der westlichen Demokratien und Japans nach sich gezogen. Japan aber war 1990 der erste der G-7-Staaten, der die Beziehungen zu China wieder normalisierte. Seitdem haben sich die Handels- und Investitionsströme trotz zeitweiliger politischer Spannungen (insbesondere während der

Übersicht 10.2 Chinesisch-japanischer Handel im Überblick

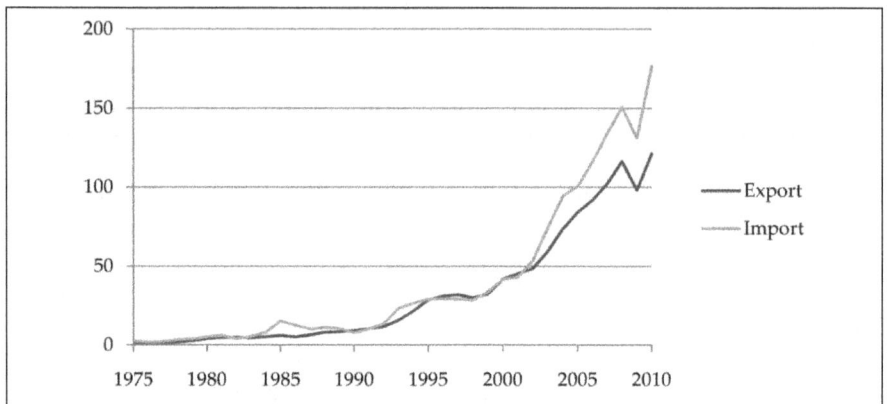

Angaben in Mrd. USD. Quelle: IMF.
© Schmidt/Heilmann 2011

Amtszeit des japanischen Ministerpräsidenten Koizumi im letzten Jahrzehnt) dynamisch entwickelt und auch den zwischenzeitlichen Einbruch des Jahres 2009 rasch wieder wettgemacht (siehe Übersicht 10.2).

Wie in Kapitel 6 dargelegt, ist Japan für China die gegenwärtig wichtigste Quelle von Importen (2010: 176,7 Mrd. USD) und – nach den USA sowie Hongkong – die drittwichtigste Exportdestination (2010: 121 Mrd. USD). Zugleich ist Japan seit langer Zeit eine der wichtigsten Quellen für nach China gehende FDI (2010 Rang 4 nach Hongkong, Taiwan und Singapur).

Umgekehrt ist in jüngster Zeit Chinas Bedeutung für Japan rasch gestiegen. Seit 2008 ist China als Exportmarkt für japanische Waren wichtiger als die USA. Die japanische Wirtschaft profitierte im Jahr 2010 von der großen Nachfrage nach japanischen Investitionsgütern, die durch die 2008/9 aufgelegten chinesischen Konjunkturprogramme generiert wurden. Zu einem bedeutsamen Wirtschaftsfaktor sind mittlerweile neben Geschäftsleuten auch chinesische Touristen (2010: mehr als 2,6 Mio.) in Japan geworden, die in China populäre Konsumgüter (v. a. Unterhaltungselektronik) wegen der Sicherheit vor Fälschungen gerne in Japan erwerben.

Einige der im chinesisch-amerikanischen Verhältnis besonders sensiblen Wirtschaftsthemen (siehe Abschnitt 11.2) sind für die chinesisch-japanischen Beziehungen nicht virulent. Im Unterschied zu den USA weist Japan kein Defizit im Handel mit China auf, und japanische Staatsanleihen werden zu 95 % von Inländern, nicht von China gehalten. Gegenstand zunehmender Spannungen könnten allerdings indirekte Beschränkungen chinesischer Regierungsstellen für den Zugang japanischer Unternehmen zu bestimmten Märkten und öffentlichen Ausschreibungen auf dem Festland werden. Auch könnten die wachsenden

Exportanteile Chinas in traditionell japanisch dominierten Sparten (z. B. Haushaltselektronik, Fahrzeugbau, Hochgeschwindigkeitszüge) zu verschärfter Konkurrenz und zu Handelsstreitigkeiten Anlass geben.

Einbindung in Regionalorganisationen
Die gemeinsame Mitgliedschaft in Regionalorganisationen hat dabei geholfen, in Spannungsphasen (etwa zwischen 2003 und 2006) den Gesprächsfaden zwischen China und Japan nicht abreißen zu lassen. So treffen die führenden Politiker beider Seiten seit Jahren am Rande von APEC- oder ASEAN+3-Gipfeln zu bilateralen Gesprächen zusammen. Kooperative Beziehungen werden auch bestärkt durch den Bedarf an gegenseitiger Unterstützung in der Bewältigung regionaler oder globaler Aufgaben wie etwa der Stabilisierung der koreanischen Halbinsel, der Aufrechterhaltung der Sicherheit der Seewege oder der Offenhaltung des Welthandelsregimes und Abwehr von protektionistischen Tendenzen.

Rivalitäten, Ressentiments und pragmatische Kooperation
Die chinesisch-japanischen Beziehungen unterliegen einer Vielzahl widersprüchlicher historischer, politischer, ökonomischer und internationaler Einflussgrößen, die das bilaterale Verhältnis in abrupte Wechsel zwischen Kooperation und Konflikt treiben können. Die Regierung der VR China steht dabei vor der Herausforderung, eine ausgeprägte Statusrivalität mit Japan und verbreitete antijapanische Ressentiments durch pragmatische Kooperation im Dienste langfristiger ökonomischer und sicherheitspolitischer Interessen auszugleichen.

10.2 Chinas Beziehungen zu den koreanischen Staaten

In Chinas Beziehungen zu Süd- und Nordkorea sind einige ähnliche Einflussfaktoren wie in den chinesisch-japanischen Beziehungen im Spiel. *Historische Determinanten* sind auch für das Verhältnis Chinas zur koreanischen Halbinsel sehr bedeutsam (Sutter 2010a, Snyder 2009, Lanteigne 2009, Hao Yufan 2009, Chung 2005). Über viele Jahrhunderte war das koreanische Königreich über Tributbeziehungen mit dem chinesischen Kaiserreich verbunden. Diese endeten erst mit dem Vordringen des japanischen Imperialismus in Korea zum Ende des 19. Jahrhunderts. Bis heute wirkt sich diese Erfahrung auf verschiedene Weise aus: Einerseits speist sich aus der historischen Einbindung in den chinesischen Herrschaftsbereich die Sorge beider koreanischer Staaten vor einseitiger Abhängigkeit von China bzw. vor einer neuen Hegemonialrolle Chinas in der Region. Zudem gehen auf diese Zeit einige – wenn auch nur fallweise in die Aufmerksamkeit tretende – Territorialstreitigkeiten (z. B. koreanische Gebiete, die Japan 1910 an China übertrug) bzw. geschichtliche Kontroversen um die koreanische Nationsbildung zurück (v. a. Status des koreanischen Königreiches Koguryo).

Korea und China gemeinsam ist die traumatische Erfahrung der japanischen Besatzungszeit: Themen wie die japanische Kriegsschuld, Kriegsverbrechen und Wiedergutmachungsforderungen bleiben in der kollektiven Erinnerung wie auch in Politik, Medien und Schulbildung in beiden Koreas wie auch in China ungebrochen präsent. Für Chinas Verhältnis zu Korea ist die nach der japanischen Kapitulation entstandene politische Teilung auf der koreanischen Halbinsel (im Norden die Demokratische Volksrepublik Korea, DVRK; im Süden die Republik Korea) und die damit verbundene, äußerst opferreiche Beteiligung chinesischer Truppen an den militärischen Auseinandersetzungen im Koreakrieg das einschneidende Ereignis.

Zwischen den Führungen von VRCh und DVRK bestanden seit Revolutionszeiten enge politische, ideologische und auch persönliche Verbindungen (u. a. zwischen Mao Zedong und Kim Il-sung). Nordkorea nahm im Oktober 1949 als einer der ersten Staaten diplomatische Beziehungen zu der neu gegründeten VR China auf. „Mit Blut besiegelt" – wie es bis heute in der chinesischen Historiographie heißt – wurde dieses Bündnis durch den Koreakrieg (1950–1953), der die VR China in eine direkte militärische Konfrontation mit den USA führte. In deren Verlauf kamen ungefähr 900 000 chinesische Soldaten ums Leben, die als „Freiwillige" unter dem Banner sozialistischer Solidarität und zur Abwendung eines befürchteten amerikanischen Vorstoßes nach China hinein an der Seite nordkoreanischer Truppen in den Krieg zogen. Zum 60. Jahrestag des Ausbruchs des Koreakrieges kennzeichnete 2010 der stellvertretende Staatspräsident Xi Jinping das damalige chinesische Eingreifen als „gerechten Krieg zur Abwehr einer Invasion" *(fankang qinlüe de zhengyi zhi zhan).* Formell beruhen die Beziehungen der VR China zur DVRK bis heute auf dem 1961 unterzeichneten Vertrag über „Freundschaft, Kooperation und gegenseitige Hilfe". Hierbei handelt es sich um einen Bündnisvertrag, der aufgrund einer unbedingten Beistandspflicht im Falle eines militärischen Angriffs, für die Außenbeziehungen der VR China einzigartig ist.

Durch den Koreakrieg wurden eine Bündnisstruktur und ein Einfluss von Drittstaaten etabliert (UdSSR und China an der Seite des Nordens, die USA an der Seite des Südens), die vier Jahrzehnte lang für Chinas Engagement auf der koreanischen Halbinsel bestimmend blieben. Die chinesisch-sowjetischen Rivalitäten seit Ende der 1950er Jahre nutzte die DVRK, um die beiden Mächte gegeneinander auszuspielen und militärische wie ökonomische Unterstützung zu maximieren. Die Reform- und Öffnungspolitik Chinas wurde nach 1979 von der nordkoreanischen Führung zunächst als „Revisionismus" abgelehnt, sodass die chinesisch-nordkoreanischen Beziehungen merklich abkühlten. Der Zusammenbruch der Sowjetunion 1991 aber eröffnete der Koreapolitik der chinesischen Regierung gänzlich neue Optionen. Gegenüber Nordkorea mussten nun weniger Rücksichten genommen werden. Und das wirtschaftliche Kooperationspotenzial mit Südkorea konnte gezielt genutzt werden: Bereits im August 1992 nahmen

China und Südkorea diplomatische Beziehungen auf. Nordkorea musste eine rasante Zunahme des chinesisch-südkoreanischen Austauschs im Verlaufe der 1990er Jahre hinnehmen. Für Südkorea sind die Vereinigten Staaten mit deren Militärbasen seit dem Koreakrieg ein Garant der Sicherheit gegenüber nordkoreanischen Aggressionen. Trotz eines ökonomischen „China-Fiebers" in Südkorea und eines rasch fortschreitenden Ausbaus transnationaler industrieller Produktionsnetzwerke deutet nichts darauf hin, dass die VR China die USA als wichtigsten Verbündeten Südkoreas in naher Zukunft ablösen könnte. Nordkoreanische Raketen- und Kleartests festigten seit seit den 1990er Jahren das amerikanisch-südkoreanische Militärbündnis. Dieses Bündnis wird von der chinesischen Regierung als „Relikt des Kalten Krieges" (ähnlich wie im Falle der amerikanisch-japanischen Militärallianz) sehr kritisch beurteilt. Und Ende 2010 sorgten amerikanisch-südkoreanische Seemanöver vor der koreanischen Westküste für heftige Proteste in chinesischen Internet-Foren. Andererseits gibt es auch in der südkoreanischen Öffentlichkeit viele kritische Stimmen gegenüber China, die sich richten auf die anhaltende Unterstützung des nordkoreanischen politischen Systems durch chinesische Wirtschafts- und Finanzhilfen oder auch auf Zwangsrückführungen nordkoreanischer Flüchtlinge, die in chinesischen Grenzgebieten aufgegriffen werden.

Betrachtet man das Gesamtgefüge der chinesischen Beziehungen zu Nord- und Südkorea, so lassen sich folgende weitgehend konstante Grundmerkmale identifizieren.

Primat des politischen Status quo
Die Aufrechterhaltung der Stabilität auf der koreanischen Halbinsel ist ein zentrales Interesse Chinas. Die VR China verfügt mit Nordkorea über eine mehr als 1 400 km lange gemeinsame Grenze, und in der nordostchinesischen Provinz Jilin lebt eine große ethnisch-koreanische Minderheit. Im Falle eines Kollapses der DVRK ist mit einem massenhaften Flüchtlingsstrom nach Nordostchina zu rechnen. Dass es sich hierbei um ein sehr konkretes Szenario handelt, wurde 1996 demonstriert, als im Zuge einer Hungersnot zehntausende Nordkoreaner nach China flüchteten.

Aufgrund der geographischen Nähe inbesondere auch zur chinesischen Hauptstadt Beijing haben Stabilität oder Instabilität auf der koreanischen Halbinsel eine unmittelbare sicherheitspolitische Bedeutung für China. Im Falle eines nordkoreanischen Kollapses und einer Wiedervereinigung Koreas unter Führung Seouls stünde aus chinesischer Sicht zu befürchten, dass die bislang in Südkorea stationierten amerikanischen Truppen bis an die chinesische Grenze heranrücken könnten und China mit einer von den USA geführten ostasiatischen Allianz aus Japan, Taiwan und einem vereinigten Korea konfrontiert werden könnte. Entsprechend dieser Logik wird Nordkorea zu einer unverzichtbaren Pufferzone (Shen Dingli 2006), die die amerikanische Militärmacht von der chinesischen

Landgrenze fernhält und in Südkorea bindet, während Chinas Streitkräfte auf die Taiwan-Straße fokussiert werden können.

Im Dienste der Aufrechterhaltung des Status quo auf der koreanischen Halbinsel unterstützte Beijing die nordkoreanische Regierung immer wieder diplomatisch (im Falle kritischer Anträge und Resolutionen in der UN), wirtschaftlich (durch Lieferungen von Nahrungsmitteln und Rohstoffen in akuten Versorgungskrisen) sowie durch Waffenlieferungen und geheimdienstliche Kooperation. In Reaktion auf nordkoreanische Aggressionen gegenüber dem Süden 2010 (Versenkung eines südkoreanischen Kriegsschiffes, Artillerie-Beschuss einer südkoreanischen Insel) verhielt sich die chinesische Regierung passiv und taktierend (International Crisis Group 2009, 2011, Bajoria 2010, Lewis 2010). Gegenüber Südkorea wurde Beileid bekundet. Beide Seiten wurden zur Zurückhaltung und Wiederaufnahme der Sechs-Parteien-Verhandlungen (siehe unten) aufgerufen.

Auf welche Weise und mit welchem Effekt chinesische Politiker aber hinter verschlossenen Türen auf die nordkoreanische Führung einzuwirken versuchten, blieb ein Geheimnis. Seit den 1990er Jahren mahnte die chinesische Regierung immer wieder, bislang aber weitgehend wirkungslos, die Einleitung wirtschaftlicher Reformen in der DVRK an. 2009 und 2010 mehrte sich die Zahl dokumentierbarer hochrangiger Besuche und Gegenbesuche zwischen chinesischen und nordkoreanischen Führungsmitgliedern markant, ohne dass es zu Durchbrüchen in der ökonomischen Neuordnung oder in den Außenbeziehungen Nordkoreas kam.

Nuklearfrage auf der koreanischen Halbinsel
Lediglich in den Fällen, in denen Beijing Handlungen der nordkoreanischen Staats- und Militärführung als direkte Bedrohung der Stabilität auf der koreanischen Halbinsel identifizierte, wurde die DVRK offen kritisiert. Dies war der Fall nach den nordkoreanischen Nukleartests vom Oktober 2006 und Mai 2009, als die chinesische Regierung sogar zwei Nordkorea scharf verurteilenden Resolutionen des UN-Sicherheitsrats zustimmte.

Seit 2003, als Nordkorea aus dem multilateralen Vertrag zur Nichtverbreitung von Massenvernichtungswaffen (NPT) ausscherte, setzte sich die chinesische Führung als Gastgeber und Mittler für Sechs-Parteien-Gespräche ein, mit dem Ziel, die von Nordkorea ausgelöste Nuklearkrise beizulegen (außer China und den beiden Koreas sind die USA, Russland und Japan beteiligt; die Gesprächsrunden wurden 2009 unterbrochen) (Hao Yufan 2009, Twomey 2008, Harnisch/ Wagener 2010). China nutzte diese Verhandlungsrunden entschlossen, um sich als verantwortungsvolle Regionalmacht zu präsentieren. Zugleich wollten chinesische Außen- und Sicherheitspolitiker einen Rüstungswettlauf in der Region verhindern, der zu einem Ausbau des US-geführten Allianzsystems oder gar zu einer nuklearen Bewaffnung Japans oder Südkoreas führen könnte.

Mittlerweile allerdings scheint sich die chinesische Führung mit dem Nuklearstatus der DVRK abgefunden zu haben. Nach chinesischer Einschätzung wird Pyöngyang eigene Atomwaffen, die als Sicherheitsgarantie gegenüber den USA und als Drohinstrument gegenüber Südkorea und Japan dienen, nicht freiwillig auf dem Wege von Verhandlungen aufgeben (Shen Dingli 2006). Seit dem Abbruch der Sechs-Parteien-Gespräche durch Nordkorea 2009 befindet sich das nordkoreanisch-amerikanische Verhältnis in einer Sackgasse. Die von China befürchtete nukleare Aufrüstungsspirale in der Region trat aber nicht ein.

Handel und Investitionen
Die wirtschaftlichen Beziehungen Chinas zur koreanischen Halbinsel spiegeln im Zeitverlauf das Entwicklungsstadium der jeweiligen politischen Beziehungen wider (Snyder 2009). Dies gilt offensichtlich für Südkorea, das erst seit den 1980er Jahren im Kontext der Wirtschaftsreformpolitik für China interessant wurde. Die südkoreanische Modernisierungserfahrung wird in der chinesischen Regierung als erfolgreiches Modell angesehen, das die Vorzüge staatlicher Steuerung von Industrialisierung und Weltmarktintegration vor Augen führt. Ähnlich wie japanische oder taiwanische Unternehmen nutzten südkoreanische Firmen die Öffnung des chinesischen Marktes zur Verlagerung arbeitsintensiver Industrien an chinesische Küstenstandorte, von wo aus globale Märkte beliefert werden können. Seit Chinas WTO-Beitritt haben koreanische Konzerne (am sichtbarsten Hyundai und Kia in der Automobilindustrie; Samsung und LG in der Informations- und Kommunikationstechnologie) ihren Absatz auch auf dem chinesischen Binnenmarkt dramatisch steigern können.

Für Südkorea ist China zum wichtigsten Handelspartner aufgestiegen: zur

Übersicht 10.3 Chinas Handel mit Südkorea

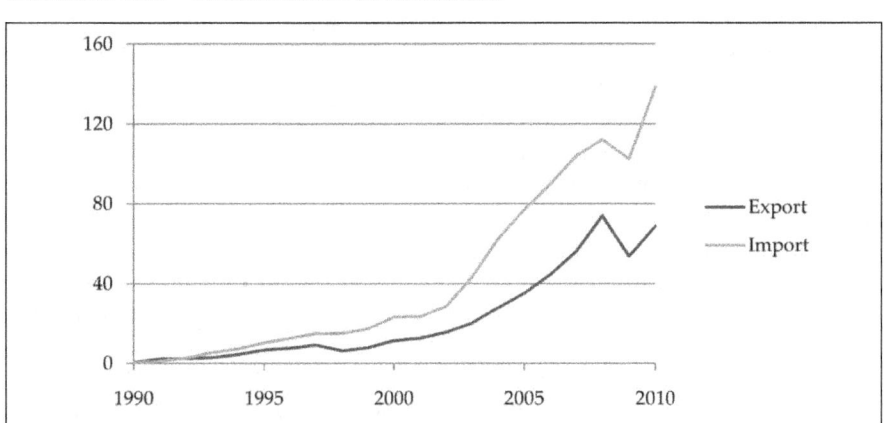

Angaben in Mrd. USD. Quelle: IMF.
© Schmidt/Heilmann 2011

wichtigsten Exportdestination (Südkorea erzielt im Handel mit China sehr hohe Exportüberschüsse) und zum wichtigsten Zielort südkoreanischer Auslandsinvestitionen (ca. 40 % aller südkoreanischen FDI flossen zuletzt nach China). Umgekehrt ist Südkorea auch für China – mit einem Anteil von fast 5 % an den Exporten und 10 % an den Importen (2010) – zu einem der wichtigsten Handelspartner geworden (siehe Übersichten 6.3 bzw. 6.4, S. 65 und S. 66).

Chinas wirtschaftlicher Austausch mit Südkorea ist von Friktionen gekennzeichnet, die ähnlich auch in den Wirtschaftsbeziehungen Chinas zu den USA, Japan und Europa aufgetreten sind (Snyder 2009). Mit dem stetigen Anwachsen von Handel und Investitionen wird auch in Südkorea eine „Aushöhlung" der eigenen Wirtschaft durch Verlust von Industriearbeitsplätzen und Abhängigkeit vom chinesischen Markt befürchtet. Südkoreanische Landwirte klagen über eine Existenz bedrohende Schwemme chinesischer Agrarprodukte. Seit 2000 kam es mehrfach zu offenen, meist aber rasch beigelegten Handelskonflikten mit unilateralen Zollerhöhungen oder Importbeschränkungen für einzelne Güter. Eine Reihe wechselseitiger Klagen wurde von der WTO behandelt oder ist dort noch anhängig. Südkoreanische Beschwerden richten sich – sehr ähnlich wie in Europa und den USA – auf mangelnde Produktqualität chinesischer Importgüter, Preisdumping und erzwungenen Technologietransfer im Austausch für den Zugang zum chinesischen Markt. Die Sorge um einen Verlust an Wertschöpfung und Beschäftigung angesichts chinesischer Konkurrenz in Schlüsselindustrien Südkoreas (u. a. Schiffbau, Elektronik) treibt auch südkoreanische Wirtschaftspolitiker um.

Für Nordkorea war die Sowjetunion bis zu deren Zusammenbruch 1991 der wichtigste Wirtschaftspartner. Danach übernahm China diese Rolle. Seit Mitte der 1990er Jahre nahm der Handel mit Nordkorea – ausgehend von einem niedrigem Niveau – stark zu. Gegenwärtig wird Nordkorea als in seiner wirtschaftlichen Überlebensfähigkeit von China abhängig angesehen (Choo 2008, Snyder 2009). Die VR China ist an 70 % des nordkoreanischen Außenhandels beteiligt (Russland und Japan spielen nachgeordnete Rollen). China deckte jüngst fast die gesamten Energieimporte Nordkoreas ab, lieferte den Großteil der nach Nordkorea eingeführten Konsumgüter und fast die Hälfte der Nahrungsmittelimporte. Umgekehrt spielte Nordkorea in Chinas gewaltigem Außenhandelsvolumen (und auch im Vergleich zu Chinas Handel mit Südkorea) praktisch keine Rolle (Anteil Nordkoreas an Chinas Importen 2009: 0,05 %; Anteil an Chinas Exporten: 0,1 %).

Den üblichen monetären Angaben zur Erfassung des Außenhandels, wie sie in chinesischen Handelsstatistiken und auch in IMF-Statistiken (siehe Übersicht 10.4) zu Grunde gelegt werden, ist im Falle des chinesisch-nordkoreanischen Wirtschaftsaustauschs allerdings nicht ohne Weiteres zu trauen, da Hilfslieferungen (Nahrungsmittel, Energieträger, Rohstoffe), militärische Rüstungsgüter und Materialzuwendungen sowie politisch ausgehandelte Kompensationsgeschäfte in die Handelsstatistiken gewöhnlich nicht eingehen. Diese auf chinesischer und nordkoreanischer Seite als Staatsgeheimnis behandelten Austauschvorgänge sind

Übersicht 10.4 Chinas Handel mit Nordkorea

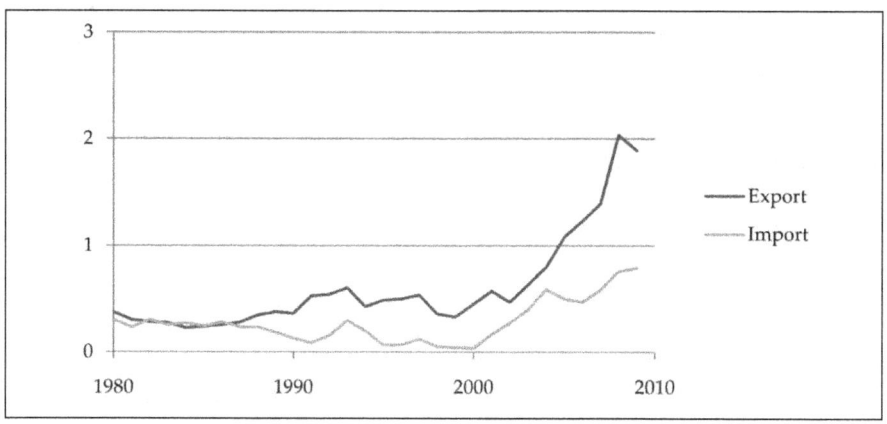

Angaben in Mrd. USD. Quelle: IMF (unvollständige Dokumentation der Handelsströme, siehe Erklärung im Text).
© Schmidt/Heilmann 2011

von weitaus größerer Bedeutung als der offiziell registrierte Handel, da sie der Absicherung der Existenz Nordkoreas und damit auch strategischen Interessen Chinas dienen.

Über den Handel hinaus haben zunehmende Investitionen chinesischer Staatsfirmen in Nordkorea seit dem letzten Jahrzehnt die Aufmerksamkeit der südkoreanischen Regierung auf sich gezogen. Chinas Unternehmen unterliegen in ihrem Engagement in Nordkorea nicht den geographischen Beschränkungen auf spezielle Investitionszonen, die für südkoreanische Firmen gelten. Chinesische Firmen erlangten deshalb Zugang unter anderem zu Kohlegruben und mineralischen Rohstoffvorkommen und beteiligten sich auch an der Modernisierung von Hafenanlagen auf nordkoreanischem Territorium. Hierdurch soll aus chinesischer Regierungssicht nicht nur Nordkorea stabilisiert, sondern es sollen auch neue grenzübergreifende Entwicklungsmöglichkeiten für Chinas nordöstliche Provinzen eröffnet werden.

Die Beziehungen zur DVRK unterliegen in Beijing größter Geheimhaltung und werden traditionell nicht vom staatlichen Außenministerium, sondern von der Abteilung des KP-Zentralkomitees für Internationale Verbindungen *(Zhongyang duiwai lianluo bu)* betreut, das unter anderem für Beziehungen zu kommunistischen Schwesterparteien der KPCh zuständig ist. Chinesische Staatssicherheits- und Militärabteilungen unterhalten mit Sicherheit ebenfalls regelmäßige Beziehungen zu entsprechenden nordkoreanischen Organen. Aufgrund dieses – auch für chinesische Verhältnisse außergewöhnlichen – nahezu vollständigen Mangels an Transparenz wird in westlichen Medien immer wieder munter spekuliert über mögliche Richtungsänderungen oder Geheimpläne der chinesischen Koreapolitik (etwa Überlegungen zu einer „friedlichen Wiedervereinigung" Koreas oder Planungen der chinesischen Armee zum Einmarsch in Nordkorea im Falle einer Regimekrise). Kaum je haben sich derartige Spekulationen im Zeitverlauf durch tatsächliche chinesische Initiativen oder Aktionen erhärten lassen.

Es ist nüchtern festzuhalten, dass der Primat des Status quo Chinas Koreapolitik konstant bestimmt und ohne eine Systemkrise in Nordkorea voraussichtlich auch nicht aufgegeben wird. Die chinesische Regierung bewegt sich in ihrer Koreapolitik auf einem schmalen Grat: Um eine Destabilisierung des nordkoreanischen Regimes wie auch destabilisierende nordkoreanische Provokationen gegenüber Südkorea und den USA zu verhindern, verzichtet Beijing auf die Ausübung direkten Drucks und toleriert Pyöngyangs erratische Drohgebärden, solange diese in ihren Wirkungen begrenzt und kontrollierbar erscheinen (wie etwa 2010). Indem militärische Droh- und Erpressungspraktiken Nordkoreas hingenommen werden, liefert sich die chinesische Regierung selbst den unberechenbaren Vorstößen und Aktionen der nordkoreanischen Führung aus. Angesichts der dauerhaft prekären Lage des nordkoreanischen Herrschafts- und Wirtschaftssystems wird die koreanische Halbinsel für die chinesische Regierung ein Gegenstand permanenten sicherheitspolitischen Krisenmanagements bleiben. Es ist ungewiss, inwieweit Beijing im Falle krisenhafter Zuspitzungen mäßigenden Einfluss auf die nordkoreanische Führung wird ausüben können.

11 Chinesisch-amerikanische Beziehungen

Während des „Kalten Krieges" machten die chinesisch-amerikanischen Beziehungen eine fundamentale Verschiebung von Konfrontation und Feindseligkeit (vom Koreakrieg 1950 bis zur Annäherung 1971) hin zur strategischen Kooperation gegenüber der Sowjetunion (1971–1989) durch. Mit dem Ende des „Kalten Krieges" verlor die amerikanisch-chinesische Kooperation die einigende strategische Zielsetzung. Seit den 1990er Jahren aber erfassten die Beziehungen immer weitere bilaterale, regionale und globale Interaktionsfelder. Sowohl für die USA als auch für China bildet die jeweils andere Seite gegenwärtig den wichtigsten Bezugspunkt nicht nur für nationale Großmachtrivalitäten, sondern auch für Konkurrenz und Kooperation in der Ausgestaltung der internationalen Beziehungen des 21. Jahrhunderts.

Das amerikanisch-chinesische Verhältnis unterliegt seit 20 Jahren heftigen Schwankungen, die von der innenpolitischen Dynamik in beiden Ländern, dem wirtschaftlichen Aufstieg Chinas, damit einhergehenden Perzeptionsverschiebungen wie auch von einzelnen bilateralen politischen und militärischen Spannungsfällen verursacht wurden.

11.1 Gemeinsame Interessen und Kooperationsfelder

Die zweite Bush-Administration (2001–2009) stufte die Bedeutung Chinas für die amerikanische Außenpolitik anfangs zugunsten anderer asiatischer Staaten (Japan, Südkorea, Australien, Indien) zurück und identifizierte China als „strategic competitor". In Folge der außenpolitischen Neuausrichtung nach den Terrorattacken vom September 2001 ließ die Bush-Regierung diese Kennzeichnung jedoch fallen und intensivierte die bilaterale Kooperation unter Hintanstellung alter Konflikte (Sutter 2010a, Sutter 2010b). Unter dem Primat des amerikanischen Anti-Terror-Kampfes entwickelten sich die bilateralen Beziehungen weitgehend spannungsfrei.

Im Gegensatz zu früheren Wahlkämpfen war China im Präsidentschaftswahlkampf 2008 zwischen Barack Obama und John McCain kaum ein Thema. Die chinesische Seite war zunächst gegenüber der neuen Obama-Administration skeptisch, da den US-Demokraten eine Tendenz zum handelspolitischen Protektionismus und Außenministerin Hillary Clinton eine chinakritische Grundhaltung zugeschrieben wurde. Diese chinesischen Befürchtungen wurden jedoch weitgehend entkräftet (Lampton 2009, Lawrence/Lum 2011). Die Obama-Regierung führte den Kurs pragmatischer Kooperation in der Chinapolitik fort. Die sich vertiefende ökonomische Interdependenz zwischen den USA und China, die gelegentlich als symbiotische wechselseitige Abhängigkeit („Chimerica") gekennzeichnet wurde (Ferguson/Schularick 2009), wie auch drängende Herausforderungen auf globaler Ebene erforderten eine engere Abstimmung.

Vertiefung der ökonomischen Interdependenz
Beide Seiten sind wirtschaftlich immer stärker durch Handels-, Investitions- und Währungsströme miteinander verschränkt. Für die Aufrechterhaltung ihres wirtschaftlichen Wachstums sind beide Länder aufeinander angewiesen. Allerdings hat mit den intensivierten Austauschbeziehungen auch das außenwirtschaftliche Spannungspotenzial stark zugenommen (siehe hierzu unten).

Die VR China war im Jahr 2010 mit 14,3 % Anteil am amerikanischen Außenhandel der zweitwichtigste Handelspartner für die USA (nur noch knapp hinter Kanada). Auf der Importseite war China bereits der wichtigste Lieferant der USA mit einem Anteil von 19,1 %. Für amerikanische Exporte war China mit einem Anteil von 7,2 % die drittwichtigste Destination (nach Kanada und Mexiko, aber vor Japan).

Umgekehrt waren die USA 2010 für die VR China die wichtigste Partnernation im Handel (Anteil 13 %), das wichtigste Exportland (Anteil 18 %) und die viertwichtigste Importquelle (mit einem Anteil von 7,3 % hinter Japan, Südkorea, Taiwan).

Die USA sind für China ungebrochen eine überaus wichtige Quelle für Technologien und Management-/Organisationsmethoden. China andererseits finanzierte als größter Gläubiger der USA seit Jahren das US-Defizit mit und trug über einen langen Zeitraum zum historisch niedrigen Niveau von Zinsen und Inflation in den USA bei (Prasad 2010, Li Wei 2008, Hale/Hale 2008, Elwell/Labonte/Morrison 2007).

Interessenkonvergenz in Fragen globaler öffentlicher Güter
Beide Seiten teilen das Interesse an einer *Bekämpfung transnationaler islamistischer Terrorgruppen*. Ergebnis dieser Interessenkonvergenz war die amerikanische Akzeptanz der Einstufung einer islamistischen Untergrundorganisation in Xinjiang als terroristische Gruppierung. China stellte sich umgekehrt dem amerikanischen Krieg gegen den Irak 2003 und der Bekämpfung der Taliban in Afghanistan – trotz anfänglich beträchtlicher Vorbehalte – nicht in den Weg.

Auch sind sich die USA und China im Grundsatz einig in der *Verhinderung der Proliferation von Massenvernichtungswaffen* und der Beendigung der Atomprogramme in Iran und Nordkorea. China hat in beiden Fällen im UN-Sicherheitsrat Sanktionsentscheidungen unterstützt. Im Falle Nordkoreas fungierte China 2003–2009 als Gastgeber und Mittler in Sechs-Parteien-Gesprächen (siehe

Abschnitt 10.2) und nahm im April 2010 am „Nuclear Security Summit" in Washington teil.

Zur Bearbeitung weiterer *traditioneller und nicht-traditioneller Sicherheitsrisiken* sind beide Seiten ebenfalls auf eine engere Kooperation angewiesen. Sicherheit der internationalen Seewege (Schutz vor Piraterie), Zugang zu Rohstoffen und Energieträgern, Bekämpfung grenzüberschreitenden Drogenhandels, Verhinderung der Ausbreitung ansteckender Krankheiten – all dies ist ohne effektive Abstimmung der beiden Veto-Mächte im UN-Sicherheitsrat nicht erfolgreich zu leisten.

Darüber hinaus sind amerikanische und chinesische Regierung sich als weltgrößte Ökonomien und Emittenten von Treibhausgasen darin einig, dass sie einen maßgeblichen Beitrag zu internationalen Übereinkünften bezüglich des *Klimawandels* leisten müssen. In allen aufgeführten Problemfeldern stimmen China und die USA in der Definition allgemeiner Zielsetzungen überein. Was die Mittel zur Erreichung der Ziele angeht, liegen die Positionen der beiden Regierungen aber teils sehr weit auseinander.

Ausdruck der gewachsenen chinesisch-amerikanischen Interdependenz ist die Schaffung neuer bilateraler Kommunikationsmechanismen. So wurde bereits während der Bush-Administration 2005 unter der Ägide des Außenministeriums der „US-China Senior Dialogue" und 2006 unter Leitung des Finanzministeriums der „Strategic Economic Dialogue" ins Leben gerufen (Dumbaugh 2007). 2009 wurden diese beiden Dialogforen verbunden zum „Strategic and Economic Dialogue" (S&ED), der einmal im Jahr alternierend in beiden Staaten stattfindet und sowohl ökonomische („economic track") als auch strategische („strategic track") Themen behandelt.

Die jeweiligen Treffen führen hochrangige Delegationen zusammen, die auf amerikanischer Seite vom Außenminister und vom Finanzminister, auf chinesischer Seite von dem für Außenpolitik zuständigen Staatsratskommissar sowie dem für Außenwirtschaftspolitik verantwortlichen Vizepremier angeführt werden. Die US-Delegation, die im Mai 2010 zum zweiten S&ED nach Beijing reiste, bildete mit mehr als 200 Teilnehmern die größte Gruppe hochrangiger Beamter, die jemals von amerikanischer Seite zu einer internationalen Verhandlung entsandt wurde.

Mittlerweile existieren mehrere Dutzend nach funktionalen Themen differenzierte bilaterale Dialogstrukturen, die regelmäßigen Austausch vorsehen. Lediglich der militärische Bereich fällt aus dem Rahmen: Immer wieder werden bereits terminierte und sorgfältig vorbereitete Treffen zwischen amerikanischen und chinesischen Spitzenoffizieren zum Opfer kleinerer und größerer Krisen in den bilateralen Beziehungen. So unterbrach etwa die chinesische Seite als Reaktion auf den amerikanischen Entschluss, Defensivwaffen an Taiwan zu liefern, zwischen Januar und September 2010 die verteidigungspolitischen Konsultationen. Auch auf der Ebene der Staatspräsidenten hat sich die Frequenz der Begegnungen erhöht. 2009 und 2010 kam Barack Obama ungefähr alle drei Monate mit Hu Jintao entweder auf bilateralen Gipfeln oder am Rande von G-20-Treffen zusammen (Lawrence/Lum 2011).

11.2 Divergierende Interessen und Konfliktfelder

Die anlässlich des Staatsbesuches von Präsident Obama in China 2009 in einer gemeinsamen Erklärung verheißene Formel einer „positiven, kooperativen und umfassenden Beziehung für das 21. Jahrhundert" kann nicht darüber hinwegtäuschen, dass alte Konflikte, neu auftretende Interessendivergenzen und ein tief verwurzeltes Misstrauen das bilaterale Verhältnis beeinträchtigen. Diese Gegensätze sollen im Folgenden nach Themenfeldern getrennt analysiert werden (hierzu Sutter 2010b, Yan Xuetong 2010, Lawrence/Lum 2011, Foot 2009/2010, Twomey 2007, Friedberg 2005, Christensen 2006).

Souveränitätsfragen
China betrachtet Taiwan, Tibet und Xinjiang als nationale „Kerninteressen", die keinerlei Spielraum für „Einmischungen" seitens anderer Staaten erlauben. Auch symbolische Handlungen wie etwa der Empfang des Dalai Lama durch den amerikanischen Präsidenten (Februar 2010), insbesondere aber amerikanische Waffenlieferungen an Taiwan (Januar 2010), werden von China als „Einmischung in die inneren Angelegenheiten" und gravierende Verletzungen der territorialen Integrität und nationalen Souveränität kritisiert. Nach chinesischer Lesart werden durch Unterstützung der tibetischen Exilbewegung oder des taiwanischen Militärs „separatistische Kräfte" zum Schaden der VR China gestärkt.

Politisch-normative Gegensätze und Menschenrechte
Daraus, dass die Regierungssysteme sowie politische Wert- und Ordnungsvorstellungen beider Länder grundverschieden sind, leitet sich eine ganze Reihe von latenten und manifesten Konflikten ab. Die chinesische Regierung hegt den prinzipiellen Verdacht, dass in Washington – trotz offizieller amerikanischer Versicherungen, keinen „regime change" in China betreiben zu wollen – zumindest Teile der Administration und des Kongresses dennoch einen Regimewechsel in China wünschen und anstreben.

Die Menschenrechtsfrage verlor seit der zweiten Hälfte der 1990er Jahre an politischer Brisanz in den bilateralen Beziehungen. Nicht deshalb, weil sich die Lage in China systematisch verbessert hätte, sondern weil die amerikanischen Regierungen nach 1994 die Handelsbeziehungen nicht mehr an eine Verbesserung der Menschenrechtslage in China koppelten. Die Bush-Regierung nahm schließlich auch Abstand von den jahrelang erfolglos gebliebenen Versuchen, in der UN-Menschenrechtskommission eine offizielle Verurteilung chinesischer Menschenrechtsverletzungen zu erreichen. Statt dessen setzte die amerikanische Diplomatie vermehrt auf Druck zur Verbesserung der Situation in konkreten individuellen Fällen. Diese Politik wird von der Obama-Administration unter dem Schlagwort des „prinzipienfesten Pragmatismus" („principled pragmatism") fortgeführt.

Jedoch werden aus dem US-Kongress heraus immer wieder Forderungen an die VRCh gerichtet, die Internet-Zensur aufzuheben, politische Gefangene und prominente Dissidenten freizulassen sowie Repressalien gegenüber bestimmten religiösen Gruppen und ethnischen Minderheiten zu beenden. Diplomatische Friktionen lösen weiterhin chinesische Hilfen für autoritäre Systeme insbesondere in Myanmar, Sudan oder Simbabwe aus, denen schwerwiegende Menschenrechtsverletzungen zur Last gelegt werden.

Sicherheitspolitik im asiatisch-pazifischen Raum

Neben der Taiwan-Frage bestehen weitere militärisch-strategische Interessenkonflikte in der asiatisch-pazifischen Region, die das bilaterale Verhältnis belasten. China ist im Grundsatz nicht bereit, sich mit der massiven *Militärpräsenz der USA* (etwa ein Fünftel der gesamten US-Streitkräfte untersteht dem Pacific Command) und der dominierenden sicherheitspolitischen Rolle der USA in der Region abzufinden. Insbesondere amerikanische Luft- und Seeaufklärung und Militärmanöver (teils mit Verbündeten) innerhalb der chinesischen Zweihundert-Meilen-Zone („exclusive economic zone") bergen ein stets virulentes Konfliktpotential.

Die VR China sieht amerikanische Planungen zum Aufbau eines Raketenabwehrschildes (National Missile Defense) als einen Versuch an, Chinas nukleare Zweitschlagfähigkeit zu unterminieren. Die amerikanische Absicht, Japan oder sogar Taiwan unter den Schutz einer regionalen Raketenabwehr (Theater Missile Defense) zu stellen und damit die Modernisierungsbemühungen der VBA zu neutralisieren, sind immer wieder Gegenstand heftiger chinesischer Kritik.

In engem Zusammenhang damit steht die Auseinandersetzung um das amerikanische Allianzsystem. Aus chinesischer Sicht wurde die amerikanische Militärkooperation unter anderem mit Japan, Australien und Singapur unter den Bush- und Obama-Administrationen auch mit dem Ziel der Eindämmung Chinas ausgebaut. Auch das amerikanische Ausgreifen nach Zentralasien im Zuge des Kampfes gegen den islamistischen Terrorismus (Truppenpräsenz in Afghanistan, geheimdienstliche Tätigkeiten in Pakistan) interpretierte China als Teil einer „Einkreisungsstrategie". Die chinesische Regierung nutzte im Gegenzug die SCO, um auf eine Rückgängigmachung amerikanischer Truppenstationierungen in Usbekistan und Kirgistan hinzuwirken. In diesem Kontext ist auch die „strategische Partnerschaft" Chinas mit Russland als Gegenmachtbildung gegen die USA zu bewerten.

Im Jahre 2010 kam es zwischen China und den USA wegen des Anrainer-

Territorialkonflikts im *Südchinesischen Meer* zu offenen Streitigkeiten (siehe im Einzelnen Abschnitt 4.1). Gerüchte, wonach die chinesische Regierung die Kontrolle der umstrittenen Gebiete den nicht-verhandelbaren nationalen „Kerninteressen" zugeordnet habe, veranlassten die USA dazu, ihrerseits den ungehinderten Zugang zum Südchinesischen Meer als „nationales Interesse" zu kennzeichnen.

Die Behandlung *Nordkoreas* hat sich als wiederkehrender Streitpunkt erwiesen (siehe Abschnitt 10.2). Zwar verurteilte China die nordkoreanischen Nukleartests 2006 bzw. 2009 und trug einschlägige UN-Resolutionen mit. Washington kritisierte jedoch eine unzureichende chinesische Durchsetzung von Sanktionen gegenüber Nordkorea und verdächtigt die VR China, sie setze die ihr zur Verfügung stehenden Hebel (z. B. Nahrungs- und Treibstofflieferungen) nur unzureichend ein, um auf Nordkorea Druck auszuüben. Zwei Empfänge für Nordkoreas Führer Kim Jong-il in China in 2010 und die nur halbherzige chinesische Verurteilung der Provokationen Nordkoreas gegenüber Südkorea im Jahr 2010 (Versenkung eines Kriegsschiffs, Artilleriebeschuss einer Insel) verstärkten diesen Eindruck auf amerikanischer Seite (Clinton 2011).

Die Modernisierung der VBA (siehe Abschnitt 5.2) wird in den USA vor allem dahingehend interpretiert, den Zugang der USA zum westlichen Pazifik im Allgemeinen einzuengen (sog. „anti-access/area-denial"-Strategie) und ein Eingreifen zugunsten Taiwans im Besonderen zu verhindern.

Globale Klima- und Sicherheitspolitik

Trotz der gemeinsamen Zielsetzung, gegen den *Klimawandel* vorzugehen und den Einsatz erneuerbarer Energien voranzutreiben, sind auch hier erhebliche Spannungen aufgetreten (siehe Kapitel 7). Während die USA international bindende und überprüfbare chinesische Zusagen zur Reduzierung chinesischer Treibhausgas-Emissionen verlangen, beharrt China darauf, dass die am höchsten entwickelten Industrieländer die Hauptlast der Reduzierungen zu tragen hätten und dass China ambitionierte Klimaziele durch freiwillige nationale Maßnahmenprogramme umsetzen werde. Während also die USA von China verlangen, die Position einer verantwortlichen „Großmacht des 21. Jahrhunderts" einzunehmen, sehen viele chinesische Außenpolitiker in den amerikanischen Forderungen eine Strategie zur Abbremsung des wirtschaftlichen Aufstiegs der VR China (Lampton 2009).

Ein immer wieder aufkommender sicherheitspolitischer Konfliktherd ist schließlich die chinesische *Proliferationspraxis*. Wegen chinesischer Lieferungen von Waffen und Raketenbauteilen an Iran, Pakistan oder Nordkorea kam es mehrfach zu Verurteilungen Chinas und zur Verhängung von Sanktionen durch den US-Kongress. Erst in den letzten Jahren gab es in diesen Fragen Anzeichen für eine Entspannung (Lampton 2008).

Wirtschaftsbeziehungen

Im ersten Jahrzehnt des neuen Jahrhunderts wurden die strukturellen Ungleichgewichte in den bilateralen Wirtschaftsbeziehungen zu einer zentralen Konfliktquelle. Seit Jahren registrierten die USA ein beträchtliches Defizit im Chinahandel (die offiziellen amerikanische Angaben finden sich in Übersicht 11.1).

Übersicht 11.1 Handel zwischen USA und VR China

Jahr	Gesamthandel	Exporte Chinas	Importe Chinas	US-Handelsdefizit mit China	Anteil am US-Gesamtdefizit
1990	20,0	15,2	4,8	−10,4	10,3 %
1994	48,1	38,8	9,3	−29,5	19,5 %
1997	75,5	62,6	12,9	−49,5	27,5 %
2000	116,3	100,0	16,3	−83,7	19,1 %
2002	147,3	125,2	22,1	−103,1	21,3 %
2004	231,4	196,7	34,7	−162,0	24,9 %
2006	343,0	287,8	55,2	−232,6	28,4 %
2007	386,7	321,5	65,2	−256,3	32,4 %
2008	407,5	337,8	69,7	−268,1	32,8 %
2009	365,9	296,4	69,5	−226,9	45,1 %
2010	456,8	364,9	91,9	−273,0	43,1 %

Angaben in Mrd. USD. Quelle: US Census Bureau.
© Schmidt/Heilmann 2011

Das exakte Ausmaß des Defizits wird unterschiedlich beziffert. Nach US-Angaben für 2010 betrug es rund 273 Mrd. USD, nach chinesischen Statistiken aber nur rund 181 Mrd. USD. Dementsprechend fällt auch der Anteil, den das US-Handelsbilanzdefizit gegenüber China am gesamten US-Außenhandelsdefizit aufweist, unterschiedlich aus (siehe Übersicht 11.2, S. 140).

Die chinesische Seite argumentiert, dass das US-Defizit lediglich die Arbeitsteilung in asiatisch-pazifischen *transnationalen Produktionsnetzwerken* widerspiegele. Die US-Regierung steigere das Defizit noch dadurch, dass sie Hochtechnologieexporte von den USA nach China aus politischen Gründen unterdrücke.

Als Ursache des Handelbilanzdefizits wird in den USA vielfach die chinesische *Währungspolitik* benannt (hierzu vertiefend Abschnitt 6.2). Bereits seit 2003 übt die US-Regierung Druck auf Beijing aus, die chinesische Währung (CNY) deutlich aufzuwerten und auf diese Weise das Ungleichgewicht im bilateralen Handel abzubauen.

Trotz einer inkrementellen Aufwertung des CNY zwischen Sommer 2005 und Herbst 2008 sowie wieder seit Juli 2010 verschärfte sich die amerikanische Kritik. Im US-Kongress sind mehrere Gesetzesinitiativen anhängig, mit denen China als „currency manipulator" verurteilt werden soll und Strafzölle verhängt werden sol-

Übersicht 11.2 US-Defizit und Chinas Anteil daran (Mrd. USD)

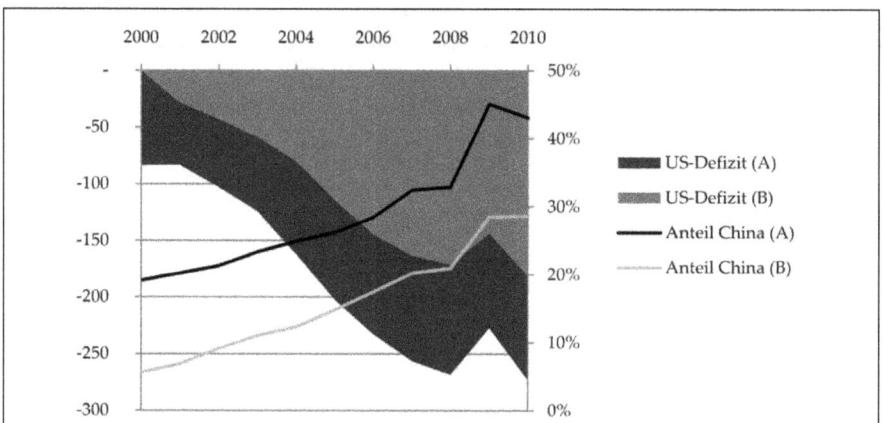

A: Angaben der amerikanischen Seite
B: Angaben der chinesischen Seite
Quelle: Handelsministerium VRCh; US Census Bureau.
© Schmidt/Heilmann 2011

len. Die Bush- und Obama-Administrationen machten sich diese Kritik allerdings nicht zu eigen, sondern versuchten, mittels einer intensivierten Wirtschaftsdiplomatie auf die chinesische Regierung einzuwirken.

Infolge des rapiden Exportwachstums häufte die chinesische Zentralbank rasch steigende Devisenreserven an (siehe Abschnitt 6.2). Diese Devisen wurden zu einem Großteil in amerikanischen Staatsanleihen *(treasuries)* angelegt. China stieg zum größten internationalen Investor in amerikanischen Schuldverschreibungen auf (siehe Übersicht 11.3). Ein Teilverkauf dieser Devisenanlagen könnte das amerikanische und globale Finanz- und Währungssystem abrupt destabilisieren (Morrison/Labonte 2008). Die föderale Regierung der USA ist in der Finanzierung ihres gewaltigen Haushaltsdefizits in einem direkten Sinne von chinesischen Investitionen abhängig oder im Konfliktfalle womöglich sogar erpressbar geworden (Drezner 2009). Andererseits ist der Wert der chinesischen Devisenreserven in ebenso direkter Weise davon abhängig, dass der US-Dollar eine stabile Währung bleibt und amerikanische Staatseinleihen nicht durch eine Zahlungsunfähigkeit *(default)* der amerikanischen Regierung bedroht werden.

Die Friktionen in den bilateralen Wirtschaftsbeziehungen nahmen unter dem Druck der globalen Finanz- und Wirtschaftskrise seit 2008 weiter zu. Amerikanische Regierungs- und Wirtschaftsvertreter warfen der chinesischen Seite vor, ausländische Mitbewerber bei Regierungsaufträgen zu diskriminieren, nichttarifäre Marktzugangsbarrieren zu errichten und Technologietransfers zu erzwingen. Einzelne Vorstandschefs amerikanischer Großunternehmen stellten 2010 offen

Übersicht 11.3 ‚Top 6' Halter von US-Staatsanleihen (Mrd. USD)

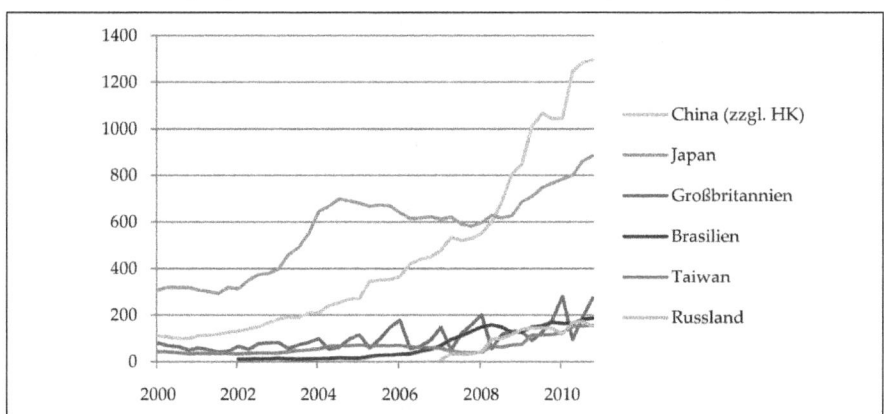

Quelle: US Department of the Treasury.
© Schmidt/Heilmann 2011

in Frage, ob China überhaupt noch daran interessiert sei, ein faires Wettbewerbsumfeld für das Engagement ausländischer Unternehmen im chinesischen Markt herzustellen. Die chinesische Regierung bekräftigte daraufhin, den Marktzugang und Wettbewerb für ausländische Unternehmen und Investoren in China weiterhin offen und attraktiv zu gestalten.

Scharfe chinesische Kritik richtete sich umgekehrt auf protektionistische Tendenzen der amerikanischen Seite hinsichtlich chinesischer Unternehmensbeteiligungen. Denn Übernahmeangebote eines chinesischen Ölkonzerns (CNOOC bot für die texanische Unocal) und eines großen chinesischen Telekom-Ausrüsters (Huawei bot für 3i) wurden 2005 bzw. 2010 mit Verweis auf Gefährdungen der nationalen Sicherheit der USA zu Fall gebracht. Die chinesischen Investoren sahen sich aus politischen Gründen von großen Beteiligungs- und Übernahmeprojekten ausgeschlossen.

Grundsätzliche Kritik übten chinesische Wirtschaftspolitiker und offizielle Medien seit 2008 an der wachsenden amerikanischen Verschuldung. Vielfach wurde der Verdacht geäußert, dass die USA sich mittels „ultralockerer" Geldpolitik, Dollarabwertung und Inflation zu Lasten Chinas und anderer Gläubigerländer sanieren wollen.

Verschärft wurden außenwirtschaftliche Konflikte durch die Verquickung mit anderen Themen, die innenpolitisch in den USA ein hohes Maß an Aufmerksamkeit hervorrufen. Prominente Wirtschaftsberater wie auch Gewerkschaftsvertreter sahen im Handel mit China die Ursache für den Verlust von industriellen Arbeitsplätzen und Produktionskapazitäten. Urheberrechtsverletzungen und Produktpiraterie seitens chinesischer Produzenten wurden für Technologieabfluss und Einnahmeverluste amerikanischer Firmen verantwortlich gemacht. Gravierende

Mängel wurden hinsichtlich der Qualität und Sicherheit von aus China importierten Nahrungsmitteln und Spielzeugen festgestellt. Durch diese negativen Informationen verstärkte sich in der amerikanischen Öffentlichkeit das Misstrauen gegenüber China. Beijing wird einerseits als Nutznießer der Globalisierung zu Lasten amerikanischer Produktion und Beschäftigung wahrgenommen. Andererseits profitierten amerikanische Konsumenten von dem immer breiter gefächerten Angebot an preisgünstigen chinesischen Produkten, die sich über alle wirtschaftspolitischen Friktionen hinweg einer starken Nachfrage erfreuten.

Großmachtkonkurrenz und internationale Ordnungsfragen
Die dichten wirtschaftlichen Verflechtungen und Interdependenzen bringen schwer auflösbare Dilemmata für die amerikanische Regierung mit sich. Einerseits wird in offiziellen Stellungnahmen Chinas Aufstieg begrüßt und eine enge Kooperation angeboten. Andererseits besteht unterhalb der öffentlichen Verlautbarungen eine tiefe Verunsicherung darüber, wie mit Chinas wachsendem Gewicht umzugehen ist („managing China's rising power"). Wird China als „verantwortliche Großmacht" etablierten Spielregeln folgen und Rücksichten auf angestammte Vorrechte der USA nehmen? Oder wird es als zunehmend eigenwillige, herausfordernde neue Macht auftreten, die primär eigenen nationalen Interessen nachgeht? Wegen dieser Ungewissheiten tendiert die US-Chinapolitik dazu, durch eine vorsorgliche „Einhegung" *(hedging)*, „vorwärtsgerichtete Diplomatie" *(forward deployed diplomacy)* und Stärkung des amerikanischen Allianzsystems im asiatisch-pazifischen Raum den Spielraum für unberechenbares oder unerwünschtes Verhalten Chinas möglichst einzuschränken.

Diese amerikanischen Vorgehensweisen deuten viele chinesische Analysen als klassische Praktiken einer Politik der „Eindämmung" *(containment, qianzhi)*. Jahrzehnte alten maoistischen Analyse- und Begriffsmustern folgend, werden die spannungsreichen Beziehungen zu den USA als „Hauptwiderspruch" *(zhuyao maodun)* in Chinas internationalen Beziehungen definiert. Die chinesische Außenpolitik muss sich aus dieser Sicht beständig an veränderliche Kräftekonstellationen und Gelegenheitsstrukturen anpassen und sich immer wieder neu mit dem derzeitigen Hegemon arrangieren (Jia Qingguo 2008). Während China an Stärke gewinnt, verlieren die USA aufgrund ökonomischen Niedergangs, innenpolitischer Handlungsblockaden und internationalen Glaubwürdigkeitsverlusts an Stärke (Wu Xinbo 2010).

Die Dialektik der Großmachtbeziehungen arbeitet also zu Chinas Gunsten, sofern China selbst nicht in eine Ordnungs- und Handlungskrise gerät oder die außenpolitische Beweglichkeit preisgibt. Das alte chinesische und maoistische Strategem, aus der Position des (derzeit noch) Schwächeren heraus politische Prozesse stets im Fluss zu halten, jegliche verfrühte Fixierung eigener Positionen zu vermeiden und auf die geduldige Unterminierung oder Selbstaushöhlung des (derzeit noch) Stärkeren zu setzen, ist in diesen Denkweisen lebendig geblieben (Heilmann/Perry 2011).

Die beständig wiederkehrenden chinesischen Kritiken an „Großmachtpolitik", „Hegemonismus" oder „Denken im Geiste des Kalten Krieges" sind kaum verhüllte Chiffren für die Rolle der USA in der Welt und im asiatisch-pazifischen Raum. Die chinesische Regierung geißelt den Unilateralismus und wirbt für eine multipolare Ordnung, in der Amerikas Dominanz durch andere Mächte (Russland, EU, China, Indien etc.) und durch eine Aufwertung der Vereinten Nationen ausbalanciert werden soll. Das vom US-Dollar dominierte Weltwährungssystem sei ein „Produkt der Vergangenheit" (so der chinesische Staatspräsident Hu Jintao Anfang 2011). Der chinesische Zentralbankgouverneur formulierte den konkreten Vorschlag, eine währungskorbgestützte neue globale Reservewährung in Form modifizierter Sonderziehungsrechte beim IMF einzurichten. Die chinesische Kritik an den Grundlagen amerikanischer Dominanz in Weltpolitik und Weltwirtschaft gewann nach Ausbruch der globalen Finanz- und Wirtschaftskrise 2007 an Schärfe.

Auf der Basis der Darlegungen in den vorangegangenen Abschnitten wird die Interessenkonfiguration zwischen China und den USA in Übersicht 11.4 (S. 144) in tabellarischer Form knapp zusammengefasst.

Innenpolitische Determinanten der chinesisch-amerikanischen Beziehungen
Die amerikanische China-Politik ist beträchtlichen innenpolitisch bedingten Schwankungen ausgesetzt. Sehr unterschiedliche Kräfte sind hier am Werk. So sieht sich die US-Regierung einerseits mit einem energischen Lobbying für die Interessen des China-Handels durch amerikanische Unternehmen und Wirtschaftsverbände (z.B. US-China Business Council, Club for Growth) konfrontiert. Andererseits gibt es über eine einflussreiche Taiwan-Lobby hinaus zahlreiche weitere Interessengruppen (religiöse Gruppierungen, Tibet-Aktivisten, Gewerkschaften), die gegenüber Kongressabgeordneten chinakritische Vorstöße unternehmen und dort auch Gehör finden.

Auf chinesischer Seite belegten die amerikanisch-chinesischen Spannungsfälle von 1999 und 2001, unter welchen öffentlichen Druck Chinas Regierung geraten kann, wenn sie als unnachgiebige Verteidigerin der nationalen Interessen gegenüber der Supermacht USA auftreten muss. In beiden Gesellschaften und politischen Führungen bestehen wechselseitige latente Feindbilder, die jederzeit den Nährboden für größere Krisen bieten können (Shirk 2007).

Insgesamt betrachtet ergibt sich ein überaus komplexes Bild der amerikanisch-chinesischen Beziehungen: Die grundlegenden Spannungsursachen und Interessengegensätze sind auch durch die seit 2002 eingeleiteten neuen Kooperationsschritte und einen intensivierten politisch-diplomatischen Austausch nicht aufgehoben worden. In vielen Politikfeldern stehen sich die USA und China bereits als Rivalen gegenüber (Wagener 2011, Sandschneider 2007). Die bilateralen

Übersicht 11.4 Kooperations- und Konfliktfelder in den chinesisch-amerikanischen Beziehungen

Interaktionsfelder	Gemeinsame Positionen	Divergierende Positionen
Nationale Souveränität und Menschenrechte	- Aufrechterhaltung der Stabilität in VRCh und Taiwan-Straße - Normative Konflikte sollen nicht Gesamtgefüge der Beziehungen beschädigen	- VRCh: Nichteinmischung in innere Angelegenheiten; Unantastbarkeit nationaler territorialer Integrität (inkl. Taiwan, Tibet, Xinjiang) - USA: Einhaltung universeller Menschenrechte und Demokratisierung; Waffenlieferungen an Taiwan zu defensiven Zwecken
Wirtschaft	- Ausbau der bilateralen Wirtschaftsbeziehungen - Offenhaltung des Welthandelssystems - Stabilisierung des Weltfinanzsystems	- VRCh: besserer Zugang zu US-Hochtechnologie; Abbau politischer Beschränkungen für chinesische Übernahmen US-amerikanischer Firmen; Etablierung einer neuen Weltreservewährung - USA: Abbau des Handelsdefizits mit China; Aufwertung des CNY; Schutz geistiger Eigentumsrechte in China; chinesische Investitionen in USA unterliegen Vorbehalt nationaler Sicherheit
Globale öffentliche Güter	- Bekämpfung von Drogenhandel, Terrorismus, Kriminalität, Epidemien - Nichtverbreitung von Massenvernichtungswaffen - Eindämmung Klimawandel	- VRCh: primäre Verantwortung für Bereitstellung globaler öffentlicher Güter liegt bei hoch entwickelten Staaten; freiwillige Kooperation Chinas - USA: China soll der Wirtschaftsleistung gemäß größere, verifizierbare Beiträge leisten
Asiatisch-pazifische Region	- Stabilität auf der koreanischen Halbinsel - friedliche Lösung von Territorialkonflikten - Sicherheit der Seewege	- VRCh: keine Einmischung der USA in Taiwan-Frage und regionale Territorialfragen; Ablösung des US-Allianzsystems in der Region - USA: Aufrechterhaltung der Präsenz im westlichen Pazifik; Aufwertung des bilateralen Allianzsystems
Neuordnung internat. Beziehungen	- Vermeidung disruptiver Änderungen - Schrittweise größeres Gewicht für Schwellenländer	- VRCh: Ablösung der US-dominierten durch eine multipolare Ordnung; Akzeptanz einer zentralen, mitgestaltenden Rolle Chinas - USA: Aufrechterhaltung der führenden globalen Position

© Schmidt/Heilmann 2011

Beziehungen bleiben von Misstrauen geprägt, krisenanfällig und instabil (Sutter 2010b, Yan Xuetong 2010, Saunders 2008).

Nicht zu konstatieren ist auf dem derzeitigen Stand ein umfassender politisch-ökonomisch-ideologischer „Systemwettbewerb" (in Analogie zum „Kalten Krieg") oder eine zwangsläufige Entwicklung hin zu militärischen Auseinandersetzungen (in Analogie zu historischen Erfahrungen mit der Ablösung von Führungsmächten durch aufstrebende neue Mächte) (Art 2010, Clark 2011). Die Kräfte ökonomischer Interdependenz und pragmatischer Außenpolitik erscheinen derzeit noch belastbar genug, um eine konstruktive, wenn auch spannungsgeladene Kooperation zwischen den USA und China aufrechtzuerhalten. Die chinesische Regierung weist zur Zeit weder den politischen Willen noch den internationalen Einfluss oder die militärische Macht auf, um die USA in deren globaler Rolle herauszufordern. Beide Seiten sind mit – sehr unterschiedlichen, aber gleichermaßen gravierenden – innenpolitischen, binnen- und außenwirtschaftlichen sowie gesellschaftlichen Herausforderungen konfrontiert, die die Hauptenergien der jeweiligen Führungen beanspruchen werden (Lampton 2009).

Das größte Risiko für die amerikanisch-chinesischen Beziehungen geht in der nahen Zukunft von unrealistischen Erwartungen aus, die durch die innenpolitische Dynamik in beiden Ländern angeheizt werden. Von China etwa ist kaum die Bereitschaft zu erwarten, dauerhaft der Rolle einer – auf amerikanische Führungsansprüche Rücksicht nehmenden – „Juniormacht" nachzukommen. Umgekehrt ist nicht zu erwarten, dass die USA den chinesischen Aufstieg durch uneingeschränkte Konzessionsbereitschaft passiv hinnehmen werden. Aufgrund dieser Dynamik überzogener Erwartungen und unvermeidlicher Enttäuschungen wird die wechselseitige Kooperations- und Kompromissbereitschaft immer wieder unter Spannung und ins Wanken geraten (Sutter 2010b).

12 Chinas Beziehungen zu Europa und Deutschland

Das chinesisch-europäische Verhältnis weist einige Parallelen auf zu den soeben dargestellten chinesisch-amerikanischen Beziehungen. Dies gilt zunächst für die hohe Bedeutung der ökonomischen Interdependenz bei gleichzeitig in den letzten Jahren deutlich gestiegenem Spannungspotenzial in außenwirtschaftlichen Fragen. Zudem teilen die USA und die europäischen Regierungen einige grundsätzliche Ziele in ihrer China-Politik (Grant/Barysch 2008, Gill/Murphy 2008): China soll als berechenbarer und verantwortungsbewusster Akteur in die internationalen Beziehungen eingebunden werden; Chinas politisches System soll sich öffnen und demokratisch-rechtsstaatlichen Prinzipien folgen; Chinas wirtschaftliche und soziale Modernisierung soll zudem ohne drastische Einbrüche fortgeführt werden.

Über diese Gemeinsamkeiten hinaus sind die chinesisch-europäischen Beziehungen jedoch durch besondere Wahrnehmungs- und Interaktionsmuster sowie Interessenkonstellationen gekennzeichnet, die sich aus der eigentümlichen Rolle der EU in der internationalen Politik ableiten. Signifikant ist es, dass – im Unterschied zu den Beziehungen Chinas mit den USA oder Japan – sicherheitspolitische Konfliktpunkte für die Entwicklung der chinesisch-europäischen Beziehungen in der diplomatischen Praxis bislang nahezu bedeutungslos sind.

12.1 Ökonomische Interdependenz und Spannungspotenzial

Die europäisch-chinesischen Wirtschaftsbeziehungen haben seit den 1990er Jahren einen beträchtlichen Aufschwung erlebt. Die Importe der EU aus China stiegen seit 1990 von knapp 20 Mrd. auf 282 Mrd. Euro im Jahr 2010 an. Die Exporte nach China nahmen in diesem Zeitraum von knapp sechs auf 113 Mrd. Euro zu.

Die EU-27 war 2010 der wichtigste Handelspartner Chinas vor den USA und Japan; im Gegenzug stellte die VR China für die EU den zweitwichtigsten Handelspartner dar. China war mit einem Anteil von knapp 19% (2010) der wichtigste Lieferant für Importe der EU und mit 8,4% (2010) – nach den USA – das zweitwichtigste Exportziel für europäische Güter.

Die Exporte der VR China in die EU machten 2010 einen Anteil von 20% an den gesamten Exporten Chinas aus. Die Importe aus der EU hatten einen Anteil von rund 12% an allen chinesischen Importen. Innerhalb der EU ist Deutschland der größte Exporteur nach China (deutscher Anteil 2010: 47%) wie auch der größte Importeur (Anteil 2010: 27%).

Was die ausländischen Direktinvestitionen (FDI) in der VR China anbelangt,

Chinas Beziehungen zu Europa und Deutschland

Übersicht 12.1 EU-Außenhandel mit China (1992–2010)

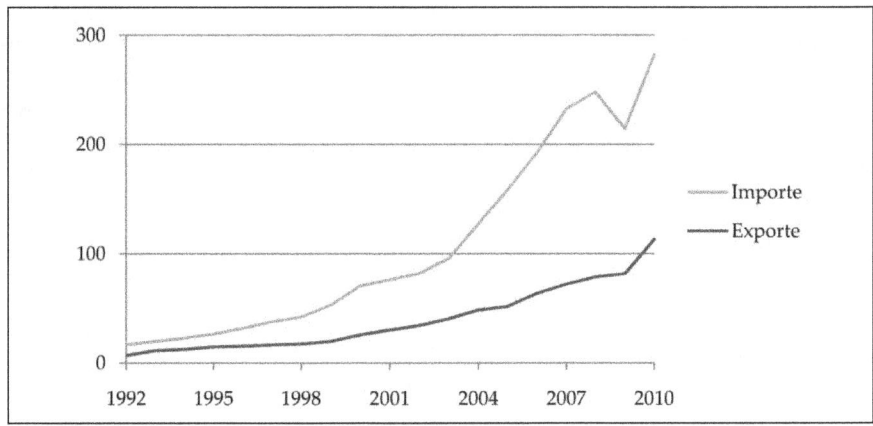

Angaben in Mrd. Euro. Quelle: Statistisches Amt der EU (Eurostat).
© Schmidt/Heilmann 2011

Übersicht 12.2 Handelspartner Chinas und der EU (2010)

Wichtigste Handelspartner Chinas*		Wichtigste Handelspartner der EU**	
1. EU	480 Mrd. USD	1. USA	402 Mrd. EUR
2. USA	385 Mrd. USD	2. China	395 Mrd. EUR
3. Japan	298 Mrd. USD	3. Russland	245 Mrd. EUR

Quellen: *Handelsministerium der VRCh; **Statistisches Amt der EU (Eurostat).
Zweite und vierte Spalte: Summe von Importen und Exporten (Angaben gerundet).
© Schmidt/Heilmann 2011

Übersicht 12.3 Herkunft der wichtigsten Investoren in China (2010)

Land	FDI in Mrd. USD	Anteil
1. Hongkong	67,5	63,8%
2. Taiwan	6,7	6,3%
3. EU-27	6,6	6,2%
4. Singapur	5,7	5,4%
5. Japan	4,2	4,0%
6. USA	4,1	3,8%
7. Südkorea	2,7	2,5%
8. Großbritannien	1,6	1,6%
9. Frankreich	1,2	1,2%
10. Niederlande	1,0	0,9%
11. Deutschland	0,9	0,9%

Quelle: Handelsministerium VRCh (Angaben gerundet).
© Schmidt/Heilmann 2011

so schob sich die EU-27 in der zweiten Hälfte der 1990er Jahre vor die USA und Japan. Im Jahre 2010 lag die EU mit einem Anteil von 6,2 % an den chinabezogenen FDI auf dem dritten Platz (vgl. Abschnitt 6.3). 2007 erreichten die FDI-Ströme der EU-27 nach China mit 7,2 Mrd. Euro einen vorläufigen Höchststand. 2008 fielen sie in Folge der Finanzkrise auf 5,2 Mrd. Euro. 2009 stiegen sie zwischenzeitlich auf 5,8 Mrd. Euro an, um 2010 schließlich wieder auf 4,9 Mrd. Euro zu fallen. Trotz der herausragenden Bedeutung Chinas für den EU-Außenhandel spielte China als Zielland für europäische FDI nicht die führende Rolle unter den BRICs (siehe Übersicht 12.4).

Bereits im Vorfeld der Finanz- und Wirtschaftskrise von 2007–2009 hatten Spannungen in den chinesisch-europäischen Beziehungen zugenommen. Die von den Europäern geäußerten Kritikpunkte entsprachen dabei im Wesentlichen denen der USA.

Aus europäischer Sicht ist allein im Jahr 2009 im Handel mit China ein Defizit von 133 Mrd. Euro aufgelaufen. Dabei verzeichneten alle 27 EU-Staaten gleichermaßen ein Handelsbilanzdefizit. Die größten Defizite entfielen auf die Niederlande, gefolgt von Großbritannien, Italien und Frankreich. Deutschland wies das fünftgrößte Defizit auf.

Viele Europäer sehen China als Globalisierungsgewinner, der durch illegale Marktzugangsbeschränkungen und Exportsubventionen den Handel zu seinen Gunsten gestaltet und zahlreiche Hürden für europäische Firmen vor Ort (intransparente Verwaltungsvorschriften etc.) errichtet. Spannungen manifestierten sich insbesondere in den Branchen Banken- und Versicherungswesen, Automobilmarkt, Energieerzeugung, IT, Medizin sowie Bau. Die EU-Handelskammer in China mahnte wiederholt größere Transparenz und verbesserte Zugangsmög-

Übersicht 12.4 FDI-Ströme der EU-27 in die BRIC-Staaten

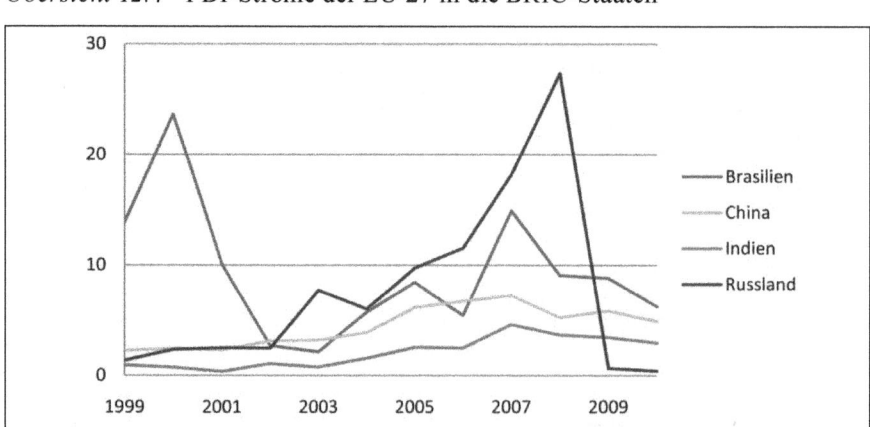

Angaben in Mrd. Euro. Quelle: Statistisches Amt der EU (Eurostat).
© Schmidt/Heilmann 2011

lichkeiten insbesondere in öffentlichen Ausschreibungen an. Bei der Vergabe äußerst umfangreicher und lukrativer öffentlicher Aufträge während des Konjunkturprogrammms von 2008–2010 seien europäische Unternehmen gegenüber chinesischen Staatsunternehmen systematisch benachteiligt worden. Zu den gravierenden Defiziten wurden außerdem der mangelhafte Schutz geistiger Eigentumsrechte und die Intransparenz bei Zertifizierungen gezählt. Die stärkere Öffnung des chinesischen Marktes und Chancengleichheit für europäische Firmen in der VR China – im EU-Jargon bezeichnet als „positive reciprocity", „mutual balance", „level playing field" – werden als ausschlaggebend für die Zukunft der Gesamtbeziehungen dargelegt.

Chinesische Hersteller treten zunehmend in Konkurrenz zu europäischen Unternehmen in Mid- und High-Tech-Industrien wie beispielsweise der Photovoltaik. Auch die traditionell von europäischen Konzernen dominierte Eisenbahnindustrie sieht sich chinesischen Wettbewerbern gegenüber, die auf lukrative Märkte für große Infrastrukturprojekte in Schwellen- und Entwicklungsländern drängen.

Ähnlich wie im Falle der USA hat sich die chinesische Währungspolitik auch gegenüber der EU zu einem virulenten Streitpunkt entwickelt. Wegen der Abwertung des US-Dollar zum Euro und der Kopplung des chinesischen Yuan (CNY) an den US-Dollar verschlechterte sich das Verhältnis des Euro zum Yuan kontinuierlich bis zum Frühjahr 2008. Während der Yuan wenigstens seit Juli 2005 schrittweise um 15% gegenüber dem US-Dollar aufwertete (siehe 6.2), wertete er gegenüber dem Euro im gleichen Zeitraum um 7% ab und verteuerte so die europäischen Exporte in die VR China im Vergleich zu den amerikanischen bzw. asiatischen Konkurrenten. Die Europäer kündigten bilaterale Maßnahmen oder die Einschaltung der WTO an. Im April 2008 erreichte der Euro jedoch bei 11,2 CNY seinen Höchststand und sank in der Folge im Wert. Im Kontext der Eurokrise erreichte er im Juni 2010 schließlich einen Tiefststand im Verhältnis zum Yuan (8,2 CNY).

Als in Europa 2010 die Sorge um die Stabilität der Gemeinschaftswährung und um die Bonität einer Reihe südeuropäischer Länder in den Vordergrund trat, erwarb China 2010 und 2011 ostentativ irische, spanische, portugiesische und griechische Staatsanleihen, um zur Beruhigung der Märkte beizutragen. Der Euro spielt im Management der gewaltigen chinesischen Devisenreserven eine wichtige Rolle: Erstens soll eine Diversifizierung der hauptsächlich in Dollar angelegten Devisenreserven durchgeführt werden; zweitens soll der Euro aus handelspolitischen Gründen gestützt werden (die EU ist der größte Absatzmarkt für chinesische Exporte); drittens könnten die in Euro notierten Devisen womöglich als Hebel zur politischen Einflussnahme genutzt werden, um zum Beispiel auf eine Aufhebung des europäischen Waffenembargos hinzuwirken. Dieser neuen Konstellation zum Trotz blieb die chinesische Währungspolitik ein höchst kontroverser Gegenstand. Wiederholt forderten hochrangige EU-Vertreter eine geregelte, signifikante Aufwertung des Yuan.

12.2 Besonderheiten der europäisch-chinesischen Beziehungen

Eine erste Besonderheit besteht in der Wahrnehmung der EU durch die VR China (Zhu Liqun 2008, Shambaugh 2008b, Lisbonne de Vergeron 2007). Die EU wird zwar immer wieder in außenpolitischen Analysen der VR China und Reden führender Politiker als wichtiger Pol in den internationalen Beziehungen beschrieben. Gleichwohl ist die EU als supranationale Institution dem in China vorherrschenden staatszentrierten, auf den Erhalt nationalstaatlicher Souveränität gerichteten Denken weiterhin fremd. In der chinesischen Außenpolitik wird die EU als einheitlicher und handlungsfähiger Akteur nur in der multilateralen Handelspolitik wahrgenommen. Allerdings werden EU und größere europäische Nationalstaaten als weltpolitische Gegengewichte gegen die Dominanz der USA begriffen. Dementsprechend hat die chinesische Regierung seit Mitte der 1990er Jahre die politischen Beziehungen zur EU gezielt aufgewertet (Casarini 2006).

Diese Aufwertung hat aber wohl in erster Linie symbolische Bedeutung. Denn die europäischen Staaten werden von Chinas Außenpolitikern als untereinander rivalisierende Akteure betrachtet, die sich etwa in Fragen der Menschenrechtspolitik wie auch bei der Finanzierung großer Investitionsprojekte in China (konkurrierende einzelstaatliche Finanzhilfen, Entwicklungskredite und Bürgschaften) gegeneinander ausspielen lassen (Gu Xuewu 1998). Beim Wettbewerb um Großprojekte innerhalb Chinas (etwa Kernkraftwerke und Schnellbahnsysteme) befinden sich die europäischen Regierungen häufig in einem regelrechten Subventionswettlauf. Chinesische Regierungsstellen haben diese Rivalitäten durch eine selektive Bevorzugung wechselnder Staaten in Importgeschäften und Infrastrukturprojekten für die eigenen Zwecke geschickt zu nutzen verstanden. Die chinesische Skepsis gegenüber dem politischen Modell und der Handlungsfähigkeit der EU verstärkte sich mit der südeuropäischen Schuldenkrise und Eurokrise der Jahre 2010–2011.

Eine zweite Besonderheit in den bilateralen Beziehungen besteht in der weitgehenden Abwesenheit von sicherheitspolitischen Friktionen. Im Gegensatz zu den amerikanisch-chinesischen Beziehungen sehen sich beide Seiten gegenseitig nicht als militärische Bedrohung an. Die EU hat in Ostasien kaum Sicherheitsinteressen und keine militärische Präsenz. Selbst die Taiwan-Frage spielt nur eine untergeordnete Rolle (Cabestan 2008).

Der einzig erwähnenswerte Konflikt in dieser Hinsicht besteht in der Diskussion um die Aufhebung der europäischen Sanktionen für Waffenlieferungen an die VR China. Dieses seit 1989 bestehende Embargo ist zwar nicht (wie z. B. das amerikanische) rechtlich verbindlich, sorgt aber seit Jahren für Verstimmungen zwischen beiden Seiten. In den Jahren 2004–2005 spitzte sich diese Frage bis hin zu innereuropäischen Meinungsverschiedenheiten und transatlantischen Verwerfungen zu. Deutschland und Frankreich befürworteten im Alleingang die

Aufhebung des Waffenembargos aus politischen Gründen. Gegen diesen Vorstoß wandten sich nach anfänglicher Zustimmung Großbritannien und einige der zentral- bzw. osteuropäischen Mitgliedsstaaten. Vor allem der massive amerikanische Druck und das chinesische Antisezessionsgesetz vom März 2005 führten dann zu einem Verzicht auf die Weiterbehandlung dieser Angelegenheit (Gill/Murphy 2008, Sandschneider 2006). Im Dezember 2010 geriet das Thema wieder auf die Tagesordnung, als die Hohe Vertreterin der EU für Außen- und Sicherheitspolitik empfahl, das Waffenembargo aufzuheben, um einen zentralen Konfliktpunkt in den europäisch-chinesischen Beziehungen auszuräumen. Frankreich und Spanien befürworteten einen solchen Schritt, wohingegen die britische Regierung die Aufhebung des Embargos mit konkreten Schritten der VR China u. a. in Fragen der Menschenrechte verknüpft sehen wollte. Da eine entsprechende Entscheidung von allen 27 EU-Staaten getragen werden müsste, stehen einer Aufhebung des Embargos hohe politische Hürden entgegen.

Trotz immer wieder aufflammender europäischer Kritik an Chinas Umgang mit ethnischen Minderheiten (anlässlich der Unruhen in Tibet 2008 oder in Xinjiang 2009) und Repressalien gegenüber Regierungskritikern (anlässlich der Verleihung des Friedensnobelpreises an Liu Xiaobo im Winter 2010 oder der Inhaftierung von Ai Weiwei im Frühjahr 2011) finden chinakritische Stimmen unter europäischen Politikern weniger Gehör, als dies in den USA der Fall ist. Im Gegensatz zu Teilen des außenpolitischen Establishments in den USA sind europäische Regierungen gleich welcher Couleur bis heute nicht bereit, zu einem Erosionsprozess des Herrschaftssystems in China offensiv durch die eigene Außenpolitik beizutragen und zweifeln auch an der Wirksamkeit solcher Maßnahmen.

In der Menschenrechtspolitik etwa wurde seit Mitte der 1990er Jahre ein europäischer Ansatz erkennbar, der sich deutlich vom amerikanischen Vorgehen unterscheidet. Die Europäer setzten auf nichtkonfrontative Maßnahmen und schufen 1997 einen offiziellen Menschenrechtsdialog mit der VR China, nicht zuletzt auch deshalb, weil sich innerhalb der EU große Interessengegensätze im Umgang mit China aufgetan hatten. Die praktische Menschenrechtspolitik setzte zunehmend auf Maßnahmen des „capacity building" (z. B. Schulungsprogramme für chinesische Juristen, Beamte etc.), die als positiver Beitrag Europas zur Förderung der Rechtsstaatlichkeit in China bewertet wurden (Grant/Barysch 2008).

Die Entwicklung der europäischen Chinapolitik ist begleitet von Strategiepapieren und Maßnahmenkatalogen, die von der EU-Kommission 1995, 1998, 2001, 2003 und 2006 veröffentlicht wurden (Ende 2010 wurde der Entwurf für ein weiteres Strategiepapier diskutiert). Die rechtliche Basis der Gesamtbeziehungen ist das „EC-China Trade and Economic Cooperation Agreement" von 1985. Dieses soll durch eine neues Vertragswerk („Partnership and Cooperation Agreement") ersetzt werden, zu dem 2007 die Verhandlungen aufgenommen wurden. Das Dokument soll Themenfelder wie Arbeitsrecht, geistiges Eigentum, bilaterale Investitionen, Handel, Klimawandel und Menschenrechte umfassen und wurde zum Gegenstand komplizierter und langwieriger Verhandlungen, die Mitte 2011 noch keinen Abschluss gefunden hatten.

Das Strategiepapier der EU von 2006 hob das europäische Interesse an einer konstruktiven und verantwortlichen Mitarbeit der VR China bei der Bewältigung einer Vielzahl von Problemen sowohl im bilateralen Verhältnis als auch auf internationaler Ebene hervor. Neben dem Handel wurden die Bereiche Umweltschutz, Beschäftigung, Energie, Sicherheit und Migration betont. Schließlich strebte die EU unter dem Stichwort „effektiver Multilateralismus" auch eine verstärkte Einbindung der VR China in die Bearbeitung internationaler Probleme an wie etwa Klimawandel und Entwicklungszusammenarbeit. Mit Blick auf die Afrikapolitik wurde China aufgefordert, seine Entwicklungshilfe an den von Weltbank, EU und USA vertretenen „Good Governance"-Prinzipien auszurichten. Insgesamt wurde in jüngeren Strategiepapieren deutlich, dass die EU bereit ist, den Aufstieg der VR China zu einer überregional bedeutsamen Großmacht anzuerkennen, gleichzeitig aber größere Bereitschaft auf chinesischer Seite für die kooperative Lösung von Problemen im bilateralen Verhältnis wie auch auf globaler Ebene fordert.

Im Jahr 2003 verabschiedete die chinesische Regierung ihrerseits erstmals ein Strategiepapier zur EU-Politik. Dieses legte die chinesischen Interessen im chinesisch-europäischen Verhältnis dar sowie die Politikbereiche, in denen nach chinesischer Auffassung Potenziale für eine intensivere Kooperation bestehen. Hierzu wurden der Ausbau der wirtschaftlichen Zusammenarbeit, der Abbau von Handelshemmnissen sowie die Stärkung der internationalen und regionalen Zusammenarbeit (im Rahmen der Vereinten Nationen und der ASEM) gezählt. Der Menschenrechtsdialog hingegen wurde in dem chinesischen Strategiepapier zurückhaltend eingeschätzt; als Bereiche der Zusammenarbeit wurden hier vor allem der Schutz kultureller und sozialer Rechte sowie die Rechte Behinderter genannt. Weiterhin forderte die VR China in ihrem Strategiepapier deutlich mehr Engagement der EU in den Bereichen Umweltschutz und Armutsbekämpfung.

Insgesamt dominieren in den chinesischen Stellungnahmen zur EU-Politik Forderungen an die europäischen Partner, während der Übernahme internationaler Verantwortung seitens Chinas keine prominente Bedeutung beigemessen wird. Der Ausbau des europäisch-chinesischen Verhältnisses wird demnach in Brüssel und in Beijing mit sehr unterschiedlichen Perspektiven, Interessen und Forderungen betrieben.

Zur Umsetzung der in den EU-Strategiepapieren genannten Zielsetzungen finden zahlreiche Treffen auf unterschiedlichen Ebenen und in verschiedenen Formen statt (Algieri 2008). Seit 1998 existieren die einmal jährlich im Wechsel in Europa und der VR China stattfindenden *EU-China Gipfel*. Besondere Beachtung finden zudem der seit 1997 bestehende *EU-China Menschenrechtsdialog* und der 2008 ins Leben gerufene *Strategische Wirtschaftsdialog,* der halbjährlich die zuständigen EU-Kommissare und die entsprechenden chinesischen Minister zusammenbringen soll.

Der *Menschenrechtsdialog,* der Treffen der chinesischen und europäischen Seite zweimal pro Jahr vorsieht, richtet sich vor allem auf die Unterstützung rechtsstaatlicher Entwicklungen, den Schutz von Menschen- und Minderheitenrechten, die Wahrung der Religionsfreiheit, den Schutz der Autonomie in Tibet sowie die verstärkte Einbindung der VR China in internationale Menschenrechtsregime. Da die bisherigen Resultate auf europäischer Seite weithin als unbefriedigend beurteilt werden, soll der Menschenrechtsdialog enger mit entsprechenden Dialogen der EU-Mitgliedstaaten (es existieren davon 13) abgestimmt werden. Europäische Forderungen nach „verifizierbaren" Fortschritten im Bereich des Menschenrechtsschutzes oder der politischen Reformen in China blieben bislang allerdings ohne unmittelbare Wirkung.

Der erstmals im April 2008 durchgeführte *strategische Wirtschaftsdialog* folgt dem entsprechenden chinesisch-amerikanischen Vorbild und soll handelspolitische Spannungen und Hemmnisse abbauen helfen. So erklärten beide Seiten als Ergebnis des 2009 abgehaltenen Dialogs, dass man trotz der Herausforderungen der globalen Wirtschaftskrise auf protektionistische Maßnahmen verzichten und für die Offenheit der globalen Märkte einstehen werde. Flankiert wird der Wirtschaftsdialog durch einen Dialog der Europäischen Zentralbank mit der Chinesischen Volksbank (PBoC) zu Währungsfragen.

Neben den genannten Dialogen existiert in der konkreten sachbezogenen Zusammenarbeit der EU mit der VR China eine Vielzahl weiterer mittel- bis langfristig angelegter europäisch-chinesischer Kooperationsprogramme. Neben regelmäßigen Treffen auf Ministerebene finden diese „sektoralen Dialoge" auch als informelle Kooperationen teilweise unter Einbeziehung von Vertretern aus Privatwirtschaft und Zivilgesellschaft statt. Ziel der sektoralen Dialoge in über 50 verschiedenen Bereichen ist es, ein breites Fundament für den Ausbau der politischen Beziehungen zu legen. Bisher wurden u. a. die folgenden Bereiche abgedeckt: Landwirtschaft, zivile Luftfahrt, Schutz geistigen Eigentums, Wettbewerbspolitik, Verbraucherschutz, Beschäftigung und soziale Sicherheit, Wissenschaft und Technologie, Energiesicherheit, Umweltschutz und nachhaltige Entwicklung, Raumfahrt sowie Satellitentechnologie.

Die Vielzahl an Kooperationsprogrammen hat bislang nicht zu einer besser abgestimmten und wirkungsvolleren europäischen China-Politik beigetragen. Die Kooperationsprogramme mit China auf einzelstaatlicher bzw. auf EU-Ebene laufen gewöhnlich unkoordiniert nebeneinander her. Dies schwächt die Wirkung der zum Teil finanziell üppig ausgestatteten Einzelprogramme.

Die europäisch-chinesischen Beziehungen haben seit Mitte der 1990er Jahre eine beachtliche Ausweitung erfahren. Einzelne Krisen – vor 1997 jährlich wegen chinakritischer Anträge der Europäer in der UN-Menschenrechtskommission, 1993/94 wegen französischer Waffenlieferungen an Taiwan, 1996 wegen einer chinakritischen Tibetresolution des deutschen Bundestages, 1992-1997 wegen britisch-chinesischer Kontroversen in der Hongkong-Frage – vermochten das Verhältnis lediglich kurzfristig zu belasten.

In jüngerer Zeit jedoch wird sowohl in Stellungnahmen beteiligter Politiker beider Seiten als auch in akademischen Studien vermehrt eine Desillusionierung im Hinblick auf Substanz und Ertrag des Austauschs konstatiert (Schucher 2007, Cabestan 2007, Holslag 2006). Die seit dem Jahr 2003 von Europäern und Chinesen immer wieder propagierte „strategische Partnerschaft" hat sich nicht mit Inhalten füllen lassen. Weitergehende Erwartungen an eine mögliche „Achse" der engen Kooperation zwischen Europa und China (Shambaugh 2004, Scott 2007) haben sich als gänzlich überzogen erwiesen. Die Gründe für die Ernüchterung im beiderseitigen Verhältnis sind vielfältig (Berkofsky 2006, Grant/ Barysch 2008, Shambaugh/Sandschneider/Zhou 2008b). Europäer wie Chinesen haben sich vom Ausbau der beiderseitigen Beziehungen offensichtlich mehr versprochen. Die Europäer sehen sich enttäuscht in ihrer Erwartung, die VR China zu einem „effektiven Multilateralismus" hinlenken und einen innenpolitischen Wandel unterstützen zu können. Die chinesische Seite hingegen interpretierte die „strategische Partnerschaft" als eine Möglichkeit, Europa gegen die USA ausspielen zu können und den offiziellen Status einer Marktwirtschaft von den Europäern zuerkannt zu bekommen, um die Risiken handelspolitischer Sanktionen zu verrringern.

Entgegen diesen Erwartungen nahmen seit 2006 europäisch-chinesische Konflikte an Häufigkeit und Intensität zu. Die Europäer kritisierten nicht nur die fundamentalen außenwirtschaftlichen Ungleichgewichte und Währungsverzerrungen, sondern auch, dass die VR China ihrer globalen Verantwortung nicht ausreichend gerecht werde und beispielsweise in ihrer Afrika-Politik oder beim Klimaschutz rücksichtslos nationale Interessen verfolge. Die VR China umgekehrt beklagte einen zunehmenden Protektionismus in Europa (z.B. gegenüber chinesischen Investitionen), ungerechtfertigte Vergeltungsmaßnahmen im Handel (z.B. EU-Strafzölle gegen chinesische Textilexporteure) und eine undifferenzierte Anlehnung der Europäer an die USA (z.B. in der Aufrechterhaltung des Waffenembargos).

Insgesamt umfassen die europäisch-chinesischen Beziehungen viele Bereiche, in denen komplementäre Interessen bestehen und in denen der Austausch institutionell abgesichert ist. Die Beziehungen weisen aber zugleich markante, kurzfristig nicht aufzulösende Konfliktpotenziale auf, die aus europäischer Sicht durch Chinas Außenwirtschaftspolitik sowie durch Inkompatibilitäten der politischen Herrschaftsordnungen bedingt sind. Auf chinesischer Seite wiederum wird ein Großteil der europäischen Kritik als Ausfluss von Unkenntnis, Vorurteilen oder Arroganz gesehen.

Wie sich die europäisch-chinesischen Beziehungen in der Zukunft entwickeln, wird aber nicht von der EU als kollektivem internationalen Akteur abhängen, sondern von den Beziehungen Chinas zu den einzelnen EU-Mitgliedsstaaten, unter denen Deutschland eine hervorgehobene Rolle spielt.

12.3 Deutsch-chinesische Beziehungen

Die facettenreiche Geschichte der deutsch-chinesischen Beziehungen kann an dieser Stelle nicht nachgezeichnet werden (einige wichtige Daten sind in Übersicht 12.11 aufgeführt; vertiefend Leutner/Trampedach 1995, Meissner/Feege 1995, Neßhöver 1997, Kotzel 2002, Schüller 2003, Friedrich 2007, Heilmann 2007). China wurde von manchen westdeutschen Außenpolitikern seit den 1970er Jahren eine wichtige strategische Rolle gegenüber der Sowjetunion zugedacht. Nach dem Untergang der UdSSR aber traten die wirtschaftlichen Chancen in China in den Vordergrund.

Dies wurde deutlich formuliert im „Asienkonzept" der Regierung Kohl von 1993, das einen Schwerpunkt auf die Förderung der Beziehungen zur VR China legte. Im Mai 2002 veröffentlichte das Auswärtige Amt ein neues Regionalkonzept für Ostasien, das die grundlegenden Interessen und Aufgaben der deutschen Außenpolitik gegenüber China benannte. Die „Integration des an politischer und wirtschaftlicher Bedeutung rasch zunehmenden Chinas in die Staatengemeinschaft" wurde als eines der wichtigsten außenpolitischen Anliegen aufgeführt. Über die Wirtschaftsbeziehungen hinaus wurde sicherheits-, menschenrechts- und entwicklungspolitischen Anliegen ein besonderes Gewicht zugesprochen. Konkretere Maßnahmenprogramme zur Chinapolitik finden sich in ressortbezogenen Regionalkonzepten, die einzelne Bundesministerien in ihrem Zuständigkeitsbereich erarbeiten.

Die deutsche Regierung wird von chinesischer Seite als einer der wichtigsten Akteure in Europa eingeschätzt. Wie schon zuvor zu Helmut Kohl suchten Vertreter der chinesischen Staatsführung auch zu Bundeskanzler Schröder fast freundschaftliche Beziehungen. Bundeskanzler Schröder und Ministerpräsident Wen Jiabao erklärten die deutsch-chinesischen Beziehungen im Mai 2004 zu einer „strategischen Partnerschaft in globaler Verantwortung". Die Beziehungen gestalteten sich auch unter Bundeskanzlerin Merkel zunächst reibungsarm. Im September 2007 jedoch verschlechterte sich das Verhältnis dramatisch, als die chinesische Regierung einen – als privat bezeichneten – Besuch des Dalai Lama im Bundeskanzleramt zum Anlass nahm, scharfe Proteste zu äußern und die Zusammenarbeit in einigen Bereichen kurzfristig zu unterbrechen. Erst im Juni 2008 wurde der Konflikt offiziell in Gesprächen zwischen den Außenministern beider Seiten beigelegt.

Der Umstand, dass die chinesische Regierung bereit war, die ansonsten sehr guten Beziehungen zur BRD als einem der wirtschaftlich wichtigsten Partner zu belasten, machte deutlich, wie abrupt die chinesische Außenpolitik in eine harte

Gangart verfallen kann, sobald aus Beijinger Sicht die territoriale Integrität und nationale Souveränität Chinas – wenn auch nur symbolisch – in Zweifel gezogen werden. Die diplomatischen Verstimmungen wurden im Jahre 2010 ausgeräumt, als Bundeskanzlerin Merkel und Premier Wen vereinbarten, einmal pro Jahr Regierungskonsultationen unter Vorsitz der beiden Regierungschefs und unter Mitwirkung einer größeren Zahl von Kabinettsmitgliedern abzuhalten. Während der erstmals im Juni 2011 in Berlin durchgeführten Regierungskonsultationen wurden 22 bilaterale Vereinbarungen über die Vertiefung der Zusammenarbeit unter anderem in den Bereichen Wirtschaft, Technologie, Justiz, Verbraucherschutz, Verkehr, Umwelt und Bildung unterzeichnet.

Unterhalb der Treffen von Regierungschefs und Ministern ruhen die deutsch-chinesischen Beziehungen – über den breit gefächerten Wirtschafts-, Wissenschafts- und Kulturaustausch hinaus – auf einem Fundament zwischenstaatlicher und halboffizieller Konsultations- und Dialogstrukturen. Bereits 1999/2000 wurde zwischen Bundeskanzler Schröder und dem damaligen Ministerpräsidenten Zhu Rongji ein *bilateraler Rechtsstaatsdialog* etabliert, der hochrangige chinesische und deutsche Politiker, Beamte und Wissenschaftler zusammenbringen und zu einer Modernisierung des Justizsystems und Verbesserung der Menschenrechtslage in China beitragen soll (Schulte-Kulkmann 2005a, 2005b). Im Rahmen dieses Dialoges, der sich auf gemeinsam formulierte Zweijahresprogramme stützt und von der chinesischen Seite als ein „besonders gelungener Bestandteil der bilateralen Beziehungen" bezeichnet wird, fanden bis Ende 2010 zehn offizielle Symposien statt. Weiterhin existiert seit November 2005 ein *Deutsch-Chinesisches Dialogforum,* das sich aus ausgewählten Persönlichkeiten beider Länder aus Politik, Wirtschaft, Wissenschaft und Kultur zusammensetzt. Das jährlich abgehaltene Forum, dessen dauerhafte Fortführung im Mai 2010 vereinbart wurde, soll Vorschläge zur Vertiefung der deutsch-chinesischen Beziehungen an den deutschen Bundespräsidenten bzw. an den chinesischen Staatspräsidenten richten.

Ende 2006 wurde weiterhin ein *Strategischer Dialog der Außenministerien* beider Staaten aufgenommen. Im Rahmen dieses Dialoges sollen jährlich Treffen auf Staatssekretärsebene stattfinden, die wirtschaftspolitische Fragestellungen, aber auch Menschenrechtsbelange diskutieren. Der Dialog wurde nach dem Besuch des Dalai Lama im Kanzleramt 2007 vorübergehend ausgesetzt, um im Oktober 2008 wieder aufgenommen zu werden. Im April 2011 erfuhr der *Strategische Dialog* eine Aufwertung, indem die beiden Außenminister persönlich den Vorsitz übernahmen.

Darüber hinaus vereinbarten der deutsche Verteidigungsminister und der stellvertretende Staatspräsident Chinas im April 2007 eine verstärkte sicherheitspolitische Zusammenarbeit, die sich auf gemeinsame Interessen wie die Nichtverbreitung von Massenvernichtungswaffen und die Bekämpfung des Terrorismus konzentrieren sollte. In einem gemeinamen Kommuniqué bekräftigten beide Seiten 2010 die Absicht, diesen Dialog fortzusetzen und würdigten das gemeinsame Engagement im Rahmen der Pirateriebekämpfung am Horn von Afrika.

Das Hauptinteresse des China-Engagements deutscher Regierungen besteht zweifellos in der Exportförderung und Sicherung der deutschen Wirtschaftspräsenz. Dies ist plastisch daran zu erkennen, dass deutsche Kanzler bzw. Außenminister stets mit einer sehr großen Wirtschaftsdelegation nach China reisen und dort aktiv für Projekte und Interessen deutscher Unternehmen werben. Auffällig ist in den deutsch-chinesischen Beziehungen die prominente Rolle der Vorstandsvorsitzenden von Großkonzernen mit Stammsitz in Deutschland (zu den führenden Investoren in China gehören Volkswagen, Siemens, Bayer, BASF, Daimler und BMW). Der 1993 gegründete, im Hause des Bundesverbandes der Deutschen Industrie (BDI) angesiedelte Asien-Pazifik-Ausschuss der Deutschen Wirtschaft (kurz: APA, eine Gemeinschaftsinitiative der Trägerverbände BDI, DIHK, OAV, BGA und Bankenverband) trat durch alle politischen Krisen hindurch entschieden für den Ausbau der Wirtschaftsbeziehungen zu China ein. Den Vorsitz des APA bekleiden stets prominente Vorstandsvorsitzende (1993–2006 Heinrich von Pierer/Siemens; 2006–2010 Jürgen Hambrecht/BASF; seit 2010 Peter Löscher/Siemens), die von der chinesischen Regierung als zentrale Repräsentanten der deutschen Wirtschaft und bevorzugte Gesprächspartner behandelt werden.

Die deutsch-chinesischen Wirtschaftsbeziehungen entwickelten sich in der jüngeren Vergangenheit mit großer Dynamik. Deutschland war bereits im Laufe der 1990er Jahre zum mit Abstand wichtigsten europäischen Handelspartner Chinas geworden (für offizielle chinesische Handelsstatistiken mit Angaben in US-Dollar siehe Übersicht 12.5).

Andererseits stieg China seit dem Jahr 2002 zum wichtigsten Handelspartner Deutschlands in Asien vor Japan auf. Von 2000 bis 2010 vervierfachte sich der Handel Deutschlands mit China nach Angaben des Statistischen Bundesamtes von 28 Mrd. auf 130 Mrd. Euro. Die deutschen Exporte verfünffachten sich in

Übersicht 12.5 Die wichtigsten Handelspartner Chinas (2010)

Land	Handelsvolumen (Mrd. USD)	Anteil
1. EU-27	480	16,1 %
2. USA	385	13,0 %
3. Japan	298	10,0 %
4. ASEAN	293	9,9 %
5. Hongkong	231	7,8 %
6. Südkorea	207	7,0 %
7. Taiwan	145	4,9 %
8. Deutschland	142	4,8 %
9. Australien	88	3,0 %
10. Brasilien	63	2,1 %

Quellen: Nationales Statistikamt der VRCh; Handelsministerium VRCh (Angaben gerundet).
© Schmidt/Heilmann 2011

Übersicht 12.6 Deutscher Außenhandel mit China (1992–2010)

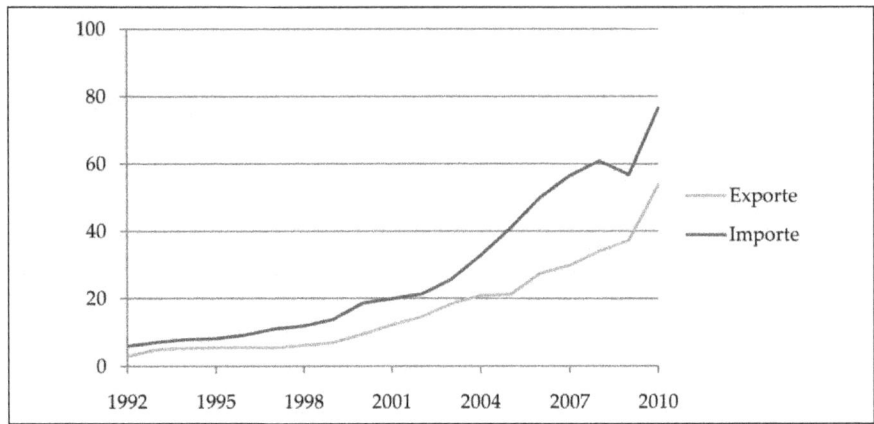

Angaben in Mrd. Euro. Quelle: Statistisches Bundesamt.
© Schmidt/Heilmann 2011

diesem Zeitraum von 9,5 Mrd. auf 53,6 Mrd. Euro, die Importe wuchsen von 18,5 Mrd. auf rund 76,5 Mrd. Euro. Mit rund 22,9 Mrd. Euro musste also Deutschland ein beträchtliches Defizit im Handel mit China hinnehmen.

Chinas Bedeutung für den deutschen Außenhandel wuchs in großen Sprüngen. 2009 löste China die Niederlande als wichtigsten Importpartner für die Bundesrepublik ab und baute diese Position im folgenden Jahr aus. Beeindruckender noch ist der Bedeutungszuwachs Chinas als Absatzmarkt für deutsche Exporte: Während die Ausfuhren in die traditionell wichtigen Märkte Frankreichs, der USA, der Niederlande, Großbritanniens, Italiens und Österreichs während der Wirtschaftskrise zum Teil deutlich zurückgingen, nahmen die Ausfuhren in die Volksrepublik mit raschem Tempo weiter zu. China rückte in der Liste der wichtigsten Exportpartner Deutschlands vom elften Rang im Jahr 2007 bereits 2009 auf den achten und 2010 auf den siebten Rang vor und rangierte nur noch knapp hinter Österreich. Knapp 6 % aller deutschen Exporte gingen Ende 2010 nach China.

Im Zuge der globalen Finanz- und Wirtschaftskrise 2007–2009 gewann China als Absatzmarkt unter anderem für den deutschen Maschinenbau, die Automobilindustrie und die Spezialchemie sprunghaft an Bedeutung. In einer Periode, in der andere Exportmärkte einbrachen oder schwächelten, legten die Maschinenbau-Exporte nach China von 8,8 Mrd. (2007) auf 15,1 Mrd. Euro (2010) zu. 2009 überholte China sowohl die USA wie auch Frankreich und wurde zum wichtigsten Absatzmarkt: ein Zehntel der deutschen Exporte von Maschinen wurde nach China verschifft.

Auch die deutsche Automobilindustrie geriet immer stärker in den Sog des chinesischen Marktes: Während 2007 Kraftfahrzeuge im Wert von 4,9 Mrd. Euro

Übersicht 12.7 Importe und Exporte Deutschlands (2010)

Wichtigste Import-Ursprungsländer		Wichtigste Export-Zielländer	
1. China	76,5	1. Frankreich	90,7
2. Niederlande	68,8	2. USA	65,6
3. Frankreich	61,8	3. Niederlande	63,2
4. USA	45,1	4. Großbritannien	59,5
5. Italien	43,7	5. Italien	58,5
6. Großbritannien	38,6	6. Österreich	53,7
7. Österreich	34,3	7. China	53,6
8. Belgien	33,7	8. Belgien	46,4
9. Schweiz	32,5	9. Schweiz	41,7
10. Russland	31,8	10. Polen	38,1

Angaben in Mrd. Euro (gerundet). Quelle: Statistisches Bundesamt.
© Schmidt/Heilmann 2011

nach China verkauft worden waren, schnellte dieser Wert bis 2010 auf 13,8 Mrd. Euro hoch. Für die deutsche Automobilindustrie wurde China 2010 zum drittwichtigsten Absatzmarkt.

Die chinesische Nachfrage trug zur schnellen wirtschaftlichen Erholung in Deutschland 2009–2010 maßgeblich bei, gab zugleich aber Anlass für sorgenvolle Debatten über eine riskante deutsche Exportabhängigkeit gegenüber China mit gravierenden Rückschlagpotenzialen im Falle von wirtschaftlichen oder politischen Störungen innerhalb Chinas oder in den bilateralen Beziehungen.

Die Entwicklung deutscher Direktinvestitionen in China verlief bis 1998 schleppend, beschleunigte sich jedoch im Vorfeld des chinesischen Beitritts zur WTO, der 2001 vollzogen wurde. Deutschland wurde 2001 zum größten europä-

Übersicht 12.8 Deutsche Exporte nach China in ausgewählten Produktgruppen

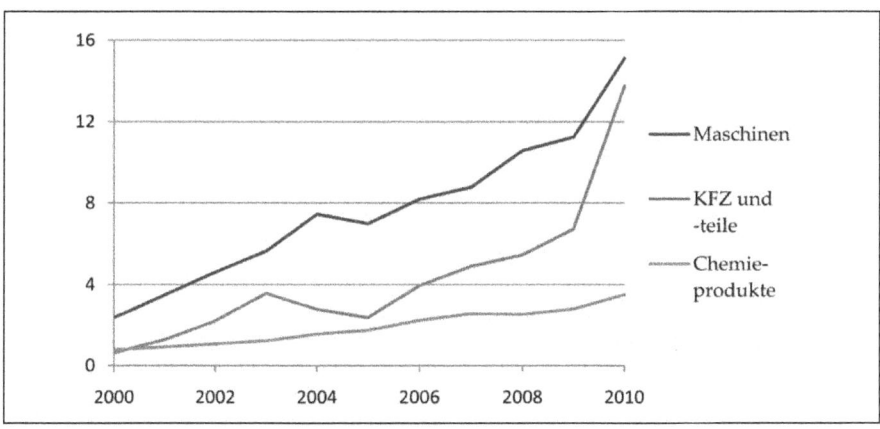

Angaben in Mrd. Euro. Quelle: Statistisches Bundesamt.
© Schmidt/Heilmann 2011

Übersicht 12.9 Hauptabsatzmärkte deutscher Exporte
in ausgewählten Produktgruppen (2010)

Produkt	Land	Handelsvolumen (Mrd. EUR)	Anteil
Maschinen	1. China	15,1	10,9%
	2. USA	10,8	7,8%
	3. Frankreich	9,9	7,1%
KFZ u. KFZ-Teile	1. USA	17,7	11,1%
	2. Großbritannien	15,9	10,0%
	3. China	13,8	8,7%
	4. Frankreich	12,2	7,6%
Chemie	1. Frankreich	8,4	9,2%
	2. Italien	6,8	7,5%
	3. Niederlande	6,3	7,0%
	9. China	3,5	3,9%

Quelle: Statistisches Bundesamt (Angaben gerundet).
© Schmidt/Heilmann 2011

ischen Investor in China, wenn auch mit weitem Abstand auf Hongkong, Taiwan, Japan und die USA. 2010 rangierte die Bundesrepublik hinter Großbritannien, Frankreich und den Niederlanden als viertwichtigster europäischer Investor in China. Deutsche Unternehmen investierten 2010 nach chinesischen Regierungsangaben 933 Mio. USD in der Volksrepublik, was 0,9% der gesamten von China empfangenen FDI und 14% der europäischen FDI in China entspricht (siehe oben, Übersicht 12.3, S. 147).

Kumulativ investierten deutsche Unternehmen zwischen 1978 und 2010 knapp 18 Milliarden USD in China. Dies entspricht 1,7% aller in diesem Zeitraum von China empfangenen FDI. Der größte Teil der deutschen Investitionen entfiel auf die Herstellung von Kraftwagen und Kraftwagenteilen. Laut Bundesbank waren bis 2009 mehr als 1200 deutsche Unternehmen in China tätig. Sie beschäftigten knapp 400 000 Mitarbeiter und erwirtschafteten einen Jahresumsatz von 75,3 Mrd. Euro.

Nach langen Jahren friktionsarmer handelspolitischer Beziehungen nahmen gegen Ende des ersten Jahrzehnts des 21. Jahrhunderts die Klagen deutscher Unternehmen über unfaire Wettbewerbspraktiken in China merklich zu. Die Vorstandsvorsitzenden von Siemens und BASF etwa kritisierten wiederholt öffentlich – und auch in Anwesenheit des chinesischen Ministerpräsidenten während einer China-Reise der Bundeskanzlerin im Jahre 2010 – eine Verschlechterung der Investitions- und Geschäftsbedingungen für ausländische Unternehmen in China durch vielfältige Marktzugangsbeschränkungen und erzwungenen Transfer technologischen Know-hows.

Trotz solcher Beschwerden weiteten sehr viele deutsche Großunternehmen wie auch Mittelständler ihre Präsenz in China rasant aus, errichteten neue Pro-

Übersicht 12.10 Umsatzentwicklung deutscher Großunternehmen in wichtigen Märkten

Unternehmen	Absatzmarkt	2008 (Mrd.EUR)	2009 (Mrd.EUR)	2010 (Mrd.EUR)	Anteil 2010 (%)
Daimler	Deutschland	21,8	18,8	19,3	19,7
	USA	20,0	16,6	20,2	20,7
	China	3,2	4,3	9,1	9,3
Siemens	Deutschland	12,8	11,5	11,4	15,1
	USA	14,8	15,7	14,8	19,4
	China	4,9	5,2	5,8	7,7
Bayer	Deutschland	4,8	4,1	4,4	12,6
	USA	7,1	6,8	7,1	20,3
	China	k.A.	1,7	2,4	6,9

Quellen: Daimler Geschäftsbericht 2010; Siemens Geschäftsberichte 2009 bzw. 2010; Bayer Geschäftsberichte 2009 bzw. 2010 (Angaben jeweils gerundet).
© Schmidt/Heilmann 2011

duktions- und Dienstleistungsstandorte, gingen neue Unternehmensbeteiligungen oder -kooperationen ein und verzeichneten bis 2011 ein Umsatzwachstum im chinesischen Markt, das die Entwicklung in traditionellen Märkten (Europa, USA) deutlich übertraf. Für einzelne deutsche Großunternehmen gewann der chinesische Markt nach 2008 sprunghaft an Bedeutung. So erwirtschafteten im Jahre 2010 – nach drastischen Steigerungen in den Vorjahren – beispielsweise Daimler mehr als 9%, Siemens knapp 8% und Bayer rund 7% des Konzernumsatzes in China (siehe Übersicht 12.10).

Eine neue Entwicklung manifestierte sich darin, dass chinesische Unternehmen in China selbst und weltweit häufiger als Konkurrenten deutscher Firmen auch in technologisch höherwertigen Wirtschaftszweigen auftraten. Im Eisenbahn- und Infrastrukturgeschäft etwa wurden chinesische Konzerne zu erfolgreichen Konkurrenten insbesondere in den Märkten von Entwicklungs- und Schwellenländern. Und in der Photovoltaik-Industrie, die in Deutschland über viele Jahre als industrielle Zukunftsbranche identifiziert und gefördert wurde, stiegen chinesische Produzenten – auch dank großzügiger Finanzierung seitens chinesischer Staatsbanken – binnen weniger Jahre zu Weltmarktführern auf. In Teilen der deutschen Medien und Öffentlichkeit wurde ein „Wirtschaftskrieg" mit China beschworen, der von der chinesischen Seite rücksichtslos und mit allen Mitteln – von Exportdumping bis hin zur Technologiepiraterie – betrieben werde.

Auch die deutsch-chinesische *Entwicklungszusammenarbeit* wurde im Laufe der ersten Dekade des 21. Jahrhunderts zum Gegenstand scharfer innenpolitischer Kritik in Deutschland. Nach den ersten Kooperationsvereinbarungen Anfang der 1980er Jahre war China im Laufe der 1990er Jahre zum größten Empfänger deutscher Entwicklungshilfe aufgestiegen. Die Kritik an der deutschen Entwicklungshilfe für die VR China entzündete sich an der Tatsache, dass China aufgrund systematischer Menschenrechtsverletzungen ein zentrales Vergabekriterium deutscher Entwicklungshilfe nicht erfülle.

Mit der wachsenden wirtschaftlichen und technologischen Leistungsfähigkeit Chinas begannen Kritiker, die Berechtigung kostspieliger deutscher Hilfsleistungen für China grundsätzlich in Frage zu stellen. Unmittelbar nach Konstituierung der christlich-liberalen Regierungskoalition im Herbst 2009 kündigte der für die Entwicklungszusammenarbeit zuständige Minister das Auslaufen zunächst der finanziellen und dann auch der technischen Zusammenarbeit mit China seitens des Bundesministeriums für Wirtschaftliche Zusammenarbeit und Entwicklung (BMZ) an. Laufende Kooperationsprojekte wurden noch vertragsgemäß regulär zu Ende geführt.

Der Rückzug des BMZ aus der Chinapolitik bedeutete jedoch nicht das Ende deutscher Entwicklungshilfe in China. Denn das Bundesumweltministerium (BMU) trat als Geber von Fördermitteln mit Schwerpunkten im Umwelt- und Ressourcenschutz sowie Förderung erneuerbarer Energien immer mehr in den Vordergrund. Für die wichtigste Ausführungsorganisation der deutschen Entwicklungszusammenarbeit, die Deutsche Gesellschaft für internationale Zusammenarbeit (GIZ), die mit einer Vielzahl von Projekten, Entsandten und Ortskräften in China tätig ist, wurde das BMU zu einer immer wichtigeren Quelle der Projektfinanzierung. Die Rolle des BMU in der Chinapolitik wird sich aufgrund der deutsch-chinesischen Kooperationsschwerpunkte (Umwelt, Klima, Energie) aller Voraussicht nach weiter verstärken. Gerechtfertigt wird dieses neue Engagement nicht nur durch die globalen Klimaziele und Chinas Beitrag hierzu, sondern auch mit dem Know-how und den Marktchancen deutscher Unternehmen im Bereich der Umwelt- und Energietechnik. Die deutsche Entwicklungspolitik gegenüber China bleibt somit eingebettet in die staatliche Exportförderung.

Trotz der unter Kanzlerin Merkel stärker prononcierten politischen Konfliktpunkte in den Beziehungen zur VR China und wiederkehrender Verstimmungen insbesondere wegen der Tibet-Frage gestalteten sich die deutschen Beziehungen zur VR China bislang spannungsärmer als die vieler anderer Staaten. Dies lag zum einen an den stetig gewachsenen und vergleichsweise konfliktarmen Handels- und Investitionsbeziehungen. Grundsätzlich aber fehlen im deutsch-chinesischen Verhältnis gravierende historische oder strategisch-sicherheitspolitische Konflikte, die sich in den Beziehungen Chinas zu anderen Mächten (USA, Großbritannien, Japan, Indien, Russland, Vietnam) immer wieder als belastend erweisen.

Übersicht 12.11 Deutsch-chinesische Beziehungen seit 1949 im Überblick

1949	Diplomatische Anerkennung der VRCh durch die DDR. BRD erkennt weder VRCh noch Republik China auf Taiwan an.
1955	Erlass des Staatspräs. Mao Zedong verkündet Ende des Kriegszustandes mit Deutschland.
1955	Grundsatzvertrag über Freundschaft und Zusammenarbeit zwischen DDR und VRCh.
1960	DDR-Führung stellt sich im chines.-sowjet. Konflikt auf die Seite der Sowjetunion.
1961	Chines. Regierung äußert uneingeschränkte Zustimmung zum Bau der Berliner Mauer.
1964	Berner Gespräche zw. westdt. u. chines. Diplomaten über Handelsabkommen scheitern.
1972	Aufnahme diplomat. Beziehungen BRD-VRCh in Folge der amerik.-chines. Annäherung.
1973	Abschluss eines ersten umfassenderen Handelsabkommens BRD-VRCh.
1985	Bilat. Investitionsschutzabkommen BRD-VRCh. VW startet Autoproduktion in Shanghai.
1985/86	Abkommen DDR-VRCh über langfristige wirtschaftl. und techn. Zusammenarbeit.
Juni 1989	DDR-Führung unterstützt militärisches Vorgehen der chines. Führung gegen Demonstrationen in China. Bundestag verurteilt den Militäreinsatz scharf. Sanktionen gegen VRCh im europ. Rahmen (bis 1992 wieder aufgehoben, Rüstungsexporte ausgenommen).
Nov. 1989	Chines. Parteimedien kritisieren Plan von Bundeskanzler Kohl für deutsche Konföderation.
Okt. 1990	Chines. Regierung erklärt ihre Freude über die Vereinigung Deutschlands.
1993	„Asien-Konzept" der Bundesreg. misst Bez. zur VRCh besonderes Gewicht bei; Asien-Pazifik-Ausschuss der Deutschen Wirtschaft wird gegründet.
1996	Chinakritische Tibet-Resolution des Bundestages; diplomatische Proteste Chinas.
2000	Aufnahme des bilateralen Rechtsstaatsdialogs.
2002	China wird vor Japan zum wichtigsten deutschen Handelspartner in Asien.
2004	Regierungschefs begründen „Strategische Partnerschaft in globaler Verantwortung".
2007–2008	Wiederkehrende diplomatische Spannungen wegen Tibet-Frage.
2008–2010	China überholt Deutschland als größte Exportökonomie. Starke Zunahme des bilateralen Handels trotz globaler Wirtschaftskrise.
2011	Beginn jährlicher bilateraler Regierungskonsultationen unter Vorsitz der Regierungschefs.

© Schmidt/Heilmann 2011

13 Imperium und Guerilla: Dimensionen und Herausforderungen der Außenbeziehungen Chinas

Die prägenden Antriebskräfte der chinesischen Außenbeziehungen in differenzierter und handlungsleitender Weise zu begreifen, ist eine Herausforderung nicht nur für unsere Außenpolitik und unsere Unternehmen, sondern für unsere Wahrnehmung und Beurteilung der Welt des 21. Jahrhunderts insgesamt.

In den vorangehenden Kapiteln dieses Buch strebten die Autoren eine distanziert-differenzierte Präsentation von Sachverhalten und Kontroversen in maßgeblichen Bereichen der chinesischen Außenpolitik und Außenwirtschaft an – mit deren Widersprüchen und Ambivalenzen. Dieses abschließende Kapitel hingegen ist als Diskussionsstimulus verfasst: Die Autoren legen ihre eigene Beurteilung der weit reichenden Folgen des chinesischen Aufstiegs für die Außen-, Außenwirtschafts-, Innen- und Gesellschaftspolitik europäischer Staaten dar.

In diesem abschließenden Kapitel werden vier grundlegende Dimensionen der chinesischen Außenpolitik und Außenwirtschaft sowie deren Wirkungen in Chinas bi- und multilateralen Beziehungen umrissen: erstens Chinas *‚imperiale' Außenbeziehungen,* die sich auf eine Expansion der Wirkungsmöglichkeiten als Großmacht im regionalen und weltweiten Kontext richten; zweitens auf China einwirkende *Kräfte der Interdependenz;* drittens Chinas – häufig missverstandene – *unkonventionelle Außenbeziehungen ‚im Schatten des Imperiums';* und viertens die rasant an Bedeutung gewinnenden und in vielerlei Hinsicht bedrohlichen *‚Guerilla'-Außenbeziehungen,* die sich außerhalb des ‚imperialen Schattens' entfalten.

13.1 ‚Imperiale' Außenbeziehungen

Die Begriffe ‚Imperium' und ‚imperial' werden in diesem Kapitel in einem historisch-deskriptiven Sinn (also weder in theoretisch-verallgemeinernder Absicht noch mit moralischer oder ideologischer Aufladung) verwendet zur Kennzeichnung eines autoritär und zentralistisch regierten Großreiches, das außergewöhnlich große Territorien und Populationen kontrolliert. Ein solches ‚Imperium' strebt eine Ausdehnung der eigenen Wirkungs- und Gestaltungsmöglichkeiten nach außen an mittels diplomatischer, wirtschaftlicher, militärischer wie auch kultureller und technologischer Instrumente. Die nationale Expansion schließt die

Imperium und Guerilla 165

Etablierung asymmetrischer Beziehungen zu abhängigen oder untergeordneten anderen Staaten und Ökonomien ein.

> **‚Imperiale' Dimension der Außenbeziehungen**
>
> **Zielsetzungen und Merkmale:**
> - Etablierung Chinas als wirtschaftliche, militärische und politische Großmacht, später Supermacht.
> - Konkurrenzverhältnis mit Japan (regional) und den USA (global).
> - Nicht-Akzeptanz des Status quo (bestehende Ordnung als ‚Produkt der Vergangenheit').
>
> **Mittel:**
> - Zentralistische, hierarchische Steuerung; planvolles, langfristiges Vorgehen.
> - Konventionelle diplomatische, ökonomische und militärische Instrumente der Großmachtpolitik.
> - Zentral koordinierte Außenhandels- und Währungspolitik im Dienste politischer Ziele.

Die ‚imperiale' Dimension der chinesischen Außenbeziehungen steht gewöhnlich im Zentrum der öffentlichen Debatte in westlichen Medien und Außenpolitik-Kreisen, etwa wenn es um Chinas Rivalitäten mit den USA, Territorialstreitigkeiten mit Japan und Chinas Nachbarländern in Südostasien, militärische Rüstungsprogamme oder auch um handels- und währungspolitische Konflikte mit der Europäischen Union geht.

Aus dieser Perspektive ist die chinesische Außenpolitik darauf fixiert, den unter amerikanischer Führung etablierten Status quo der globalen Ordnung zu überwinden und China bis spätestens Mitte des 21. Jahrhunderts zur mächtigsten Nation in den Bereichen Handel und Wirtschaft, Militär und Diplomatie sowie Technologie und Forschung zu machen. Dieser Zielsetzung dient eine zentralistisch-hierarchische Steuerung, die von einem planvollen, langfristigen, strategischen Vorgehen geleitet ist.

In diesem Buch sind vielfältige Beispiele für eine solche Vorgehensweise benannt worden, etwa eine staatlich extensiv geförderte, gobale ökonomische Expansion, diplomatische Kampagnen zur Sicherung breiter Unterstützung für China in internationalen Konfliktfällen oder ein sehr ambitioniertes militärisches Modernisierungsprogramm. Angesichts solcher expansiver Bestrebungen sind in der westlichen Welt Befürchtungen gewachsen, dass nun eine post-amerikanische, von China vorangetriebene und angeführte Globalisierungsphase eintreten könne. Unter den Nachbarstaaten Chinas wird sogar eine mögliche Rückkehr zu hierarchisch-asymmetrischen Ordnungsprinzipien des traditionellen chinesischen Tributsystems befürchtet.

Zugleich aber sind Schwächen und Grenzen etwaiger imperialer Bestrebungen Chinas nicht zu übersehen, die unter anderem bestehen in der anhaltenden Präsenz der Vereinigten Staaten mit deren bilateralen Sicherheitsverträgen im asiatisch-pazifischen Raum, in der wahrscheinlichen Bildung von Gegenallianzen in Südostasien (angeführt von Vietnam oder/und Indonesien), der Schwäche chinesischer ‚Soft Power', eigenen chinesischen Vorbehalten gegenüber den Kosten und Risiken eines möglichen Supermacht-Status und insgesamt im Fehlen einer – für die US-amerikanische Expansion im 20. Jahrhundert unverzichtbaren – missionarischen Agenda in Chinas Außenpolitik.

13.2 Kräfte der Interdependenz

Einer einseitigen Machtentfaltung Chinas wirken starke Kräfte der multilateralen internationalen Einbindung zu wechselseitigem Vorteil entgegen. Am deutlichsten wird dies in der ökonomischen Schicksalsgemeinschaft mit den USA, in der weder China noch die USA eine umfassende Destabilisierung der anderen Seite hervorrufen oder hinnehmen können, ohne selbst im Kern der eigenen Stabilität und Macht getroffen zu werden.

Dimension der Interdependenz in den Außenbeziehungen

Zielsetzungen und Merkmale:
- Sich verdichtende multilaterale Einbindungen in internationale Vertragswerke und Organisationen.
- Hinarbeiten auf Identität und Image einer ‚verantwortlichen Großmacht'.

Mittel:
- Traditionelle diplomatische und völkerrechtliche Instrumentarien.
- Einsatz von Devisenreserven für Aufkauf von amerikanischen und europäischen Staatsanleihen bzw. für Direktinvestitionen im Ausland mittels Staatsfonds.
- Internationale Kreditprogramme (nicht-konditionalisiert) von Staatsbanken.

Kräfte der Interdependenz haben China in ein immer dichteres Netz internationaler vertraglicher Verpflichtungen und internationaler Organisationen eingebunden: von den Regeln der Welthandelsorganisation über internationale Klimaschutzabkommen bis hin zu UN-Menschenrechtskonventionen. Diese auf Kooperation und Selbstbeschränkung hinwirkenden Kräfte entfalten erkennbare Wirkungen im außenpolitischen Verhalten der chinesischen Regierung, das – außerhalb akuter diplomatischer Konflikte – auf eine Identität (Selbstbild) und ein Image (Fremdbild) als ‚verantwortliche Großmacht' gerichtet ist.

Dass diese kooperative Orientierung in Konflikt mit dem Interesse an nationaler Machtentfaltung geraten kann, zeigt sich immer wieder in heftigen Rivalitäten zwischen unterschiedlichen staatlichen Organen der VR China (zentrale Ministerien, militärische Waffengattungen), die um Einfluss auf Gestaltung und Gewichtung der Außen-, Außenwirtschafts- und Sicherheitspolitik ringen.

Die Außenpolitik der VR China ist – anders als es der autoritäre Charakter des Einparteisystems erwarten ließe – das Produkt des Zusammenwirkens einer Vielzahl von Akteuren, Interessen und Initiativen. Dementsprechend finden sich

Aspekte einer zurückhaltenden, auf multilaterale globale und regionale Einordnung setzenden kooperativen Strategie ebenso wie Anhaltspunkte für eine rücksichtslose, in erster Linie an der Sicherung der eigenen Interessen ausgerichteten, konfrontativen Außenpolitik.

Nur in einzelnen Politikfeldern wie insbesondere der Sicherheitspolitik kann von einer stringent ausgearbeiteten Strategie die Rede sein. In der für Chinas internationalen Aufstieg so wichtigen Außenwirtschaftspolitik aber werden die von der Zentralregierung vorgegebenen Zielkataloge und Verhaltensregeln (z.B. in der Respektierung geistiger Eigentumsrechte oder im Handel mit Afrika) immer wieder durch regionale Regierungen sowie durch staatliche Unternehmen und auch private Wirtschaftsakteure unterlaufen.

13.3 Unkonventionelle Außenbeziehungen ‚im Schatten des Imperiums'

Chinas unkonventionelle Außenbeziehungen ‚im Schatten des Imperiums' beinhalten eine Vielzahl nicht zentral koordinierter Vorstöße und breit gestreuter Engagements insbesondere im außenwirtschaftlichen Bereich. Zwar werden langfristige Prioritäten und Finanzierungsprogramme durch die Zentrale festgelegt. Deren Umsetzung aber erfolgt durch dezentrale, nicht-standardisierte Initiativen oder in explizit proklamierten Experimentalprogrammen, die eine schrittweise Weiterentwicklung etwa des außen-, handels- oder währungspolitischen Instrumentariums erlauben.

Dimension der unkonventionellen Außenbeziehungen ‚im Schatten des Imperiums'

Zielsetzungen und Merkmale:
- Zentrale legt Ziele und Prioritäten der Außenbeziehungen fest; Umsetzung aber erfolgt durch dezentrale, nicht-standardisierte Initiativen.
- Eingriffe gegenüber dezentralen Akteuren nur im Falle international unabweisbaren Fehlverhaltens chinesischer Akteure oder aus übergeordneten politischen Kalkülen (‚verantwortliche Großmacht').

Mittel:
- Langfristige staatliche Finanzierungsprogramme.
- Flexible Umsetzung u.a. durch Experimentalprogramme.
- Dezentrale, schrittweise Weiterentwicklung des Instrumentariums.

Besonderheiten dieser Dimension in Chinas Außenbeziehungen manifestieren sich in den globalen Aktivitäten chinesischer Staatskonzerne, die keinesfalls effektiv und lückenlos von der Zentralregierung in Beijing gesteuert werden. Hierin besteht die überraschendste Dimension der Außenbeziehungen Chinas, die häufig Gegenstand grober Missverständnisse in weiten Teilen der westlichen Öffentlichkeit ist.

In der westlichen Chinadiskussion zeigt sich weiterhin eine starke Tendenz, beim Blick auf China Erfahrungen und Kategorien des ‚Kalten Krieges' von der ehemaligen Sowjetunion oder DDR auf China zu übertragen. Die Dynamik Chinas ist aber unmöglich mit solchen Kategorien zu verstehen. Die auch in den Außenbeziehungen seit drei Jahrzehnten demonstrierte Innovations- und Anpassungsfähigkeit Chinas liegt nicht im Zentralismus begründet, sondern – ganz im Gegensatz – in der bewussten Duldung und Förderung *dezentraler* Initiative.

Aufgrund des besonderen Verlaufs der chinesischen Revolution, die von lokalen Basisgebieten aus und durch lokal äußerst unterschiedliche Mobilisierungsmethoden vorangetrieben wurde, hat sich in die Führungspraxis der Kommunistischen Partei Chinas (ganz im Gegensatz zum zentralistischen sowjetischen Modell) die Erfahrung tief eingegraben, dass in einer rasch veränderlichen Umwelt viele praktische Anforderungen sich am zweckmäßigsten dezentral bewältigen lassen. Die Politikziele werden autoritativ ‚von oben' festgesetzt; die Politikinstrumente aber werden experimentierend ‚von unten' entwickelt und ständig weiterentwickelt (Heilmann/Perry 2011).

Auch die Außenwirtschaftsbeziehungen wurden seit den 1990er Jahren immer stärker dezentraler Initiative überlassen. Die Zentrale beschränkte sich auf die Festlegung strategischer Prioritäten und Programme, begrenzte aber ihre direkten Interventionen auf Fälle international sichtbarer, unabweisbarer Fehlentwicklungen, die übergeordneten politischen Kalkülen zuwider laufen (so etwa im wirtschaftlichen, finanziellen und politischen Engagement Chinas im Sudan, das mit Rücksicht auf den angestrebten Status einer ‚verantwortlichen Großmacht' in den Vereinten Nationen mehrfach revidiert wurde). Die Möglichkeit zu machtvollen Ad-hoc-Interventionen der Zentrale bleibt allerdings erhalten, sodass über vielen dezentralen Aktivitäten gleichsam ein ‚Schatten des Imperiums' liegt.

Die Wichtigkeit dezentraler Initiative im Schatten zentraler Kontrolle wurde in diesem Buch anhand vieler Beispiele belegt. Ein herausragender Fall ist das von der Zentralregierung initiierte *‚Going Global'*-Programm (siehe Abschnitt 6.3): Chinesische Staatsunternehmen wurden mittels großzügiger Unterstützung staatlicher Banken und sonstiger Vorzugskonditionen dazu ermuntert, die chinesische Präsenz in lukrativen Auslandsmärkten durch Großinvestitionen im Rohstoff- und Energiesektor oder durch Unternehmensbeteiligungen in anderen Zukunftsbranchen zu stärken. Die Zentrale beschränkte sich auf branchenbezogene Zielvorgaben und Anreizprogramme, überließ aber die konkreten Investitions- und Finanzierungsentscheidungen den Unternehmen und Banken. Folgerichtig entbrannte eine scharfe Konkurrenz zwischen staatlichen Konzernen, die sich die profitabelsten Auslandsengagements sichern wollten und die Regierungsstrategie zur Sicherung kostengünstiger Rohstoffe und Bildung strategischer Reserven teilweise unterliefen.

Wichtige Beispiele für Chinas dezentralisierte Außenbeziehungen ‚im Schatten des Imperiums' sind des Weiteren die Gründung von Kooperations-*‚Sonderwirtschaftszonen' in Afrika, Asien, Lateinamerika* (die kein standardisiertes Format haben, sondern durch die investierenden chinesischen Unternehmen selbst ausgestaltet werden können) oder die inkrementelle *Internationalisierung der chinesischen Währung* (vorangetrieben durch dezentrale Pilotprogramme unter anderem in Hongkong oder von bilateralen Swap-Abkommen mit ausgewählten Handelspartnern).

Auch der Ausbau und Test von Kapazitäten zur *informationellen Kriegführung* durch – typischerweise in Provinzstädten gestartete – Angriffe auf ausländische Ziele lässt sich zu dieser Kategorie unkonventioneller – zentral vorgegebener, aber nicht zentral koordinierter – Initiativen in Chinas Außenbeziehungen zählen.

Die unterschiedlichen Aktivitäten ‚im Schatten des Imperiums' sind insgesamt zu sehr wichtigen Antriebskräften für die Weiterentwicklung der chinesischen Außen- und Sicherheitspolitik wie auch der Außenwirtschaftsbeziehungen geworden.

13.4 ‚Guerilla'-Außenbeziehungen

Als ‚Guerilla'-Außenbeziehungen (außerhalb des ‚Schattens des Imperiums') sollen hier politisch gar nicht mehr koordinierte, irreguläre und illegale Aktivitäten bezeichnet werden, die sich unter anderem in einer rasch wachsenden transnationalen Schattenwirtschaft oder gar organisierten Kriminalität unter Einbeziehung chinesischer, auslandschinesischer wie auch nichtchinesischer Akteure manifestiert. Vorangetrieben werden die Guerilla-Außenbeziehungen durch ständig in Veränderung begriffene transnationale Netzwerke, die überwiegend entlang ethnisch-chinesischer Verbindungen gebildet werden. Es handelt sich um hoch bewegliche ‚Nischen-Springer' mit einer größtenteils unsichtbaren bzw. jederzeit wandelbaren Präsenz. Diese Aktivitäten stellen die bedrohlichste Dimension in Chinas Außenbeziehungen dar, weil sie nicht nur in Südostasien und Afrika, sondern zunehmend auch in Europa an Reichweite und Ressourcen gewinnen.

Dimension der ‚Guerilla'-Außenbeziehungen

Zielsetzungen und Merkmale:
- Selbstständige – in der Regel profitorientierte – Einheiten operieren auf fremdem Territorium.
- Keinerlei direkte Aufsicht und Kontrolle seitens des imperialen Zentrums.

Mittel:
- Kombination aus legalen, schattenwirtschaftlichen und kriminellen Aktivitäten.
- Ständig in Veränderung begriffene transnationale Netzwerke als ‚Nischen-Springer'.
- Speziell: rasch mobilisierbare, teilweise auch spontan agierende Hacker-Netzwerke.

Obwohl Evidenz für solche informellen Aktivitäten naturgemäß nur anekdotisch-sporadisch zu Tage tritt, lassen sich doch viele markante Fallbeispiele für die Dynamik dieser Guerilla-Außenbeziehungen aus der jüngeren Zeit belegen:

- die transnational organisierte *Produkt- und Markenpiraterie* – chinesisch ‚Shanzhai'-Ökonomie – unter Einbezug von Großhandels-/Außenhandelsunternehmen in Südchina sowie Distributionszentren unter anderem in Moskau, Budapest und Dubai;
- eine wachsende Zahl von *Untergrundfabriken und Händlernetzwerken* nicht nur in Chinas Nachbarländern, sondern zunehmend auch in Ost- und Südeuropa (gut dokumentiert in Rumänien, Ungarn und Norditalien);
- die *Rohstoffgewinnung* in Afrika und Lateinamerika nicht nur durch Untergrundnetzwerke, sondern auch durch chinesische staatsnahe und private Unternehmen, unter Einschluss illegaler Abholzungen in Myanmar, Indonesien und afrikanischen Ländern;
- manipulierte *Börsengänge* meist kleinerer chinesischer Unternehmen auf westlichen Finanzmärkten mittels komplexer Firmenkonstruktionen (‚reverse mergers' oder ‚backdoor listings') sowie gefälschter Unternehmensdokumentationen und Bilanzen (typische Vorgehensweisen wurden 2011 in einer Serie von Prüfungsverfahren an den Börsen von New York und Toronto offengelegt);
- in *Menschenschmuggel und illegalem Glücks-/Wettspiel* aktive, globale Mafia-Netzwerke;
- *illegaler Handel mit sensiblen Gütern,* von geschützen Tieren und Hölzern bis hin zu Nuklear- und Raketentechnologie (in Verletzung internationaler Nichtverbreitungsabkommen wie etwa im Falle Irans), vermutlich häufig unter Mitwirkung staats- oder militärnaher chinesischer Firmen, die hier auf eigene Rechnung korrupt agieren;
- überwiegend kommerziell, gelegentlich auch politisch agierende *Hacker-Netzwerke,* die neben Eingriffen in webgestützte Finanztransaktionen auch ‚patriotische' Attacken auf chinakritische ausländische Regierungs- oder Medien-Webseiten durchführen, ohne allerdings von chinesischen Regierungsstellen unmittelbar gesteuert zu sein (informelle Kontakte und Auftragsarbeiten zwischen Propaganda- bzw. Staatssicherheitsstellen und Hackern sind allerdings wahrscheinlich).

Viele dieser Phänomene deuten darauf hin, dass sich eine transnationale Unterwelt – ausgehend von China, aber außerhalb des direkten Zugriffs der chinesischen Regierung – entwickelt. Diese Unterwelt ist in ihren wahren Ausmaßen nicht zu fassen, wächst aber offensichtlich rasant als Begleiterscheinung der globalen Präsenz chinesischer Wirtschaftsakteure.

Hierbei handelt es sich um die bei weitem bedrohlichste Dimension der Außenbeziehungen Chinas im 21. Jahrhundert. Denn die Spielregeln dieser Unterwelt haben das Potenzial, das Grundgerüst anderer und auch europäischer Gesellschaften, ausgehend von deren Markt-, Rechts-, Justiz-, Steuer- und Verwaltungssystemen, zu untergraben. Das Phänomen der Guerilla-Außenbeziehungen an sich ist weder neu noch einzigartig. Beispiellos aber ist die globale Präsenz und Wucht der Ausbreitung dieser Schattennetzwerke.

13.5 Zerrbilder in der Beurteilung des chinesischen Aufstiegs

Wie lässt sich die in den vorangehenden Abschnitten dargelegte Vielschichtigkeit der chinesischen Außenbeziehungen erfassen, ohne in einseitige Zerrbilder zu verfallen, die tatsächlich häufig aus der Zeit des ‚Kalten Krieges' stammen und verbreitete Vorurteile bestätigen, die Dynamik des chinesischen Aufstiegs aber ganz und gar nicht begreifbar machen?

Übersicht 13.1 illustriert die Denkmuster und Kategorien, die einem Großteil der westlichen Chinadebatte zu Grunde liegen. Die beiden Pfeile zeigen zwei besonders häufige Versuche, die sich wandelnde Rolle Chinas in der Welt zu erfassen. Nach dem Ende des ‚Kalten Krieges' erhoffte und erwartete die westliche Öffentlichkeit die Veränderung Chinas von einer kommunistischen, staatswirtschaftlichen, global kaum integrierten Diktatur hin zu einer marktwirtschaftlichen, demokratischen, mit der westlichen Welt auf allen Ebenen und zum wechselseitigen Vorteil eng verflochtenen Großmacht.

Dieser Wandel Chinas nach westlicher Wunschvorstellung und zu westlichen Bedingungen ist aber offensichtlich nicht eingetreten. Statt dessen wurde die chinesische Herausforderung zunehmend diskutiert als Wandel hin zu einem

Übersicht 13.1 Chinas Rolle in der Welt – Westliche Diskussionsmuster

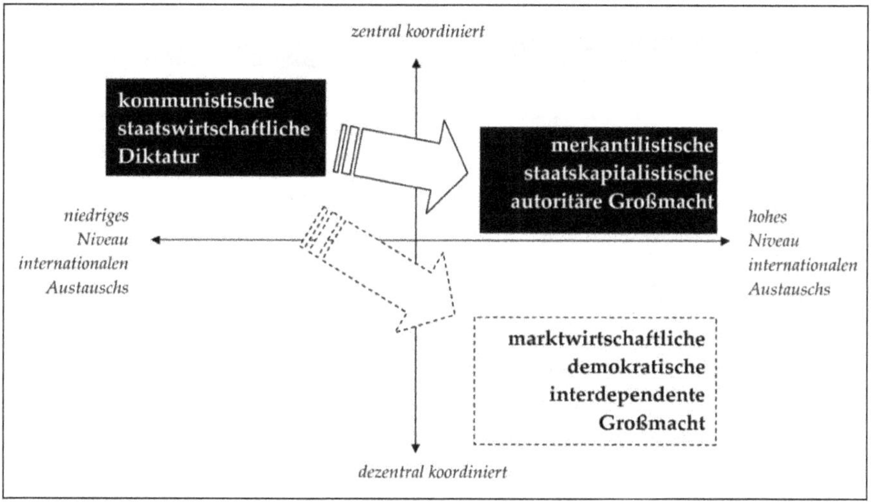

© Schmidt/Heilmann 2011

,merkantilistischen', ,staatskapitalistischen', aber unverändert autoritären System (repräsentativ: Bremmer 2010). Dieses aus westlicher Sicht kaum akzeptable System ist nun zwar auf allen Ebenen intensiv in den internationalen Austausch eingebunden, will sich aber nicht in die bestehende – unter westlichen Auspizien etablierte – globale Ordnung einfügen, sondern fordert diese Ordnung durch eigene Ordnungsvorstellungen und Mitspracheforderungen immer stärker heraus.

Tatsächlich ist die chinesische Herausforderung sehr viel vielschichtiger, als es diese Denkmuster suggerieren. Dies liegt ganz wesentlich daran, dass bereits das chinesische Ausgangssystem nach 1978 viel heterogener war, als es gängige Annahmen über kommunistische Systeme nahelegen (siehe Übersicht 13.2, linke Hälfte).

Zwar war die VR China am Ausgangspunkt von Reform- und Öffnungspolitik außenpolitisch und außenwirtschaftlich ein hoch zentralisiertes System. Im Innern aber wurde eine ungewöhnliche Variante dezentralisiert-autarker Staatswirtschaft betrieben, deren Funktionsdefizite und Versorgungsengpässe durch eine weit verzweigte Ausweichwirtschaft im Staats- und Kollektivsektor sowie – besonders seit Ende der 1970er Jahre – durch rasch wachsende Schmuggelaktivitäten teilweise kompensiert wurden. Diese besonderen Komponenten der politischen Ökonomie Chinas bildeten Ausgangspunkte und Voraussetzungen für die internationale Öffnung und prägten die unterschiedlichen Dimensionen der heutigen Außenbeziehungen. Diese Dimensionen sind auf der rechten Seite von Übersicht 13.2 aufgeführt und wurden in den vorangehenden Abschnitten erläu-

Übersicht 13.2 Chinas Außenbeziehungen als multidimensionale Herausforderung

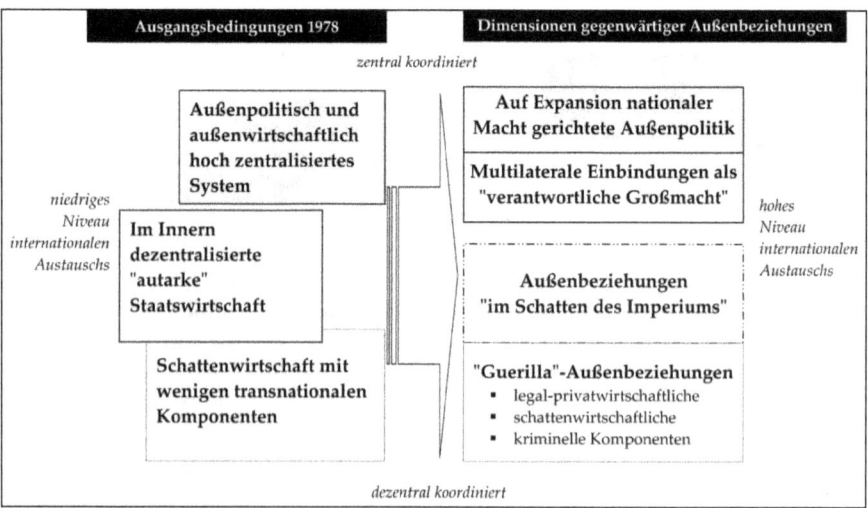

© Schmidt/Heilmann 2011

tert: ‚imperiale' Außenbeziehungen, multilaterale Einbindungen, unkonventionelle Außenbeziehungen ‚im Schatten des Imperiums' sowie verschiedene Varianten von ‚Guerilla'-Außenbeziehungen.

China entfaltet in allen diesen Dimensionen eine außergewöhnliche, expansive Dynamik. Diese Dynamik ist aber nur zum Teil politisch gelenkt und lenkbar. Trotz ausgeprägter Planungsambitionen der chinesischen Regierung gibt es kein allmächtiges Zentrum, das alle beobachtbaren Aktivitäten koordinieren könnte.

Die VR China verfügt – enstprechend der Vielschichtigkeit der Außenbeziehungen – über multiple Identitäten. Sie ist zugleich Entwicklungsland, Schwellenland, Regionalmacht, Handelsnation, wachsende Militärmacht und in ihrer Rolle als Ständiges Mitglied im UN-Sicherheitsrat auch globale Vormacht. Konzeptionellen Innovationen und Flexibilität (insbesondere in Außenhandelsfragen) stehen doktrinäre Hartnäckigkeit (beispielsweise in der Taiwan- oder Tibet-Frage) und das Festhalten an jahrzehntealtem ideologischem Sprachgebrauch (etwa in der Geißelung ‚imperialer' Bevormundungen seitens westlicher Mächte) gegenüber. Kraftvolle diplomatische Vorstöße (etwa in Afrika und Lateinamerika) und die Bereitschaft zur Erprobung innovativer Politikinstrumente (beispielsweise experimentelle Programme zur Internationalisierung der chinesischen Währung) finden sich neben vorsichtigem Taktieren (etwa in klimapolitischen Fragen) und dünnhäutiger Sensibilität gegenüber westlicher Kritik (besonders markant anlässlich der Verleihung des Friedensnobelpreises an Liu Xiaobo Ende 2010).

13.6 Ausblick

Bei der Formulierung von Schlussfolgerungen oder Szenarien für die nähere und fernere Zukunft ist äußerste Zurückhaltung angebracht. Weltwirtschaft und internationale Politik durchlaufen gegenwärtig eine Phase stark erhöhter Ungewissheit und Instabilität, nicht nur im Hinblick auf die Rolle Chinas, sondern auch, was den Status der USA und der Europäischen Union angeht. Wir müssen mit Entwicklungsbrüchen auf Seiten maßgeblicher globaler Akteure und mit hoher Volatilität auf zentralen Feldern von Politik und Wirtschaft rechnen.

Stabilisierende und destabilisierende Faktoren in Chinas Außenbeziehungen
Bezogen auf Chinas Außenbeziehungen ist Berechenbarkeit am ehesten in den Dimensionen der ‚imperialen' und interdependenten Außenbeziehungen zu erwarten. In diesen Dimensionen wird China weiterhin an stabilen Interaktionen mit den USA und Europa interessiert sein. Trotz großer Volatilitäten in der Weltwirtschaft und Spannungen in den Großmachtbeziehungen verfolgt die chinesische Regierung eine Vertiefung ökonomischer Interdependenz und multilateraler Bindungen und wird dadurch in einer unilateralen Machtentfaltung gehemmt. Innerhalb der chinesischen Regierung und Wirtschaft – auf zentraler wie auch auf

Provinzebene – gibt es sehr starke Kräfte, die auf eine Vertiefung internationaler Kooperation und Integration hinwirken.

Die schärfsten disruptiven Entwicklungen und Risiken könnten letztlich von einer Auflösung des ‚imperialen Schattens' auf chinesischer Seite ausgehen. Der Zerfall des imperialen Zentrums durch innenpolitische Auseinandersetzungen könnte völlig unbeherrschbare Kräfte – konkrete: unzählige, auf eigene Rechnung operierende Guerilla-Akteure und Mafia-Netzwerke – global freisetzen. Vorboten hierfür sind bereits heute erkennbar, aber zurzeit noch begrenzt in Ausmaß und Wirkung.

Chinas Wilhelminische Ängste und innere Unsicherheiten

Projektionen, die die jüngste Entwicklung Chinas einfach in die Zukunft fortschreiben und China als unaufhaltsam wachsenden asiatischen Hegemon kennzeichnen, lassen zahlreiche Beschränkungen und Risiken außer Acht, die für eine nüchterne Einschätzung der Rolle Chinas in den internationalen Beziehungen berücksichtigt werden müssen.

Was westliche Außenpolitik und Unternehmen mit Blick auf die ‚imperiale' Dimension des chinesischen Aufstiegs besonders beschäftigen muss, sind die fundamentalen Risiken im Status dieses Reiches. Viele Dilemmata einer verspäteten Großmacht und Analogien mit den Status-Ängsten und Vorstößen des Wilhelminischen Kaiserreichs vor 1914 lassen sich im gegenwärtigen China durchaus wiedererkennen:

- *Umzingelung von außen:* In China ist die Einschätzung weit verbreitet, dass Allianzen und Absprachen der alten etablierten Mächte sich darauf richten, die neue aufstrebende Großmacht zu hemmen und niederzuhalten. Auch aufgrund dieser Ängste wird eine expansive nationale Strategie der Rohstoff-Sicherung mit konfliktträchtigen Methoden und gravierenden globalen Rückwirkungen betrieben. Wie im Wilhelminischen Deutschland finden auch in China das Beharren auf einem eigenständigen, ‚nicht-westlichen' Entwicklungsmodell und die Ablehnung ‚kulturfremder' liberaler Ordnungsvorstellungen große Resonanz. Die außenpolitische Diskussion bleibt im Kern auf die Rivalität mit der alten Hegemonialmacht fixiert. Ökonomische Interdependenz allein wird – wie im Falle der britisch-deutschen Verflechtungen und Rivalitäten vor 1914 – nicht zwingend offene Konflikte zwischen China und den USA verhindern können.
- *Unsicherheiten und extreme Erwartungen im Innern:* Die internen politischen, ökonomischen, sozialen und ökologischen Herausforderungen, vor denen China steht, absorbieren einen Großteil der Energien der politischen Führung. Die chinesische Regierung sieht sich nicht nur durch gesellschaftliche bzw. ethnische Spannungen und gravierende politische Legitimationsdefizite herausgefordert. Eine gewaltige Quelle von Risiken und Konflikten stellen

die extremen – dauerhaft kaum zu befriedigenden – Erwartungen an rasche Steigerungen von Wohlstand und Lebensqualität dar. Hinzu kommen hoch emotionalisierte nationalistische Strömungen in Bevölkerung und Internet-Öffentlichkeit, die bereits mehrfach gezeigt haben, dass sie auf nationale ‚Demütigungen' Chinas und diplomatische Kompromisse (‚Schwäche', ‚Verrat') der chinesischen Regierung mit sofortiger Mobilisierung reagieren können. Diese inneren Faktoren ergeben eine explosive Konstellation.

Das ‚imperiale' Zentrum sieht sich also von außen und von innen gleichermaßen herausgefordert. Eine innere Destabilisierung ist jederzeit denkbar und wird – je nach auslösendem Ereignis und konkretem Kontext – unterschiedlich gravierend ausfallen. Aber auch die Anfälligkeit der Außenbeziehungen Chinas für abrupte Störungen ist beträchtlich. Die chinesische Führung wird der Wahrung ihrer Kerninteressen – Machterhalt der Kommunistischen Partei, Verteidigung der nationalen Souveränität und territorialen Integrität sowie außenwirtschaftliche Abstützung der ökonomischen Entwicklung – im Zweifelsfall Vorrang vor multilateraler Kooperation, diplomatischen Rücksichten und globaler Imagepflege einräumen. Gleichzeitig wachsen die Friktionen auf den internationalen Finanz- und Handelsmärkten, die strategischen Rivalitäten mit den USA sowie die Konkurrenz mit anderen bislang führenden Handels- und Technologiemächten (darunter Japan und Deutschland). Aus diesen Gründen wird die Störungsanfälligkeit in Chinas Außenbeziehungen in den kommenden Jahren sehr wahrscheinlich zunehmen.

Begrenzte Anziehungskraft westlicher und chinesischer Ordnungsmuster

Für die etablierten Industriemächte werden die Interaktionen mit China zunehmend schmerzhaft werden, weil die amerikanische, japanische und europäische Selbstwahrnehmung immer stärker in Zweifel gezogen wird, solange Chinas Dynamik anhält. Der ‚Westen' – repräsentiert von den USA, der EU und Japan – stellt nicht mehr wie unmittelbar nach dem Ende des ‚Kalten Krieges' das unangefochtene Leitbild für die Welt des 21. Jahrhunderts dar. Die alten Führungsmächte der G-7 sind mit sichtbaren, gravierenden Defiziten in den eigenen wirtschaftlichen, politischen und gesellschaftlichen Ordnungen konfrontiert. In vielen Schwellen- und Entwicklungsländern wird offen angezweifelt, ob amerikanische und europäische politisch-ökonomische Institutionen in deren derzeitiger Verfassung probate Lösungsmittel für die neuen Problemlagen des 21. Jahrhunderts bereithalten und inwieweit Schwellen- und Entwicklungsländer von den etablierten Industrieländern noch lernen können und sollen.

China ist der führende Protagonist nicht-westlicher, nicht-liberaler – auf einen umfassend kontrollierenden und intervenierenden Staat gerichteter – Ordnungsvorstellungen. Falls sich die ökonomische und militärische Stärkung Chinas bei gleichzeitiger Schwächung der USA noch fünf bis zehn Jahre so fortsetzt, wie es sich seit Beginn der globalen Wirtschaftsturbulenzen 2007 manifestiert, dann wird Chinas Aufstieg internationale Ordnungsmuster grundlegend erschüttern – ohne dass China aber die alte Ordnung in hegemonialer Weise wird ersetzen können. Zum gegenwärtigen Zeitpunkt darf die globale Anziehungskraft des chinesischen ‚Staatskapitalismus' (Bremmer 2010) nicht überschätzt werden. Chinas Entwicklung erfährt in Entwicklungs- und Schwellenländern keinesfalls ungeteilte Zustimmung, da die negativen Begleiterscheinungen in sozialer, politischer und ökologischer Hinsicht allzu offensichtlich sind. In Asien wird das Misstrauen gegenüber China gespeist durch historische, militärische oder territoriale Konflikte. In einem Klima gegenseitiger Verdächtigungen bei gleichzeitig intensivem Wirtschaftsaustausch vertrauen Chinas Nachbarn bislang immer noch auf die Sicherheitsgarantien durch die USA.

Angemessene Reaktionen auf eine chinesische Globalisierung

Eingefleischte europäische und amerikanische Selbstgewissheiten – schärfer: eine aus der Vergangenheit bezogene Selbstgefälligkeit – werden nicht dazu beitragen, den mit Chinas Aufstieg verbundenen Veränderungen zu begegnen. In einer paradoxen historischen Verkehrung könnten sich Europa und die USA in einer Lage wie die mandschurisch-chinesische Qing-Dynastie im Angesicht der westlichen Expansion im 19. Jahrhundert wiederfinden. Viele westliche Gesellschaften werden in ihrer Antwort auf die neuartige chinesische Herausforderung von politischen Beharrungskräften, wirtschaftlichen Wettbewerbsschwächen und moralischen Überlegenheitsvorstellungen – in dieser Hinsicht der Qing-Dynastie ähnlich – bestimmt. Diese Defizite begründen einen Mangel an Agilität und Flexibilität in den Reaktionen auf das chinesisch geprägte, neue Stadium der Globalisierung.

Eine angemessene Reaktion auf die chinesische Expansion muss auf alle Dimensionen der internationalen Beziehungen mit China zielen. Eine gemeinschaftliche, konzertierte und wirkungsvolle Antwort der Akteure des alten ‚Westens' ist mit Blick auf gravierende Handlungsblockaden, institutionelle Strukturkrisen und politische Selbstbezüglichkeiten innerhalb von EU, USA und Japan auf absehbare Zeit sehr unwahrscheinlich. Wie sich auf dem G-20-Gipfel in Seoul 2010 und während der bilateralen Regierungskonsultationen 2011 schlaglichtartig zeigte, weisen Deutschland und China in Fragen der Exportwirtschaft und des Freihandels wie auch der staatlichen Defizitbegrenzung oder der internationalen Finanzmarktregulierung gegenwärtig und wohl auch künftig größere Interessenübereinstimmungen auf als Deutschland und die USA. Innerhalb Europas sind drastische ökonomische, fiskalische und technologische Leistungsunterschiede offensichtlich geworden. Die Voraussetzungen und Möglichkeiten, der chinesischen Konkurrenz aktiv zu begegnen, fallen in Europa derart unterschiedlich aus, dass protektionistische Tendenzen in wettbewerbsschwachen europäischen

Ländern zunehmend mit freihändlerischen Tendenzen in wettbewerbsstarken Ökonomien in Konflikt geraten dürften.

Unterschiedliche Problembereiche werden in unterschiedlichen multilateralen Zusammenhängen ein sehr differenziertes Antwort- und Kooperationsverhalten gegenüber China erfordern. Dieses Antwortverhalten wird sich einerseits auf möglichst konsistent kommunizierte diplomatische Prioritätensetzungen und andererseits auf höchst flexible Verhandlungstaktiken und wechselnde Ad-hoc-Koalitionsbildungen stützen müssen. Tendenzen zur internationalen Koordination in multistaatlich-selektiven Netzwerken und ‚Clubs' von thematisch jeweils maßgeblichen Staaten (von der G-20 bis hin zu regelmäßigen bi-/multinationalen Regierungskonsultationen) außerhalb der etablierten internationalen Organisationen könnten sich auf diese Weise weiter verstärken.

Im nationalen deutschen Kontext werden viel weitergehende Anstrengungen in Bildung, Forschung, Industrie, Infrastruktur und internationaler Fachkräfte-Rekrutierung unabdingbar sein, um den derzeitigen technologischen Vorsprung gegenüber China zu verteidigen. Zugleich wird viel größere Wachsamkeit geboten sein, um zentrale Werte und Institutionen etwa auf den Feldern von Rechtsstaat, Regulierung, Korruptionsbekämpfung und geistigen Eigentumsrechten zu verteidigen. Denn auf diesen Feldern dürfen die Spielregeln, die gegenwärtig in Chinas Binnen- und Außenwirtschaft herrschen, in Europa auf keinen Fall Einzug halten, da sie die Errungenschaften der Rechtsstaatlichkeit im Kern bedrohen.

Nicht eine einseitige Chinaphobie oder westliche Selbstgefälligkeit, wie sie in Teilen der Medienberichterstattung in Europa hervortritt, ist die angemessene Antwort auf die chinesische Herausforderung. Sondern wirtschafts-, technologie- und bildungspolitische Agilität in Verbindung mit verstärkter Wachsamkeit und entschiedenerem Vorgehen gegenüber den Schattenseiten des globalen Aufstiegs Chinas.

14 Literatur- und Quellenverzeichnis

14.1 Überblicksdarstellungen zu historischen Grundlagen

Garver, John (1993), Foreign Relations of the People's Republic of China. Englewood Cliffs: Prentice Hall.
Osterhammel, Jürgen (1989), China und die Weltgesellschaft. Vom 18. Jahrhundert bis in unsere Zeit. München: C.H. Beck.
Staiger, Brunhild/Friedrich, Stefan/Schütte, Hans-W. (Hg.) (2009), Das große China-Lexikon. Darmstadt: Wissenschaftliche Buchgesellschaft.
Sutter, Robert (2010), Chinese Foreign Relations: Power and Policy Since the Cold War. Lanham: Rowman & Littlefield.

14.2 Internetquellen zu aktuellen Entwicklungen

Offizielles Portal der chinesischen Zentralregierung
http://english.gov.cn/index.htm (Englisch)
http://www.gov.cn/ (Chinesisch)

Außenministerium der VRCh
http://www.fmprc.gov.cn/eng/default.htm (Englisch)
http://www.fmprc.gov.cn/chn/gxh/tyb/ (Chinesisch)

Finanzministerium der VRCh
http://www.mof.gov.cn/ (Chinesisch)

Handelsministerium der VRCh
http://english.mofcom.gov.cn/ (Englisch)
http://www.mofcom.gov.cn/index.shtml (Chinesisch)
http://www.mofcom.gov.cn/gzyb/gzyb.html (Statistiken zur Außenwirtschaft)

Nationales Statistikbüro der VRCh
http://www.stats.gov.cn/english/ (Englisch)
http://www.stats.gov.cn/ (Chinesisch)

Nationale Entwicklungs- und Reformkommission (NDRC)
http://en.ndrc.gov.cn/ (Englisch)
http://www.ndrc.gov.cn/ (Chinesisch)

Literatur- und Quellenverzeichnis 179

Chinesische Volksbank (Zentralbank) (PBoC)
http://www.pbc.gov.cn/publish/english/963/index.html (Englisch)
http://www.pbc.gov.cn/publish/main/index.html (Chinesisch)

State Administration of Foreign Exchange (SAFE)
http://www.safe.gov.cn/model_safe_en/index.jsp (Englisch)
http://www.safe.gov.cn/model_safe/index.html (Chinesisch)

Weißbücher der chinesischen Regierung
http://www.china.org.cn/e-white/ (Englisch)
http://www.china.com.cn/ch-book/index.htm (Chinesisch)

International Relations in China (Nankai Universität, VRCh)
http://www.irchina.org/en/index.asp (Englisch)
http://www.irchina.org/ (Chinesisch)

Xinhua (offizielle chinesische Nachrichtenagentur)
http://www.xinhuanet.com/ (Chinesisch)
http://www.xinhuanet.com/english2010/ (Englisch)

Volkszeitung (Renmin Ribao)
http://peopledaily.com.cn/ (Chinesisch)
http://english.peopledaily.com.cn/ (Englisch)

Global Times (Huanqiu shibao)
http://www.huanqiu.com/ (Chinesisch)
http://www.globaltimes.cn/ (Englisch)

Caixin Online (Nachrichtenportal zu Finanz- und Wirtschaftsthemen)
http://www.caing.com/ (Chinesisch)
http://english.caing.com/ (Englisch)

China Digital Times
http://chinadigitaltimes.net/

China Elections and Governance
http://chinaelectionsblog.net/

China Media Project (Hong Kong)
http://cmp.hku.hk/

William A. Joseph (Wellesley College/USA)
http://chinapoliticsnews.blogspot.com/

Sinocism
http://www.sinocism.com/

Wall Street Journal, China Real Time Report
http://blogs.wsj.com/chinarealtime/

14.3 Analysen von Forschungs- und Politberatungsinstituten

Brookings Institution
http://www.brookings.edu/fp/china/china_hp.htm
http://www.brookings.edu/fp/cnaps/center_hp.htm

Brussels Institute of Contemporary China Studies
http://www.vub.ac.be/biccs/site/

Carnegie Endowment for International Peace: China Program
http://www.carnegieendowment.org/programs/china/

Center for Strategic and International Studies (CSIS)
http://csis.org/program/comparative-connections
http://www.csis.org/china/

Chatham House: The China Project
http://www.chathamhouse.org.uk/research/asia/current_projects/china/

Council on Foreign Relations
http://www.cfr.org/region/china/ri271

Heritage Foundation
http://www.heritage.org/Research/AsiaandthePacific/china-taiwan.cfm

Hoover Institution: China Leadership Monitor
http://www.hoover.org/publications/clm/

International Institute for Strategic Studies: China Project
http://www.iiss.org/programmes/north-east-asia/china-project

Jamestown Foundation: China Brief
http://www.jamestown.org/china_brief/

National Bureau of Asian Research
http://www.nbr.org/

Literatur- und Quellenverzeichnis 181

Rand Corporation
http://www.rand.org/hot_topics/china/

University of Nottingham, China Policy Institute
http://www.nottingham.ac.uk/cpi/index.aspx

Woodrow Wilson International Center
http://www.wilsoncenter.org/index.cfm?fuseaction=topics.home&topic_id=1462

14.4 Informationen nach Sachgebieten

Sicherheitspolitik

International Institute for Strategic Studies: China Project
http://www.iiss.org/programmes/north-east-asia/china-project

Stockholm International Peace Research Institute
http://www.sipri.org/

United States Army War College, Strategic Studies Institute
http://www.strategicstudiesinstitute.army.mil/asia-pacific/china/

United States Naval War College, China Maritime Studies
http://www.usnwc.edu/Publications/Publications.aspx

Außenwirtschaft

Chinese Academy of Social Sciences, Institute of World Economics and Politics
http://en.iwep.org.cn/ (Englisch)
http://www.iwep.org.cn/ (Chinesisch)

VRCh Handelsministerium (IFDI und OFDI)
http://www.fdi.gov.cn/pub/FDI_EN/default.htm (Englisch)
http://www.fdi.gov.cn/pub/FDI/default.htm (Chinesisch)

Heritage Foundation, China Global Investment Tracker
http://www.heritage.org/research/reports/2011/01/china-global-investment-tracker-2011

Umwelt- und Klimapolitik

PRC Ministry of Environmental Protection (Reports on the State of the Environment)
http://english.mep.gov.cn/

US Environmental Protection Agency : China Environmental Law Initiative
http://www.epa.gov/ogc/china/initiative_home.htm

Woodrow Wilson International Center for Scholars: China Environment Forum
http://www.wilsoncenter.org/index.cfm?fuseaction=topics.home&topic_id=1421

Menschenrechtspolitik

Amnesty International
http://web.amnesty.org/library/eng-chn/index

Chinesische Gesellschaft zur Erforschung der Menschenrechte
http://www.humanrights-china.org

Human Rights in China
http://www.hrichina.org

Human Rights Watch
http://www.hrw.org

China-Deutschland/China-EU

Auswärtiges Amt der Bundesrepublik Deutschland (Beziehungen zu China)
http://www.auswaertiges-amt.de/DE/Aussenpolitik/Laender/Laenderinfos/01-Laender/China.html

Deutsche Auslandshandelskammer China
http://china.ahk.de/

EU-China Civil Society Forum
http://www.eu-china.net/german/Ueber-uns/Ueber-uns.html

EU Kommission, Generaldirektion Handel (Beziehungen zu China)
http://ec.europa.eu/trade/creating-opportunities/bilateral-relations/countries/china/

EU Chamber of Commerce in China
http://www.europeanchamber.com.cn/view/home

Statistisches Bundesamt
http://www.destatis.de/jetspeed/portal/cms/

China-USA

Congressional Research Service, Reports on Foreign Policy and Regional Affairs
http://www.fas.org/sgp/crs/row/index.html

US-China Economic and Security Review Commission
http://www.uscc.gov/

US-China Business Council
http://www.uschina.org/

China-Taiwan

Taiwan, Mainland Affairs Council
http://www.mac.gov.tw/mp.asp?mp=3 (Englisch)
http://www.mac.gov.tw/welcome02/welcome02.htm (Chinesisch)

Taiwan, Straits Exchange Foundation (SEF)
http://www.sef.org.tw/ct.asp?xItem=110671&CtNode=4716&mp=300 (Englisch)
http://www.sef.org.tw/mp.asp?mp=1 (Chinesisch)

VRCh, Amt für Taiwan-Angelegenheiten des Staatsrates
http://www.gwytb.gov.cn/en/ (Englisch)
http://www.gwytb.gov.cn/ (Chinesisch)

14.5 Wissenschaftliche Fachzeitschriften (Auswahl)

Asian Survey (Berkeley)
Asien (Hamburg)
China Information (Leiden)
China Journal (Canberra)
China Quarterly (Cambridge)
China Security (Washington DC)
China & World Economy (Beijing)
Chinese Journal of International Politics (Oxford)
Current History (Philadelphia)
Foreign Affairs (New York)
Foreign Policy (Washington DC)
Internationale Politik (Berlin)
International Relations of the Asia-Pacific (Oxford)
Issues & Studies (Taipei)
Journal of Current Chinese Affairs (Hamburg)
Journal of Contemporary China (Princeton)
National Interest (Washington DC)

Orbis (Philadelphia)
Pacific Affairs (Vancouver)
Washington Quarterly (Washington DC)
World Politics (Cambridge)

14.6 Verzeichnis der im Text zitierten Quellen und Literatur

Alden, Chris (2007), China in Africa. London/New York: Zed Books.
Alden, Chris/Large, Daniel (2011), „China's Exceptionalism and the Challenges of Delivering Difference in Africa", in: Journal of Contemporary China, Vol. 20 (68), S. 21–38.
Alden, Chris/Large, Daniel/Soares de Oliveira, Ricardo (Hg.) (2008), China Returns to Africa. A Rising Power and a Continent Embrace. New York: Columbia University Press.
Algieri, Franco (2008), „It's the System that Matters. Institutionalization and Making of EU Policy Toward China", in: Shambaugh/Sandschneider/Zhou 2008a, S. 65–83.
Anderson, Jonathan (2009), China Monetary Policy Handbook, in: Barth, J. R. u. a. (Hg.), China' s Emerging Financial Markets. The Milken Institute Series on Financial Innovation and Economic Growth. Santa Monica: Milken Institute.
Arora, Vivek/Vamvakidis, Athanasios (2010), China's Economic Growth. International Spillovers. Washington: International Monetary Fund. IMF Working Paper WP/10/165, July 2010.
Art, Robert J. (2010), „The United States and the Rise of China: Implications for the Long Haul"; in: Political Science Quarterly, Vol. 125, No. 3, S. 359–391.
Bajoria, Jayshree (2010), The China-North Korea Relationship. Council on Foreign Relations Backgrounder, October 7, 2010.
Bergsten, Fred/Freeman, Charles/Lardy, Nicholas R./Mitchell, Derek (2008), China's Rise. Challenges and Opportunities. Washington: Peterson Institute for International Economics/Center for Strategic and International Studies.
Bergsten, Fred/Gill, Bates/Lardy, Nicholas R./Mitchell, Derek (2006), China: The Balance Sheet. New York: Public Affairs.
Berkofsky, Axel (2006), „The EU-China Strategic Partnership. Rhetoric Versus Reality", in: Zaborowski 2006, S. 103–114.
Beukel, Erik (2011), Popular Nationalism in China and the Sino-Japanese Relationship. The Conflict in the East China Sea. An Introductory Study. Copenhague: Danish Institute for International Studies, DIIS Report 2011:01.
Brandt, Loren/Rawski, Thomas G. (Hg.) (2008), China's Great Economic Transformation. Cambridge: Cambridge University Press.
Brandt, Loren/Rawski, Thomas G./Zhu, Xiaodong (2007), „International Dimensions of China's Long Boom", in: Keller/Rawski 2007, S. 14–46.
Branstetter, Lee/Lardy, Nicholas R. (2008), „China's Embrace of Globalization"; in: Brandt/Rawski 2008, S. 633–682.
Brautigam, Deborah (2009), The Dragon's Gift. The Real Story of China in Africa. Oxford: OUP.

Literatur- und Quellenverzeichnis

Brautigam, Deborah/Farole, Thomas/Tang Xiaoyang (2010), „China's Investment in African Special Economic Zones", in: World Bank Poverty Reduction and Economic Management Network (PREM), Report No.5, March 2010, S. 1–6.

Bremmer, Ian (2010), The End of the Free Market. Who Wins the War Between States and Corporations. New York: Portfolio.

Bremmer, Ian/Roubini, Nouriel (2011), „A G-Zero World. The New Economic Club Will Produce Conflict, not Cooperation", in: Foreign Affairs, March/April 2011, S. 2–7.

Breslin, Shaun (2011), The Soft Notion of China's ‚Soft Power'. London: Chatham House, Asia Programme Paper: ASP PP 2011/03, February 2011.

Burdekin, Richard C. K. (2008), China's Monetary Challenges. Past Experiences and Future Prospects. Cambridge: Cambridge University Press.

Bush, Richard C. (2005), Untying the Knot. Making Peace in the Taiwan Strait, New York: Brookings Press.

Bush, Richard C./O'Hanlon, Michael (2007), A War Like No Other. The Truth about China's Challenge to America. Hoboken/NJ: Wiley and Sons.

Cabestan, Jean-Pierre (2007), „EU and China. Heading Towards Bumpy Relations", in: Wang/Wong 2007, S. 251–255.

Cabestan, Jean-Pierre (2008), „The Taiwan Issue in Europe-China Relations: An Irritant more Than Leverage", in: Shambaugh/Sandschneider/Zhou 2008a, S. 84–101.

Cabestan, Jean-Pierre (2009), „China's Foreign- and Security-Policy Decision-Making Process under Hu Jintao", in: Journal of Current Chinese Affairs, 38,3, S. 63–97.

Carlson, Allen (2011), „Moving Beyond Sovereignty? A Brief Consideration of Recent Changes in China's Approach to International Order and the Emergence of the Tianxia Concept", in: Journal of Contemporary China, 20 (68), January 2011, S. 89–102.

Carpenter, Ted Galen (2006), America's Coming War With China. A Collision Course Over Taiwan. New York: Palgrave/MacMillan.

Casarini, Nicola (2006), The Evolution of the EU-China Relationship. From Constructive Engagement to Strategic Partnership. Paris: Institute for Security Studies, Occasional Paper No. 64 October 2006.

Cernat, Lucian/Parplies, Kay (2010), Chinese Foreign Direct Investment: What's Happening Behind the Headlines? 16. July 2010, in: http://www.voxeu.org/index.php?q=node/5301 (27.6.2011).

Chambers, Michael R. (2007), „Framing the Problem. China's Threat Environment and International Obligations", in: Kamphausen/Scobell 2007, S. 19–68.

Chan, Gerald (2006), China's Compliance in Global Affairs. Trade, Arms Control, Environmental Protection, Human Rights. Singapore: World Scientific Publishing.

Chen Dingding (2009), „China's Participation in the International Human Rights Regime: A State Identity Perspective", in: Chinese Journal of International Politics, Vol. 2, S. 399–419.

Chen, Qimao (2011), „The Taiwan Straits Situation since Ma came to Office and Conditions for Cross-Straits Political Negotiations: A View from Shanghai", in: Journal of Contemporary China, 20(68) January, S. 153–160.

Chen, Titus C. (2010), China's Increasing Role in Global Human Rights Regimes. Working paper prepared for presentation at the 2010 annual meeting of the American Political Science Association, Taipei.

Cheung, Yin-Wong/Qian, Xingwang (2009), The Empirics of China's Outward Direct Investment. Munich CESifo, CESifo Working Paper No. 2621, April 2009.

Chin, Gregory/Helleiner, Eric (2008), „China as a Creditor: A Rising Financial Power?", in: Journal of International Affairs, Fall/Winter 2008, Vol. 62, S. 87–102.

Choo, Jaewoo (2008), „Mirroring North Korea's Economic Dependence on China"; in: Asian Survey, Vol. 48, No. 2, March/April 2008, S. 343–372.

Christensen, Thomas (1996), „Chinese Realpolitik", in: Foreign Affairs, Vol. 75, No. 5, September/October 1996, S. 37–52.

Christensen, Thomas J. (2006), „Fostering Stability or Creating a Monster? The Rise of China and US Policy toward East Asia", in: International Security, Vol. 31, No. 1, Summer 2006, S. 81–126.

Christensen, Thomas J. (Deputy Assistant Secretary of State) (2007), „A Strong and Moderate Taiwan" (Speech to U.S.-Taiwan Business Council, Defense Industry Conference, Annapolis, September 11, 2007), in: http://www.us-taiwan.org/reports/2007_sept11_thomas_christensen_speech.pdf (18.9.2008).

Chu Shulong (2006), „The Cross-Taiwan Strait Relations: Hard to Start and Move"; in: Zheng/Wu 2006, S. 109–126.

Chu, Yunhan/Nathan, Andrew J. (2007), „Seizing the Oportunity for Change in the Taiwan Strait", in: The Washington Quarterly, Winter 2007-08, S. 77–91.

Chung, Jae Ho (2005), „China's Ascendancy and the Korean Peninsula. From Interest Reevaluation to Strategic Realignment?"; in: Shambaugh 2005a, S. 151–169.

Clark, Ian (2011), „China and the United States: A Succession of Hegemonies?", in: International Affairs, Vol. 87:1, S. 13–28.

Cliff, Roger u. a. (2007), Entering the Dragon's Lair. Chinese Antiaccess Strategies and Their Implications for the United States. Santa Monica: Rand Air Force Project.

Clinton, Hillary Rodham (2011), Inaugural Richard C. Holbrooke Lecture on a Broad Vision of U.S.-China Relations in the 21st Century, Washington January 14, 2011; in: http://www.state.gov/secretary/rm/2011/01/154653.htm (20.5.2011).

Cohen, Warren I. (2010), America's Response to China. A History of Sino-American Relations. New York: Columbia University Press.

Conrad, Björn (2011), China in Copenhagen. Reconciling the „Beijing Climate Revolution" and the „Copenhagen Climate Obstinacy", unveröffentlichtes Manuskript.

Cooper Ramo, Joshua (2004), The Beijing Consensus. London: The Foreign Policy Centre.

Cordesman, Anthony H./Kleiber, Martin (2007), Chinese Military Modernization. Force Development and Strategic Capabilities. Washington: The CSIS Press.

Craig, Susan L. (2007), Chinese Perceptions of Traditional and Nontraditional Security Threats. Carlisle/PA: Strategic Studies Institute, US Army War College.

Dai Bingguo (2010), „Zhichi zou heping fazhan daolu" (Weiterhin den friedlichen Entwicklungsweg beschreiten); in: Dangdai Shijie, 21/2010, S. 4–8.

Das, Dilip K. (2009), „The Evolution of Renminbi Yuan and the Protracted Debate On Its Undervaluation: An Integrated View", in: Journal of Asian Economics, 20 (2009), S. 570–579.

Davis, Jonathan E. (2011), „From Ideology to Pragmatism: China's Position on Humanitarian Intervention in the Post-Cold War Era"; in: Vanderbilt Journal of Transnational Law; Vol. 44, No.2, March 2011, S. 217–283.

Devadason, Evelyn (2010), „ASEAN-China Trade Flows: Moving Forward With ACFTA", in: Journal of Contemporary China, Vol. 19, No. 66, September 2010, S. 653–674.

Ding Sheng (2008), The Dragon's Hidden Wings. How China Rises with Its ‚Soft Power'. Lanham/Md. u. a.: Lexington Books.

Ding Sheng (2010), „Analyzing Power from the Perspective of ‚Soft Power': A New Look at China's Rise to the Status Quo Power", in: Journal of Contemporary China, Vol. 19 (64) March 2010, S. 255–272.

Dong, Yunhu (2007), Five Years of Breakthrough in China's Human Rights Cause; in: http://www.chinahumanrights.org/CSHRS/Magazine/Text/t20080410_335176.htm (27.6.2011).

Drezner, Daniel W. (2009), „Bad Debts. Assessing China's Financial Influence in Great Power Politics", in: International Security, Vol. 34, No. 2, Fall 2009, S. 7–45.

Dumbaugh, Kerry (2007), US-China Relations. Current Issues and Implications for U.S.Policy. Washington: CRS Report for Congress RL 33877, 21 December 2007.

Dumbaugh, Kerry (2008), Taiwan: Recent Developments and U.S. Policy Choices. Washington: CRS Report for Congress, 23 May 2008.

Dumbaugh, Kerry/Sullivan, Mark P. (2005), China's Growing Interest in Latin America. Washington: CRS Report for Congress RS 22119, 20 April 2005.

Economy, Elizabeth C. (2010), China's Green Energy and Environmental Policies. Statement before the U.S.-China Economic & Security Review Commission, United States House of Representatives, 08.04.2010. www.cfr.org/china/chinas-green-energy-environmental-policies/p21855 (07.04.2011).

Economy, Elizabeth/Oksenberg, Michael (Hg.) (1999), China Joins the World. Progress and Prospects. New York: Council on Foreign Relations.

Eichengreen, Barry/Wyplosz, Charles/Park, Yung Chul (Hg.) (2008), China, Asia and the World Economy. Oxford: Oxford University Press.

Eisenman, Joshua (2007), „China's Post-Cold War Strategy in Africa. Examining Beijing's Methods and Objectives", in: Eisenman/Heginbotham/Mitchell 2007, S. 29–59.

Eisenmann, Joshua/Heginbothan, Eric/Mitchell, Derek (Hg.) (2007), China and the Developing World. Beijing's Strategy for the 21st Century. Armonk/NY: M. E. Sharpe.

Eisenmann, Joshua/Kurlantzick, Joshua (2006), „China's Africa Strategy", in: Current History, May 2006, S. 219–224.

Elwell, Craig K./Labonte, Marc/Morrison, Wayne (2007), Is China a Threat to the U.S. Economy? Washington: CRS Report for Congress RL 33604, updated January 23, 2007.

Emmers, Ralf (2010), „The Prospects for Managing and Resolving Conflict in the South China Sea", in: Harvard Asia Quarterly, Vol. XII, No. 3/4, Winter 2010, S. 13–17.

Evenett, Simon J. (Hg.) (2010), The US-Sino Currency Dispute. New Insights from Economics, Politics and Law. London: Centre for Economic Policy Research, April 2010 (A VoxEU.org Publication).

Ferchen, Matt (2011), „China-Latin America Relations: Long-term Boon or Short-term Boom?", in: The Chinese Journal of International Politics, Vol. 4, 2011, S. 55–86.

Ferguson, Niall/Schularick, Moritz (2009), The End of Chimerica. Harvard Business School Working Paper 10-037, October 2009.

Finkelstein, David M. (2007), „China's National Military Strategy. An Overview of the ‚Military Strategic Guidelines'", in: Kamphausen/Scobell 2007, S. 69–137.

Finkelstein, David M./Gunness, Kristen (Hg.) (2007), Civil-Military Relations in Today's China. Swimming in a New Sea. Armonk/N. J.: M. E. Sharpe.

Fischer, Doris/Lackner, Michael (Hg.) (2007), Länderbericht China. Geschichte-Politik-Wirtschaft-Gesellschaft. Bonn: Bundeszentrale für politische Bildung.

Foot, Rosemary (1998), „China in the ASEAN Regional Forum. Organizational Process and Domestic Modes of Thought", in: Asian Survey, Vol. 38, No. 5, S. 425–440.

Foot, Rosemary (2006), „Chinese Strategies in a US-Hegemonic Global Order. Accomodating and Hedging", in: International Affairs, Vol. 82, No. 1, S. 77–94.

Foot, Rosemary (2009/2010), „China and the United States: Between Cold War and Warm Peace"; in: Survival, Vol. 59, No. 6, December 2009-January 2010, S. 123–146.

Foot, Rosemary/Walter, Andrew (2011), China, the United States, and Global Order. Cambridge: Cambridge University Press.

Frankel, Jeffrey (2010), „The Renminbi Since 2005", in: Evenett, Simon J. (Hg.) (2010), The US-Sino Currency Dispute. New Insights from Economics, Politics and Law. London: Centre for Economic Policy Research, April 2010 (A VoxEU.org Publication), S. 51–59.

Frankel, Jeffrey/Wei, Shang-jin (2007), „Assessing China's Exchange Rate Regime", in: Economic Policy, Vol. 51, S. 575–614.

Fravel, M. Taylor (2008), „China's Search for Military Power", in: The Washington Quarterly 31:3 Summer 2008, S. 125–141.

Freeman, Duncan/Geeraerts, Gustaaf (2011), „Europe, China and Expectations for Human Rights"; in: The Chinese Journal of International Politics, Volume 4, Issue 2, S. 179–203.

Friedberg, Aaron (2006), „Going Out": China's Pursuit of Natural Resources and Implications for the PRC's Grand Strategy; NBR Analysis, Vol. 17, No. 3, September 2006.

Friedberg, Aaron L. (2005), „The Future of U.S.-China Relations. Is Conflict Inevitable?", in: International Security, Vol. 30, No. 2, Fall 2005, S. 7–45.

Friedrich, Stefan (2007), „Deutschland und die Volksrepublik China seit 1949", in: Fischer/Lackner 2007, S. 402–417.

Gill, Bates/Huang Yanzhong (2006), „Sources and Limits of Chinese ,Soft Power'", in: Survival, vol. 48 no. 2, Summer 2006, S. 17–36.

Gill, Bates/Huang, Chin-hao/Morrison, Stephen J. (2007), China's Expanding Role in Africa. Implications for the United States. Washington: CSIS.

Gill, Bates/Murphy, Melissa (2008), China-Europe Relations. Implications and Policy Responses for the United States. Washington: CSIS.

Gill, Bates/Reilly, James (2007), „The Tenuous Hold of China Inc. in Africa", in: The Washington Quarterly, 30:3, Summer 2007, S. 37–52.

Gill, Bates (2007), Rising Star. China's New Security Diplomacy. Washington D.C.: Brookings Institution.

Glaser, Bonny (2007), „Ensuring the „Go Abroad" Policy Serves the Chinese Domestic Priorities", in: China Brief, Vol. VII, Issue 5, March 8, 2007, S. 2–5.

Goh, Evelyn (2011), Rising Power…To Do What? Evaluating China's Power in Southeast Asia. Singapur: S. Rajaratnam School of International Studies, RSIS Working Paper No. 226, 30 March 2011.

Goldstein, Morris/Lardy, Nicholas (2009), The Future of China's Exchange Rate Policy. Washington D.C.: Peterson Institute for International Economics, July 2009.
Goldstein, Morris/Lardy, Nicholas (Hg.) (2008a), Debating China's Exchange Rate Policy. Washington D.C.: Peterson Institute for International Economics.
Goldstein, Morris/Lardy, Nicholas (Hg.) (2008b), „China's Exchange Rate Policy. An Overview of Some Key Issues", in: Goldstein/Lardy 2008a, S. 1–60.
Gonzalez-Vicente, Ruben (2011), „China's Engagement in South America and Africa's Extractive Sectors. New Perspectives from the Resource Curse Theories", in: The Pacific Review, Vol. 24, No. 1, S. 65–87.
Grant, Charles/Barysch, Katinka (2008), Can Europe and China Shape a New World Order? London: Centre for European Reform.
Gu, Jing (2009), „China's Private Enterprises in Africa and the Implications for African Development", in: European Journal of Development Research, Vol. 21, No. 4, S. 570–587.
Gu, Xuewu (1998), Ausspielung der Barbaren – China zwischen den Supermächten in der Zeit des Ost-West-Konfliktes. Baden-Baden: Nomos.
Gu, Xuewu (2006), „Chinas Engagement in Afrika. Trends und Perspektiven", in: KAS Auslandsinformationen, 10/2006, S. 57–77.
Hale, David D./Hale, Lyric Hughes (2008), „Reconsidering Revaluation. The Wrong Approach to the U.S.-Chinese Trade Imbalance", in: Foreign Affairs, Vol. 87, No. 1, January/February 2008, S. 57–66.
Hao Yufan (2009), „The Korean Peninsula. A Chinese View on the North Korean Nuclear Issue", in: Hao Yufan/Wei, George C. X./Dittmer, Lowell (Hg.), Challenges to Chinese Foreign Policy. Diplomacy, Globalization, and the Next World Power. Lexington: The University of Kentucky Press, S. 155–171.
Hao Yufan/Su, Lin (Hg.) (2005), China's Foreign Policy Making. Societal Force and Chinese American Policy. Aldershot: Ashgate Publishing.
Harnisch, Sebastian/Wagener, Martin (2010), „Die Sechsparteiengespräche auf der koreanischen Halbinsel: Hintergünde-Ergebnisse-Perspektiven", in: Nabers (2010), S. 133–180.
He, Wenping (2007), „The Balancing Act of China's Africa Policy", in: China Security, Vol. 3, No. 3, Summer 2007, S. 23–40.
Heberer, Thomas/Senz, Anja D. (2006), Die Rolle Chinas in der internationalen Politik. Bonn: Deutsches Institut für Entwicklungspolitik, Discussion Paper 3/2006.
Heep, Sandra (2008), „Chinas neuer Staatsfonds. Organisation, Finanzierung und Investitionsstrategie der China Investment Corporation", in: Asien, 108 (Juli 2008), S. 51–66.
Heilmann, Sebastian (2004), Das politische System der Volksrepublik China. Wiesbaden: VS Verlag.
Heilmann, Sebastian (2007), „Volksrepublik China", in: Schmidt, Siegmar/Hellmann, Gunther/Wolf, Reinhard (Hg.) (2007), Handbuch zur deutschen Außenpolitik. Wiesbaden: VS Verlag, S. 580–590.
Heilmann, Sebastian/Perry, Elizabeth J. (Hg.) (2011), Mao's Invisible Hand. The Political Foundations of Adaptive Governance in China. Harvard: Harvard University Press.

Heilmann, Sebastian/Schmidt, Dirk (2010), „China Country Report", in: Bertelsmann Stiftung (Hg.), Managing the Crisis. A Comparative Assessment of Economic Governance in 14 Economies. Gütersloh: Bertelsmann Stiftung.
Herrmann-Pillath, Carsten (1994), Wirtschaftsintegration durch Netzwerke. Die Beziehungen zwischen Taiwan und der VR China. Baden-Baden: Nomos.
Hilpert, Hanns Günther/Wacker, Gudrun (2004), China und Japan: Kooperation und Rivalität. Berlin: Stiftung Wissenschaft und Politik, SWP Studie S 16, Mai 2004.
Hoffmann, Katharina u. a. (2007), „Contrasting Perceptions. Chinese, African, and European Perspectives on the China-Africa Summit", in: Internationale Politik und Gesellschaft, 2/2007, S. 75–90.
Holslag, Jonathan (2006), „The European Union and China. The Great Disillusion", in: European Foreign Affairs Review, 11/2006, S. 555–580.
Hong, Junhao (2005), „The Internet and China's Foreign Policy Making. The Impact of Online Public Opinions as a New Societal Form", in: Hao/Su 2005, S. 93–110.
Houser, Trevor (2008), „The Roots of Chinese Oil Investment Abroad", in: Asia Policy, No. 5 (January 2008), S. 141–166.
Hu Jintao (2005a), „Build Towards a Harmonious World of Lasting Peace and Common Prosperity", Speech by President Hu Jintao of the People's Republic of China at the United Nations Summit, New York, September 15, 2005, in: http://www.fmprc.gov.cn/ce/ceun/eng/zt/shnh60/t212915.htm (26.3.2008).
Hu Jintao (2005b), Four-point guidelines on cross-Straits relations set forth by President Hu, 4.3.2005, in: http://www.china.org.cn/english/2005lh/121825.htm (27.6.2011).
Hu Jintao (2007), „Tuijin „yiguo liangzhi" shixian he zuguo heping tongyi yi daye" (Die große Aufgabe der Verwirklichung von „Ein Land, zwei Systeme" und der friedlichen Wiedervereinigung des Vaterlandes vorantreiben), Arbeitsbericht vor dem XVII. Parteitag der Kommunistischen Partei Chinas, 15.10.2007, in: http://news.xinhuanet.com/tai_gang_ao/2007-10/15/content_6981908.htm (27.6.2011).
Hu Jintao (2008), „ Xieshou tuidong liang'an guanxi heping fazhan – tongxin shixian Zhonghua minzu weida fuxing" (zai jinian „gao Taiwan tongbao shu" fabiao 30 zhounian zuotanhui shang de jianghua) („Hand in Hand die friedliche Entwicklung der Beziehungen über die Taiwan-Straße fördern und mit gemeinsamer Anstrengung die große Erneuerung der chinesischen Nation herbeiführen", Rede anlässlich des 30. Jahrestages der „Botschaft an die Landsleute auf Taiwan", 31.12.2008), in: http://www.gwytb.gov.cn/speech/speech/201101/t20110123_1723962.htm (8.4.2011).
Hu Jintao (2009), „Zhongda chuangxin: „Liaowang" zaiwen chanshu Hu Jintao shidai guan de wu da zhuzhang" (Wichtige Neuerung: „Liaowang" Text erläutert fünf wichtige Positionen Hu Jintaos zum Blick auf das gegenwärtige Zeitalter), in: http://cpc.people.com.cn/GB/64093/64387/10439546.html (7.3.2011).
Hu Jintao (2011), China's Hu Jintao Answers Questions With Washington Post, Washington Post January 16, 2011.
Hu, Shaohua (2006), Why the Chinese are so Anti-Japanese. University of San Francisco: Japan Policy Research Institute, JPRI Critique Vol. 13, No. 1 (January 2006).
International Crisis Group (Hg.) (2009), Shades of Red: China's Debate Over North Korea. Asia Report No. 179, 2 November 2009.
International Crisis Group (Hg.) (2011), China and Inter-Korean Clashes in the Yellow Sea. Asia Report No. 200, 27 January 2011.

Irvine, Roger (2010), „Primacy and Responsibility. China's Perception of Its International Role", in: China Security, Vol. 6, No.3, S. 23–42.
Jakobson, Linda/Knox, Dean (2010), New Foreign Policy Actors in China. SIPRI Policy Paper No. 26. Stockholm: Stockholm International Peace Research Institute.
Jia, Qingguo (2008), „Learning to Live With the Hegemon. China's Policy Towards the United States Since the End of the Cold War", in: Zhao Suisheng 2008a, S. 45–57.
Joffe, Josef (2009), „The Default Power. The False Prophecy of America's Decline"; in: Foreign Affairs, Vol. 88, No. 5, September/October 2009, S. 21–35.
Kamphausen, Roy/Scobell, Andrew (Hg.) (2007), Rightsizing the People's Liberation Army. Exploring the Contours of China's Military. Carlisle/PA: Strategic Studies Institute, US Army War College.
Kan, Shirley (2011), China/Taiwan: Evolution of the „One China" Policy – Key Statements from Washington, Beijing, and Taipei. Washington: CRS Report for Congress RL 30341, June 3, 2011.
Kaplan, Robert D. (2005), „How We Would Fight China", in: The Atlantic Monthly, June 2005, in: http://www.theatlantic.com/magazine/archive/2005/06/how-we-would-fight-china/3959/ (27.6.2011).
Kappel, Robert/Schneidenbach, Tina (2006), „China in Afrika. Herausforderungen für den Westen", in: GIGA Focus, Nummer 12/2006.
Keller, William W./Rawski, Thomas G. (Hg.) (2007), China's Rise and the Balance of Influence in Asia. Pittsburgh: University of Pittsburgh Press.
Kelly, James A. (Assistant Secretary of State) (2004), „Overview of U.S. Policy Toward Taiwan" (Testimony at a Hearing on Taiwan, House International Relations Committee, Washington D.C., April 21, 2004), in: http://www.state.gov/p/eap/rls/rm/2004/31649.htm (26.7.2007).
Kim, Samuel S. (1995), „China's International Organizational Behaviour", in: Robinson/Shambaugh 1995, S. 401–434.
Kim, Samuel S. (1999), „China and the United Nations", in: Economy/Oksenberg 1999, S. 42–89.
Kindermann, Gottfried-Karl (2007), „Taiwan im Brennpunkt nationaler und internationaler Divergenzen", in: Zeitschrift für Politik, 54 (2007), 2, S. 215–235.
Kinzelbach, Katrin/Thelle, Hatla (2011), „Taking Human Rights to China: An Assessment of the EU's Approach"; in: The China Quarterly, No. 205, März 2011, S. 60–79.
Kleine-Ahlbrandt/Small, Andrew (2008), „China's New Dictatorship Diplomacy. Is Beijing Parting With Pariahs?", in: Foreign Affairs, Vol. 87 No. 1, January/February 2008, S. 38–56.
Kong, Bo (2006), „Institutional Insecurity", in: China Security, Summer 2006, S. 64–88.
Kotzel, Uwe (2002), „Zeittafel der deutsch-chinesischen Beziehungen"; in: China Aktuell, August 2002, S. 910–934.
Krumbein, Frédéric (2007), „Die Auswirkungen der westlichen Menschenrechtspolitik auf die Menschenrechtslage in China", in: China Aktuell 5/2007, S. 115–136.
Kurlantzick, Joshua (2007), Charm Offensive. How China's ‚Soft Power' is Transforming the World, Yale: Yale University Press.
Lai Hongyi/Lye, Liang Fook (2007), „Featuring ‚Harmonious World' for ‚Peaceful Rise'", in: Wang/Wong 2007, S. 209–217.

Lai Xingyuan (2010a), „Defending the Core Interests of Taiwan's People while Advancing Cross-Strait Relations", Speech at the International Symposium on Cross-Strait Interactions and Power Relations in East Asia, 6.12.2010, in: http://www.mac.gov.tw/ct.asp?xItem=90879&ctNode= 5908&mp=3 (20.5.2011).

Lai Xingyuan (2010b), „Taiwan's Mainland Policy: Borrowing the Opponent's Force and Using it as One's Own – Turning the Threat of War into Peace and Prosperity" (American Enterprise Institute Speech, 5.8.2010), in: http://www.mac.gov.tw/ct.asp?xItem=86792&ctNode=5908&mp=3 (20.5.2011).

Lai, Hongyi (2010), The Domestic Sources of China's Foreign Policy. Regimes, Leadership, Priorities, and Processes. London/New York: Routledge.

Lampton, David M. (Hg.) (2001), The Making of Chinese Foreign and Security Policy in the Era of Reform, 1978–2000. Stanford: Stanford University Press.

Lampton, David M. (2008), The Three Faces of Chinese Power. Might, Money, and Minds. Berkeley: University of California Press.

Lampton, David M. (2009), „The United States and China in the Age of Obama: Looking Each Other Straight in the Eyes", in: Journal of Contemporary China, Vol. 18 (62), November 2009, S. 703–727.

Lanteigne, Marc (2009), Chinese Foreign Policy. An Introduction. London/New York: Routledge.

Lardy, Nicolas R. (2006), „China in the World Economy. Opportunity or Threat?"; in: Bergsten, Fred; Bates, Gill; Lardy, Nicholas R.; Mitchell, Derek: China: The Balance Sheet. New York: Public Affairs, S. 73–117.

Lawrence, Robert Z. (2008), „China and the Multilateral Trading System", in; Eichengreen/Wyplosz/Park 2008, S. 145–167.

Lawrence, Susan V./Lum, Thomas (2011), U.S.-China Relations: Policy Issues. Washington: CRS Report for Congress, R41108, January 12, 2011.

Lee, Chun-yi (2010), „Between Dependency and Autonomy – Taiwanese Entrepreneurs and Local Chinese Governments", in: Journal of Current Chinese Affairs, 1/2010, S. 37–71.

Lemoine, Francoise (2010), „Past Successes and New Challenges: China's Foreign Trade at a Turning Point", in: China & World Economy, Vol. 18, No. 3, 2010, S. 1–23.

Leutner, Mechthild/Trampedach, Tim (Hg.) (1995), Bundesrepublik Deutschland und China 1949 bis 1995. Eine Quellensammlung. Berlin: Akademieverlag.

Lewis, Nicole, E. (2010), Reassessing China's Role in North Korea. Council on Foreign Relations Expert Brief June 22, 2010.

Li, Anshan (2007), „China and Africa. Policy and Challenges", in: China Security, Vol. 3, No. 3, Summer 2007, S. 69–93:

Li, Cheng (2001), China's Leaders. The New Generation. Lanham u. a.: Rowman&Littlefield.

Li, Cheng (2011), China's Midterm Jockeying: Gearing Up for 2012 (Part 4: Top Leaders of Major State-Owned Enterprises). Hoover Institution, Stanford University: China Leadership Monitor No. 34, Winter 2011.

Li, Mingjiang (2009b), „Introduction: ‚Soft Power'. Nurture not Nature", in: Li Mingjiang (2009a), S. 1–18.

Li, Mingjiang (2009a) (Hg.), ‚Soft Power'. China's Emerging Strategy in International Politics. Lanham/Md. u. a.: Lexington Books.

Li, Wei (2008), „China-U-S. Economic Relations and the Trade Imbalance Issue", in: Zhao Suisheng 2008a, S. 103–115.

Liao, Xuanli (2006), Chinese Foreign Policy Think Tanks and China's Policy Towards Japan. Hong Kong: Chinese University Press.

Lieberthal, Kenneth/Herberg, Mikkal (2006), China's Search for Energy Security: Implications for US Policy; NBR Analysis Vol. 17, No. 1, April 2006.

Lin, Chong-Pin (2008), „More Carrot than Stick. Beijing's Emerging Taiwan Policy", in: China Security, Vol. 4, No.1 Winter 2008, S. 1–27.

Linden, G./Kraemer, K./Dedrick J. (2007), „Who Captures Value in a Global Innovation System? The Case of Apple' s iPod". Communications of the ACM, Vol. 52, No.3.

Lisbonne-de Vergeron, Karine (2007), Contemporary Chinese Views of Europe. London: Royal Institute of International Affairs.

Lu, Ning (1997), The Dynamics of Foreign Policy Decisionmaking in China. Boulder/Col.: Westview Press.

Lu, Ning (2001), „The Central Leadership, Supraministry Coordinating Bodies, State Council Ministries, Party Departments", in: Lampton 2001, S. 39–60.

Luo, Yadong/Xue, Qiuzhe/Han, Binjie (2010), „How Emerging Market Governments Promote Outward FDI: Experience From China"; in: Journal of World Business, 45 (2010), S. 68–79.

Ma Yingjiu (2010), „Gaige, kaichuang, zhuiqiu gongyi" („Reform, Innovation und Streben nach Gerechtigkeit", Rede des Präsidenten Ma Yingjiu anlässlich des Nationalfeiertages der Republik China am 10.10.2010), in: http://www.mac.gov.tw/ct.asp?xItem=89 165&ctNode=5628&mp=1 (20.5.2011).

Ma Yingjiu (2011), „Zhuangda Taiwan, zhenxing Zhonghua" (Ma zongtong zhuchi Zhonghua Minguo bai nian kai guo dianli ji yuandan tuanbai) („Taiwan stärken, China neu beleben", Rede des Präsidenten Ma anlässlich der Feierlichkeiten der 100 jährigen Gründung der Republik China und des Neujahrstages, Taibei 1.1.2011), in: http://www.mac.gov.tw/ct.asp?xItem=91769 &ctNode= 5628&mp=1 (20.5.2011).

Ma, Yingjiu (2008), Zhonghua Minguo di 12 ren zongtong Ma Yingjiu xiansheng jiu zhiyan shuo (Antrittsrede Ma Yingjius anlässlich der Ernennung zum 12. Präsidenten der Republik China), 20.5.2008, in: http://www.mac.gov.tw/big5/mlpolicy/ma970520.htm (28.5.2008).

Mearsheimer, John J. (2006), „China's Unpeaceful Rise", in: Current History, Vol. 105 No. 690, April 2006, S. 160–162.

Medeiros, Evan S. (2007), „China's International Behavior. Activism, Opportunism, and Diversification", in: Joint Forces Quarterly, Issue 47, 4th quarter, S. 34–41.

Medeiros, Evan S./Fravel, Taylor M. (2003), „China's New Diplomacy", in: Foreign Affairs, November/December 2003, S. 22–35.

Meissner, Werner/Feege, Anja (Hg.) (1995), Die DDR und China, 1949 bis 1990. Eine Quellensammlung. Berlin: Akademieverlag.

Men, Jing (2007), „Changing Ideology in China and Its Impact on Chinese Foreign Policy", in: Guo/Hua 2007, S. 7–39.

Michel, Serge/Beuret, Michel (2009), China Safari. On the Trail of Beijing's Expansion in Africa. New York: Nation Books.

Miller, Ken (2010), „Coping With China's Financial Power. Beijing's Financial Foreign Policy", in: Foreign Affairs, July/August 2010, S. 96–109.

Mitchell, Derek (2006), „China's Foreign and Security Policy. Partner or Rival?", in: Bergsten et al. 2006, S. 118–154.

Mochizuki, Mike M. (2005), China-Japan Relations. Downward Spiral or New Equilibrium?" in: Shambaugh 2005a, S. 135–150.

Mohr, Mark (Hg.) (2006), The Chinese People's Liberation Army. Should the United States Be Worried? Washington: Woodrow Wilson International Center for Scholars Asia Program Special Report No. 135, December 2006.

Möller, Kay (2005), Die Außenpolitik der Volksrepublik China 1949–2004. Eine Einführung. Wiesbaden: VS Verlag.

Möller, Kay (2006), „Die Grenzen des „Aufstiegs" der Volksrepublik China", in: Politische Studien, Heft 408 57. Jahrgang, Juli/August 2006, S. 36–46.

Möller, Kay (2006/2007), „Der Beijing-Bluff. Chinas Außenpolitik", in: Welttrends 53 (Winter), 14. Jahrgang 2006/2007, S. 11–22.

Moore, Thomas G./Yang, Dixia (2001), „Empowered and Restrained. Chinese Foreign Policy in the Age of Economic Interdependence"; in Lampton 2001, S. 191–229.

Morrison, J. Stephen (2008), „Will Darfur Steal the Olympic Spotlight?", in: The Washington Quarterly, 31:3, Summer 2008, S. 181–190.

Morrison, Wayne (2011), China-U.S. Trade Issues. Washington: CRS Report for Congress, RL 33536 (January 7, 2011).

Morrison, Wayne/Labonte, Marc (2008), China's Holdings of U.S. Securities. Implications for the US Economy. CRS Report for Congress, RL 34314 (January 9, 2008).

Mosher, Steven (2000), Hegemon. China's Plan to Dominate Asia and the World. San Franciso: Encounter Book.

Müller, Constanze (2006), „Chinas Engagement in Afrika. Rhetorik und Realität", in: China Aktuell 6/2006, S. 90–104.

Murphy, Melissa (2008), Decoding Chinese Politics. Intellectual Debates and Why They Matter. Washington: Center for Strategic and International Studies. January 2008.

Murphy, Melissa/Yuan, Wen Jin (2009), Is China Ready to Challenge the Dollar? Internationalization of the Renminbi and Its Implications for the United States. A Report of the CSIS Freeman Chair in China Studies. Washington D.C.: Center for Strategic and International Studies, October 2009.

Nabers, Dirk (Hg.) (2010), Multilaterale Institutionen in Ostasien-Pazifik. Genese-Strukturen-Substanz-Perspektive. Wiesbaden: VS Verlag.

Naughton, Barry (2007), The Chinese Economy. Transitions and Growth. Cambridge: The MIT Press.

Neßhöver, Christoph (1997), Die Chinapolitik Deutschlands und Frankreichs zwischen Außenwirtschaftsförderung und Menschenrechtsorientierung (1989 bis 1997). Hamburg: Institut für Asienkunde.

Nye, Joseph (2004), ‚Soft Power'. The Means to Success in World Politics. New York: Public Affairs.

Nye, Joseph/Wang Jisi (2009), „The Rise of China's ‚Soft Power' and Its Implications for the United States", in: Rosecrance/Gu 2009, S. 23–34.

Nye, Joseph (2010), „American and Chinese Power after the Financial Crisis", in: The Washington Quarterly 33:4, October 2010, S. 143–153.
Ohashi, Hideo (2005), „China's Regional Trade and Investment Profile", in: Shambaugh 2005a, S. 71–95.
Pan, Chengxin (2009), „What Is Chinese About Chinese Businesses? Locating the ,Rise of China' in Global Production Networks", in: Journal of Contemporary China, 18 (58), January 2009, S. 7–25.
Park, Donghyun/Shin, Kwanho (2009), Can Trade With the People's Republic of China Be an Engine of Growth for Developing Asia? Manila: Asian Development Bank, ADB Economics Working Paper Series No. 172, October 2009.
Pearson, Margret M. (2010), „Domestic Institutional Constraints on China's Leadership in East Asian Economic Cooperation Mechanisms", in: Journal of Contemporary China, 19 (66), September, S. 621–633.
Prasad, Eswar (2010), „The U.S.-China Economic Relationship: Shifts and Twists in the Balance of Power", Hearing at the US-China Economic and Security Review Commission on „U.S. Debt to China: Implications and Repercussions", Washington, February 25, 2010, in: http:// www.uscc.gov/hearings/2010hearings/transcripts/10_02_25_trans/ Prasad_testimony_Feb10.pdf (29.4.2010)
Przystup, James J. (2010), Japan-China Relations. Troubled Waters: Part II, Washington: CSIS, Comparative Connections, October 2010.
Przystup, James J. (2011), Japan-China Relations. Troubled Waters, Washington: CSIS, Comparative Connections, January 2011.
Qiang, Xin (2010), „Beyond Power Politics: Institution-Building and Mainland China's Taiwan Policy Transition", in: Journal of Contemporary China, 19 (65), S. 525–539.
Ratner, Ely (2011), „The Emergent Security Threats Reshaping China's Rise", in: The Washington Quarterly, Vol. 34, No. 1, Winter 2011, S. 29–44.
Reilly, James (2009), The Rebirth of Minjian Waijiao: China's Popular Diplomacy toward Japan. University of San Francisco: Japan Policy Research Institute, Working Paper No. 115 (March 2009).
Robinson, Thomas W./Shambaugh, David (Hg.) (1995), Chinese Foreign Policy. Theory and Practice. Oxford: Clarendon Press.
Rose, Caroline (2008), „Sino-Japanese Relations after Koizumi and the limits of „new era" diplomacy"; in: Dent, Christopher M. (Hg.) (2008), China, Japan and Regional Leadership in East Asia. Edward Elgar, S. 52–64.
Rosecrance, Richard/Gu Guoliang (Hg.) (2009), Power and Restraint. A Shared Vision for the U.S.-China Relationship. New York: Public Affairs.
Rosenberg, David (2010), „Governing the South China Sea: From Freedom of the Seas to Ocean Enclosure Movements", in: Harvard Asia Quarterly, Vol. XII, No. ¾, Winter 2010, S. 4–12.
Roy, Denny (2005), „The Sources and Limits of Sino-Japanese Tensions", in: Survival, Vol. 47, No. 2, June 2005, S. 191–214.
Sandschneider, Eberhard (2006), „Is China's Military Modernization a Concern for the EU?", in: Zaborowski 2006, S. 27–47.
Sandschneider, Eberhard (2007), Globale Rivalen. Chinas unheimlicher Aufstieg und die Ohnmacht des Westens. München: Carl Hanser.

Saunders, Phillip C. (2006), China's Global Activism: Strategy, Drivers, and Tools. Institute for National Strategic Studies, National Defense University Washington D.C., Occasional Paper, 4 October 2006.

Saunders, Phillip C. (2008), „Managing a Multifaceted Relationship Between the USA and China", in: Zhao Suisheng 2008a, S. 119–140.

Schubert, Gunter (2006), „Riskante Nationsbildung in Taiwan", in: Internationale Politik und Gesellschaft, Nr. 2/2006, S. 85–101.

Schubert, Gunter (2006/07), „Dynamischer Status quo in der Taiwanstraße", in: WeltTrends (53), 14. Jahrgang, 2006/2007, S. 33–44.

Schubert, Gunter (2010), „The Political Thinking of the Mainland Taishang: Some Preliminary Observations from the Field"; in: Journal of Current Chinese Affairs, 1/2010, S. 73–110.

Schucher, Günther (2007), „Dashed Hopes. EU-China Relations After the EU's 2006 Communication on China", in: China Aktuell, 6/2007, S. 83–98.

Schüller, Margot (Hg.) (2003), Strukturwandel in den deutsch-chinesischen Beziehungen. Analysen und Praxisberichte. Hamburg: Institut für Asienkunde.

Schüller, Margot/Asche, Helmut (2007), „China als neue Kolonialmacht in Afrika? Umstrittene Strategien der Ressourcensicherung", in: China Aktuell 2/2007, S. 67–78.

Schulte-Kulkmann, Nicole (2005a), Rechtszusammenarbeit mit der Volksrepublik China. Deutsche und amerikanische Initiativen im Vergleich. Göttingen: V&R unipress.

Schulte-Kulkmann, Nicole (2005b), „The German-Chinese ‚Rule of Law Dialogue'. Substantial Interaction or Political Delusion?", in: German Foreign Policy in Dialogue, June 2005, Vol. 6, No. 16, S. 30–37.

Scissors, Derek (2009), Chinese Foreign Investment: Insist on Transparency. Heritage Foundation Web Memo No. 2237, July 13, 2009.

Scissors, Derek (2010), Tracking Chinese Investment. Western Hemisphere Now Top Target: Heritage Foundation Web Memo No. 2952, July 8, 2010.

Scobell, Andrew/Wortzel, Larry M. (Hg.) (2005), Chinese National Security. Decisionmaking under Stress. Carlisle/PA: Strategic Studies Institute, US Army War College.

Scobell, Andrew/Wortzel, Larry M. (Hg.) (2006), Shaping China's Security Environment. The Role of the People's Liberation Army. Carlisle/PA: Strategic Studies Institute, US Army War College.

Scott, David (2007), „China and the EU: A Strategic Axis for the Twenty-First Century?", in: International Relations, March 2007, Vol. 21, No. 1, S. 23–45.

Segal, Gerald (1995), „Tying China into the International System", in: Survival, Vol. 37, No. 2, Summer 1995, S. 60–73.

Senger, Harro von (2000), Strategeme. Lebens- und Überlebenslisten aus drei Jahrtausenden. 2 Bände. Bern u. a.: Scherz.

Setser, Brad (2008), „China: Creditor to the Rich", in: China Security, Vol. 4, No.4, Autumn 2008, S. 17–23.

Setser, Brad/Pandey, Arpana (2009), China's $1,5 Trillion Bet. Understanding China's External Portfolio. Council on Foreign Relations, Center for Geoeconomic Studies Working Paper, May 2009 Update.

Shambaugh, David (2004), „China and Europe. The Emerging Axis", in: Current History, September 2004, S. 243–248.

Shambaugh, David (Hg.) (2005a), Power Shift. China and Asia's New Dynamics. Berkeley: University of California Press.
Shambaugh, David (2005b), „Return to the Middle Kingdom? China and Asia in the Early Twenty-First Century", in: Shambaugh 2005a, S. 23–47.
Shambaugh, David (2008a), „China Eyes Europe in the World: Real Convergence or Cognitive Dissonance?"; in Shambaugh/Sandschneider/Zhou 2008a, S. 127–147.
Shambaugh, David (2008b), „Understanding the Jabberwock. (Great Powers in Wonderland)", in: The National Interest, March/April 2008, S. 55–57.
Shambaugh, David (2011), „Coping With a Conflicted China"; in: The Washington Quarterly, 34:1 Winter 2011, S. 7–27.
Shambaugh, David/Sandschneider, Eberhard/Zhou, Hong (2008b), „From Honeymoon to Marriage. Prospects for the China-Europe Relationship", in: Shambaugh/Sandschneider/Zhou 2008a, S. 301–337.
Shambaugh, David/Sandschneider, Eberhard/Zhou, Hong (Hg.) (2008a), China-Europe Relations. Perceptions, Policies and Prospects, London: Routledge.
Shen Dingli (2006), „North Korea's Strategic Significance to China", in: China Security, Autumn 2006, S. 19–34.
Shi Tianjin/Lou Diqing (2010), „Subjective Evaluation of Changes in Civil Liberties and Political Rights in China"; in: Journal of Contemporary China, Volume 19, Issue 63, S. 175–199.
Shirk, Susan L. (2007), China. Fragile Superpower. How China's Internal Politics Could Derail Its Peaceful Rise. Oxford: Oxford University Press.
Snyder, Scott (2009), China's Rise and the Two Koreas. Politics, Economics, Security. Boulder/London: Lynne Rienner Publishers.
Sohn, Injoo (2011), „After Renaissance: China's Multilateral Offensive in the Developing World", in: European Journal of International Relations, May 2011, S. 1–25 (Online-Vorabversion).
Solomon, Richard (1999), Chinese Negotiating Behavior. Washington D.C.: United States Institute of Peace.
State Council Government Information Office (2008), China's Policy on Latin America and the Carribean (Full Text), Beijing May 2008, in: http://www.gov.cn/english/official/2008-11/05/ content_1140347.htm (27.6.2011).
State Council, Government Information Office (2005), China's Progress in Human Rights (Weißbuch Menschenrechte 2005), Beijing, April 2005.
Sutter, Robert (2010a), Chinese Foreign Relations. Power and Policy Since the Cold War. Lanham/Md: Rowman&Littlefield.
Sutter, Robert (2010b), „Assessing China's Rise and US Leadership in Asia: Growing Maturity and Balance", in: Journal of Contemporary China, Vol. 19 (65), June 2010, S. 591–604.
Swaine, Michael D. (2011), China's Assertive Behavior. Part One: On „Core Interests". Hoover Institution, Stanford: China Leadership Monitor No. 34, Winter 2011.
Swaine, Michael D. u. a. (Hg.) (2007), Assessing the Threat. The Chinese Military and Taiwan's Security. Washington: Carnegie Endowment for International Peace.
Tanner, Murray Scott (2007), Chinese Economic Coercion Against Taiwan. A Tricky Weapon to Use, Washington: Rand Corporation.

Tao Xie (2009), U.S.-China Relations. China Policy on Capitol Hill. New York: Routledge.
Taylor, Ian (2008), „The Future of China's Overseas Peacekeeping Operations", in: China Brief, Vol. VIII, Issue 6, March 14, 2008, S. 7–9.
Taylor, Ian (2009), China's New Role in Africa. Boulder/Col.: Lynne Rienner.
Thompson, Drew (2005), „China's ‚Soft Power' in Africa. From the ‚Beijing Consensus' to Health Diplomacy", in: China Brief, Vol. V, Issue 21, October 13, 2005, S. 1–4.
Thornton, John L. (2008), „Long Time Coming: The Prospects for Democracy in China", in: Foreign Affairs, January/February 2008, S. 2–22.
Tkacik, John J. (2007), China's Quest for a Superpower Military. Washington: The Heritage Foundation Backgrounder No. 2036, May 17, 2007.
Tonnesson, Stein (2010), „China's Changing Role in the South China Sea: Reflections on a Scholar's Workshop", in: Harvard Asia Quarterly, Vol. XII, No. 3/4, Winter 2010, S. 18–29.
Transatlantic Academy (2011), Global Shift: How the West Should Respond to the Rise of China, Washington, D.C.
Tull, Denis M. (2005), Die Afrikapolitik der Volksrepublik China. SWP Studie S 20 August 2005.
Tung, Chen-Yuan (2007), Cross-Strait Economic Relations in the Era of Globalization. China's Leverage and Taiwan's Vulnerability. Morrisville/NC: Lulu Enterprises.
Twomey, Christopher (2008), „Explaining Chinese Foreign Policy toward North Korea: Navigating Between the Scylla and Charybdis of Proliferation and Instability", in: Journal of Contemporary China, 17 (56), August, S. 401–423.
Twomey, Christopher P. (2007), „Missing Strategic Opportunity in US China Policy Since 9/11. Grasping Tactical Success", in: Asian Survey, Vol. 47, Issue 4, S. 536–559.
UNFCCC (1997a), Clean Development Mechanism, Kyoto, 11.12.1997, in: http://unfccc.int/kyoto_protocol/mechanisms/clean_development_mechanism/items/2718.php (07.04.2011).
UNFCCC (1997b), Kyoto Protocol to the United Nations Framework Convention on Climate Change, Kyoto, 11.12.1997, in: http://unfccc.int/resource/docs/convkp/kpeng.pdf (07.04.2011).
UNFCCC (2009), Copenhagen Accord (Decision 2/CP.15), Kopenhagen, 18.12.2009., in: http://unfccc.int/resource/docs/2009/cop15/eng/11a01.pdf#page=4 (05.04.2011).
UNFCCC (2010), Appendix II – Nationally appropriate mitigation actions of developing country Parties (China), Kopenhagen, 28.01.2010, in: http://unfccc.int/files/meetings/cop_15/copenhagen_accord/application/pdf/chinacphaccord_app2.pdf (05.04.2011).
UNFCCC (2011), CDM in numbers, Genf, 6.4.2011, in: http://cdm.unfccc.int/Statistics/Registration/NumOfRegisteredProjByHostPartiesPieChart.html (07.04.2011).
United Nations Conference on Trade and Development (UNCTAD) (Hg.), World Investment Report 2010. Investing in a Low-Carbon Economy. Genf, Juli 2010.
US Department of Defense, Office of the Secretary of Defense (2010), Annual Report to Congress. Military and Security Developments Involving the People's Republic of China 2010, Washington.
US Department of the Treasury, Office of International Affairs (2011), Report to Congress on International Economic and Exchange Rate Policies, Washington February 2011.

US Department of the Treasury, Office of International Affairs (2010), Report to Congress on International Economic and Exchange Rate Policies, Washington July 8, 2010.
US Trade Representative (2010), 2010 Report to Congress on China's WTO Compliance. Washington D.C., 23, December 2010.
Valencia, Mark (1997), „Asia, the New Law of the Sea and International Relations", in: International Affairs, Vol. 73, No. 2, April 1997, S. 263–282.
Van Vranken Hickey, Dennis (2011), „Rapproachment Between Taiwan and the Chinese Mainland. Implications for American Foreign Policy", in: Journal of Contemporary China, Vol. 20, No. 69, March 2011, S. 231–247.
Wachman, Alan M. (2007), Why Taiwan? Geostrategic Rationales for China's Territorial Integrity, Stanford: Stanford University Press.
Wacker, Gudrun (2006b), „Chinas ‚Grand Strategy'", in: Wacker 2006a, S. 61–66.
Wacker, Gudrun (Hg.) (2006a), Chinas Aufstieg. Rückkehr zur Geopolitik?, Stiftung Wissenschaft und Politik Berlin, SWP Studie S3 Februar 2006.
Wagener, Martin (2011), „Die aufgeschobene Konfrontation", in: Internationale Politik, März/April 2011, S. 112–119.
Walter, Andrew (2011), Global Economic Governance after the Crisis: The G2, the G20, and Global Imbalances. Bank of Korea Working Paper 2011.
Wan, Ming (2006), Sino-Japanese Relations. Interaction, Logic, and Transformation. Washington: Woodrow Wilson Center Press.
Wang, Dong (2010), „China's Trade Relations With the United States in Perspective"; in: Journal of Current Chinese Affairs, Vol. 3/2010, S. 165–210.
Wang, Gungwu/Wong, John (2007), Interpreting China's Development. Singapore: World Scientific Publishing.
Wang, Hongying (2001), Weak State. Strong Networks. The Institutional Dynamics of Foreign Direct Investment in China. Oxford: Oxford University Press.
Wang, Hongying/Lu Yeh-chung (2008), „The Conception of ‚Soft Power' and Its Policy Implications: A Comparative Study of China and Taiwan"; in: Journal of Contemporary China, Vol. 17, No. 5, August 2008, S. 425–447.
Wang, Hongying/Rosenau, James (2009), „China and Global Governance", in: Asian Perspective, Vol. 33, No. 3, S. 5–39.
Wang, Jisi (2011), „China's Search for a Grand Strategy. A Rising Power Finds Its Way", in: Foreign Affairs, March/April 2011, S. 68–79.
Wu Xinbo (2010), „Understanding the Geopolitical Implications of the Global Financial Crisis", in: The Washington Quarterly, 33:4, October 2010, S. 155–163.
Wu, Friedrich (2005a), „China Inc. International", in: International Economy, 3 (2005), S. 26–31.
Wu, Friedrich (2005b), „The Globalization of Corporate China", NBR Analysis 16, No. 3, December 2005.
Xi Jinping (2010), Full Text of Chinese Vice President Xi Jinping's Speech at the World Investment Forum 2010; in: http://english.gov.cn/2010-09/07/content_1697902.htm (8.9.2010).
Xing, Yuqing/Detert, Neal (2010), How iPhone Widens the US Trade Deficit With PRC. Tokyo: National Graduate Institute for Policy Studies, GRIPS Discussion Paper 10-21, November 2010.

Yan Xuetong (2010), „The Instability of China-US Relations", in: The Chinese Journal of International Politics, Vol. 3, 2010, S. 263–292.

Yang, Jiechi (2006), „Hexie hezuo kaichuang guoji renquan shiye xin jumian" (Gemeinsam kooperieren für ein neues Kapitel in den internationalen Menschenrechten), Rede anlässlich der Inauguralsitzung des UN Human Rights Council, Genf 21.6.2006, in: http://www.fmprc.gov.cn/chn/wjb/zzjg/gjs/gjzzyhy/1115/1117/t258955.htm (30.5.2008).

Yao Shujie/Zhang Jing (2011), Chinese Economy 2010: Post Crisis Development. University of Nottingham, China Policy Institute, Briefing Series Issue 67, March 2011.

Yi, Jingtao (2007), China's Exchange Rate Policymaking in the Hu-Wen Era. Nottingham University, China Policy Institute &Centre for Global Finance Briefing Series Issue 29, October 2007.

Yi, Jingtao (2008), Policy Options for China's Exchange Rate Regime in the Post-Reform Era. Nottingham University, China Policy Institute &Centre for Global Finance Discussion Paper 26, January 2008.

Yuan, Jing-dong (2010), „China's Role in Establishing and Building the Shanghai Cooperation Organization (SCO)", in: Journal of Contemporary China, Vol. 19, No. 67, November 2010, S. 855–869.

Zaborowski, Marcin (Hg.) (2006), Facing China's Rise. Guidelines for an EU Strategy. Institute for Security Studies Paris, Chaillot Paper no. 94, December 2006.

Zeng, Ka (2010), „Multilateral Versus Bilateral and Regional Trade Liberalization: Explaining China's Pursuit of Free Trade Agreements (FTAs)", in: Journal of Contemporary China, Vol. 19, No. 66, September 2010, S. 635–652.

Zhang, Yunling (2010), China and Asian Regionalism. Singapore: World Scientific.

Zhang, Yunling/Tang Shiping (2005), „China's Regional Strategy", in: Shambaugh 2005a, S. 48–68.

Zhao Suisheng (2009), „The Prospect of China's ‚Soft Power': How Sustainable?", in: Li Mingjiang (2009a), S. 247–266.

Zhao Suisheng (2011), „China's Approaches Toward Regional Cooperation in East Asia: Motivations and Calculations", in: Journal of Contemporary China, Vol. 20, No. 68, January 2011, S. 53–67.

Zhao, Suisheng (2008b), „Implications of China's Rise for U.S. – China Relations", in: Zhao Suisheng 2008a, S. 3–19.

Zhao, Suisheng (Hg) (2008a), China-U.S. Relations Transformed. Perspectives and Strategic Interactions, New York: Routledge.

Zheng Yongnian/Wu, Raymond Ray-kuo (Hg.) (2006), Sources of Conflict and Cooperation in the Taiwan Strait, Singapur: World Scientific Publishing.

Zheng, Yongnian/Tok, Sow Keat (2005), China's Peaceful Rise. Concept and Practice. University of Nottingham China Policy Institute, Discussion Paper 1, November 2005.

Zheng, Yongnian/Tok, Sow Keat (2007), ‚Harmonious Society' and ‚Harmonious World'. China's Political Discourse under Hu Jintao. University of Nottingham China Policy Institute, Briefing Series Issues 26 October 2007.

Zheng, Yongnian/Yi, Jingtao/Chen, Minjia (2007), Revaluation of the Chinese Currency and Its Impact on China. Nottingham University, China Policy Institute &Centre for Global Finance Discussion Paper 24, October 2007.

Literatur- und Quellenverzeichnis 201

Zhonghua Renmin Gongheguo Guojia Tongjiju (Hg.), Zhongguo tongji nianjian (Statistisches Jahrbuch der Volksrepublik China), Beijing.

Zhonghua Renmin Gongheguo Guowuyuan xinwen bangongshi (Informationsbüro des Staatsrates der Volksrepublik China), 2010 nian zhongguo de guofang (Chinas Verteidigung 2010), Beijing März 2011.

Zhonghua Renmin Gongheguo Guowuyuan xinwen bangongshi (Informationsbüro des Staatsrates der Volksrepublik China), Zhongguo de heping fazhan daolu (Chinas friedlicher Entwicklungsweg), Beijing Dezember 2005.

Zhonghua Renmin Gongheguo Guowuyuan xinwen bangongshi/Guowuyuan taiwan bangongshi (Informationsbüro des Staatsrates/Büro für Taiwanangelegenheiten des Staatsrates), Baipishu: Yige Zhongguo de yuanze yu Taiwan wenti (Weißbuch: Das Ein China-Prinzip und die Taiwan-Frage), Beijing Februar 2000.

Zhonghua Renmin Gongheguo Shangwubu/Guojia Tongjiju/Waihui Guanliju (Hg.), 2009 niandu Zhongguo duiwai zhijie touzi tongji gongbao (2009 Statistical Bulletin of China's Outward Foreign Direct Investment), in: http://hzs.mofcom.gov.cn/accessory/201009/1284339524515.pdf (7.12.2010).

Zhonghua Renmin Gongheguo Zhengfu (2006), Zhongguo dui Feizhou zhengce wenjian (Chinas Afrika Politik), Beijing Januar 2006, in: http://news.xinhuanet.com/world/2006-01/12/content_4042333.htm (27.6.2011).

Zhonghua Renmin Gongheguo (2005), Fan Fenlie Guojiafa (Antisezessionsgesetz, verabschiedet auf dem 3. Plenum des X. NVK am 14.3.2005).

Zhu, Liqun (2008), „Chinese Perceptions of the EU and the China-Europe Relationship", in: Shambaugh/Sandschneider/Zhou 2008, S. 148–173.

Zhu, Liqun (2010), China's Foreign Policy Debates. Chaillot Papers, September 2010. Paris: Institute for Security Studies European Union.

Zweig, David (2010), „The Rise of a New ‚Trading Nation'"; in: Dittmer, Lowell/Yu, George T. (Hg.), China, the Developing World and the New Global Dynamic. Boulder/London: Lynne Rienner Publishers, S. 37–59.

Zweig, David/Chen, Zhimin (Hg.) (2007), China's Reforms and International Political Economy. New York: Routledge.

Neu im Programm Politikwissenschaft

Blanke, Bernhard / Nullmeier, Frank / Reichard, Christoph / Wewer, Göttrik (Hrsg.)
Handbuch zur Verwaltungsreform
4., akt. u. erg. Aufl. 2011. XXI, 616 S. Br.
EUR 49,95
ISBN 978-3-531-17546-1

Das Handbuch liefert einen Beitrag zur Einordnung unterschiedlicher Konzepte und Orientierung für die Umsetzung der Verwaltungsreform. In 66 Beiträgen werden vielfältige Ansätze der Verwaltungsreform vorgestellt, ihr Entstehungszusammenhang erläutert, praktische Anwendungsfelder beschrieben und Entwicklungsperspektiven untersucht. Die Beiträge stammen von renommierten WissenschaftlerInnen und erfahrenen PraktikerInnen. Themenblöcke: Staat und Verwaltung, Reform- und Managementkonzepte, Steuerung und Organisation, Personal, Finanzen, Ergebnisse und Wirkungen, Erfahrungen und Perspektiven.

Boeckh, Jürgen / Huster, Ernst-Ulrich / Benz, Benjamin
Sozialpolitik in Deutschland
Eine systematische Einführung
3., grundl. überarb. u. erw. Aufl. 2011.
491 S. Br. EUR 22,95
ISBN 978-3-531-16669-8

Der Band führt systematisch in das breite Spektrum von Geschichte, Strukturen, Problemlagen, Lösungswegen und die europäischen Zusammenhänge von Sozialpolitik in Deutschland sowie in die Theorie des Sozialstaates ein. Der besseren Verständlichkeit dienen ausführliche geschichtliche Dokumente und aktuelle Daten zur sozialen Entwicklung bzw. zur Sozialpolitik. Gibt es Grenzen des Sozialstaates? Diesen sucht sich der Band im geschichtlichen Rückgriff auf die Weimarer Republik systematisch und sozialräumlich zu nähern.

Dingwerth, Klaus / Blauberger, Michael / Schneider, Christian
Postnationale Demokratie
Eine Einführung am Beispiel von EU, WTO und UNO
2011. 236 S. (Grundwissen Politik) Br.
EUR 24,95
ISBN 978-3-531-17490-7

Internationale Organisationen stehen im Zentrum der Diskussion über das „Demokratiedefizit" internationaler Politik. Während politische Entscheidungen zunehmend auf internationaler Ebene getroffen werden, zweifeln Kritiker immer wieder an der Legitimation dieser Entscheidungen. Das Buch führt ein in die Diskussion über demokratisches Regieren „jenseits des Staates", es stellt die Funktionsweise von EU, WTO und UNO vor und diskutiert, inwieweit das Regieren in diesen Organisationen demokratischen Grundsätzen genügt bzw. wie sich Demokratiedefizite beheben lassen.

Erhältlich im Buchhandel oder beim Verlag.
Änderungen vorbehalten. Stand: Juli 2011.

www.vs-verlag.de

VS VERLAG

Abraham-Lincoln-Straße 46
65189 Wiesbaden
tel +49 (0)6221.345 - 4301
fax +49 (0)6221.345 - 4229

Elemente der Politik

Hrsg. von Bernhard Frevel / Klaus Schubert / Suzanne S. Schüttemeyer / Hans-Georg Ehrhart

Blum, Sonja / Schubert, Klaus
Politikfeldanalyse
2., akt. Aufl. 2011. 198 S. Br. EUR 16,95
ISBN 978-3-531-17276-7

Dehling, Jochen / Schubert, Klaus
Ökonomische Theorien der Politik
2011. 178 S. Br. EUR 16,95
ISBN 978-3-531-17113-5

Dobner, Petra
Neue Soziale Frage und Sozialpolitik
2007. 158 S. Br. EUR 12,90
ISBN 978-3-531-15241-7

Frantz, Christiane / Martens, Kerstin
Nichtregierungsorganisationen (NGOs)
2006. 159 S. Br. EUR 14,90
ISBN 978-3-531-15191-5

Frevel, Bernhard
Demokratie
Entwicklung – Gestaltung – Problematisierung
2., überarb. Aufl. 2009. 177 S. Br. EUR 12,90
ISBN 978-3-531-16402-1

Fuchs, Max
Kulturpolitik
2007. 133 S. Br. EUR 14,90
ISBN 978-3-531-15448-0

Jahn, Detlef
Vergleichende Politikwissenschaft
2011. 124 S. Br. EUR 12,95
ISBN 978-3-531-15209-7

Jaschke, Hans-Gerd
Politischer Extremismus
2006. 147 S. Br. EUR 14,95
ISBN 978-3-531-14747-5

Johannsen, Margret
Der Nahost-Konflikt
2., akt. Aufl. 2009. 167 S. Br. EUR 16,95
ISBN 978-3-531-16690-2

Kevenhörster, Paul / Boom, Dirk van den
Entwicklungspolitik
2009. 112 S. Br. EUR 12,90
ISBN 978-3-531-15239-4

Kost, Andreas
Direkte Demokratie
2008. 116 S. Br. EUR 12,90
ISBN 978-3-531-15190-8

Meyer, Thomas
Sozialismus
2008. 153 S. Br. EUR 12,90
ISBN 978-3-531-15445-9

Schmitz, Sven-Uwe
Konservativismus
2009. 170 S. Br. EUR 16,90
ISBN 978-3-531-15303-2

Erhältlich im Buchhandel oder beim Verlag.
Änderungen vorbehalten. Stand: Juli 2011.

www.vs-verlag.de

Abraham-Lincoln-Straße 46
65189 Wiesbaden
tel +49 (0)6221.345 - 4301
fax +49 (0)6221.345 - 4229

GPSR Compliance

The European Union's (EU) General Product Safety Regulation (GPSR) is a set of rules that requires consumer products to be safe and our obligations to ensure this.

If you have any concerns about our products, you can contact us on

ProductSafety@springernature.com

In case Publisher is established outside the EU, the EU authorized representative is:

Springer Nature Customer Service Center GmbH
Europaplatz 3
69115 Heidelberg, Germany

www.ingramcontent.com/pod-product-compliance
Lightning Source LLC
Chambersburg PA
CBHW071720100426
42873CB00016B/349